黄土派文学研究丛书

陈忠实年谱

邢小利　邢之美　著

陕西新华出版传媒集团
陕西人民出版社

图书在版编目（CIP）数据

陈忠实年谱／邢小利，邢之美著．—西安：陕西人民出版社，2017

ISBN 978－7－224－12190－2

Ⅰ．①陈… Ⅱ．①邢… ②邢… Ⅲ．①陈忠实（1942—2016）—年谱 Ⅳ．①K825.6

中国版本图书馆 CIP 数据核字（2017）第 053669 号

陈忠实年谱

作　　者　邢小利　邢之美
出版发行　陕西新华出版传媒集团　陕西人民出版社
（西安北大街 147 号　邮编：710003）

印　　刷　陕西汇丰印务有限公司
开　　本　787mm×1092mm　16 开　18.75 印张　3 插页
字　　数　260 千字
版　　次　2017 年 4 月第 1 版　2017 年 5 月第 2 次印刷
书　　号　ISBN 978－7－224－12190－2
定　　价　49.00 元

目 录

陈忠实年谱

1942—2016

1942 年　1 岁

8 月 3 日　出生于白鹿原北坡下的西蒋村。这一天是农历的六月二十二日，在五行中属火。陈忠实后来说，他的生命中缺水，不知与这个火命有无关系。陈忠实 2006 年 9 月 23 日在其写就的散文《回家折枣》中说，曾有一个乡村“半迷儿”的卦人给他算过命，说他是“木”命，而他自小受喜欢栽树的父亲的影响，也喜欢栽树，也许就是应了“木”命之说。这一年的属相是马年。

乳名：运。曾用名：陈忱（很少使用）。

西蒋村如今隶属于陕西省西安市灞桥区席王街道办事处（原属毛西公社、毛西乡、霸陵乡），是一个很小的村子。村以蒋名，却没有一个蒋姓。除了几户郑姓的村民，西蒋村村民大都姓陈。

据陈忠实介绍，1949 年初，西蒋村 37 户，东蒋村 27 户，史家坡 17 户。这三个自然村相距很近，同办一所初级小学。

陈家在新中国成立前，有坡地十余亩，水地四五亩；与另一贫农合养一头牛；有两间厦房，一间半大房；有必需的一些农具。生活的主要来源靠父母务农。

1949 年　7 岁

5 月 20 日　中国人民解放军第一野战军解放陕西省省会西安市。

1950 年　8 岁

春季入学，在西蒋村上四年制初级小学一年级。

1951 年　9 岁

在西蒋村上四年制初级小学二年级。

1952 年　10 岁

春夏季，在改迁到东蒋村的四年制初级小学上三年级。这一年，学校由春季入学改为秋季入学，东蒋村初级小学规定，学习好的学生进入下一年级，差的留一级。陈忠实学习好，到了秋季，就直接进了四年级。

1953 年　11 岁

春夏季，在东蒋村上四年制初级小学四年级。7 月，初级小学毕业后，本来应该到最近的东李村上五至六年制的高级小学，但那一年东李村小学不招高年级考生，他只好与三个同学一起到灞河对岸的蓝田县华胥镇油坊街，报考那里的高级小学，三人中考上了二人，陈忠实之外另一人是陈广俊。

秋冬季，在油坊街高级小学上五年级。

1954 年　12 岁

春夏季，在油坊街高级小学上五年级。

秋冬季，在油坊街高级小学上六年级。

6 月　杜鹏程长篇小说《保卫延安》由人民文学出版社出版。

10 月　西北文学艺术界联合会撤销。根据中共中央宣传部的决定，原大区作家协会均改为大区所在地城市的中国作家协会分会，负责联系原大区各省市的作家协会会员，西北作家协会筹委会（为西北文学艺术界联合会下属单位，1953 年初开展工作，组织过创作座谈会、诗人戈壁舟和作家王琳的作品原稿讨论会，邀请柳青做过创作报告，编辑出版《创作通讯》等）召开扩大会，研究成立分会事宜。郑伯奇、王汶石、苏一萍、张季纯、柳青、钟纪明、马健翎、胡采、张棣赓等出席。

11 月 8 日　下午，在西安市东木头市公字 2 号原西北文学艺术界联合会中院的大会议室，召开第一次会员大会，成立中国作家协会西安分会。会议室正面墙上悬挂着毛泽东和鲁迅的大幅画像。中共陕西省委宣传部部长赵守一代表省委出席会议，表示祝贺。马健翎致开幕词并报告筹备经过。他说本会的任务是领导会员学习马列主义、党的政策，深入生活，努力创作，培养青年作家和兄弟民族作家。王汶石宣读分会简章，获得通过。柳青致闭幕词。会议选举马健翎为主席，柳青、郑伯奇、胡采为副主席；决定分会秘书长由王汶石、戈壁舟、李古北、余念、杜鹏程五位驻会作家轮流担任，任期各为一年。第一任是王汶石。分会有正式会员31人，在西安的26人。参加成立大会的代表有24位，其中有柯仲平、马健翎、柳青、郑伯奇、胡采、王汶石、戈壁舟、李古北、余念、杜鹏程、王宗元、王老九、袁烙、黄俊耀等。

1955年　13岁

1月　中国作家协会西安分会成立后，第一批加入中国作家协会的会员有10人：郑伯奇、胡采、孜牙、苏一萍、王汶石、杜鹏程、玉杲（余念）、布哈拉、王宗元、铁衣甫江。

2月　李若冰的散文《在柴达木盆地》发表于《人民文学》2月号。

春夏季，在油坊街高级小学上六年级。

夏季，从油坊街高级小学毕业。

秋冬季，上初中一年级。

到西安市第14初中（今西安市第34中学）考区考试。陈后来的散文《布鞋·汽笛·红腰带》写的就是这一个过程。同村的二人考上了他一人。考上之后，上的是位于韩森寨的西安市第36初中。由于第36初中当时还在修建之中，他第一学期是在东门外的鸡市拐索罗巷教堂上的课。

合作化时，陈家将土地、牲畜入社，房屋没有变动。

10月　为迎接农业合作化高潮，中国作家协会西安分会组织作家深入生活：王汶石去渭南，王宗元、王丕祥去陕北，王琳去铜川，均加入农村建社工作组，担负实际工作；原已在农村深入生活的柳青、马健翎等，就地参加建社工作；杜鹏程赴宝成铁路工地；李若冰由柴达木石油勘探队归来不久，即去四川盆地石油勘探工地。

12 月 1 日 中国作家协会副主席、原西北行政委员会文教委员会副主任、原西北文学艺术界联合会主席柯仲平及其随员调入中国作家协会西安分会。

1956 年 14 岁

1 月 26 日 中国作家协会西安分会成立创作委员会，柳青任主任，郑伯奇任副主任。设小说散文、诗歌、戏剧电影、少年儿童文学、理论批评五个组。另外，还成立了青年作家工作委员会，负责对青年作家的联络辅导。

2 月 中共陕西省委宣传部同意由戈壁舟、石鲁、孜牙、曲子贞、杜鹏程、李子实、胡采、黄俊耀、汤洛、程秀山、张棣赓、钟纪明、魏钢焰 13 人组成《延河》编辑委员会，由戈壁舟任主编，汤洛、魏钢焰任副主编。

3 月 王汶石的短篇小说《风雪之夜》发表于《人民文学》3 月号。

4 月 10 日 《延河》文学月刊创刊号出版，印数 12000 册，每期售价 2 角 5 分。

7 月 12 日 中共陕西省委宣传部通知：中共中央政治局 1956 年 6 月 8 日会议批准：柯仲平任中国作家协会西安分会主席；马健翎任中国作家协会西安分会副主席，免去其中国作家协会西安分会主席职务。

1—8 月 休学在家。

9 月 开学复读初一。回到韩森寨第 36 初中上学。背馍上学，从西蒋村到韩森寨比到鸡市拐近一些。

据陈忠实散文《晶莹的泪珠》所述，在春季开学后，他到学校申请休学一年，班主任在他的休学申请上写了“同意休学一年”的意见，校长写了“同意”二字，他到教务处开休学证书时，一位年轻的女老师对他这样的好学生（所有班级的前三名这位老师都熟悉）因贫穷休学既同情又无奈，送他走出校门，眼含热泪嘱他明年一定记着来复学。

休学后，他在家里照看妹妹，经常背着妹妹在村子里闲转。有一天，乡政府的书记在村子兴办农业合作社，他跟着看热闹。书记看到这个抱着孩子的孩子，很以为怪，就问他为什么不上学，他说休学了，问他为什么休学，他不说。书记就问村上的人，村上人说，这娃学得好，但是家里穷，他父亲供不起学，休学了。书记立即发了火：新社会怎能让贫农的孩子失学？书记说，一定得上学。后来书记跟学校联系，要让这个少年复学。学校通知他复学，每个月给6元钱助学金。所以，陈忠实虽然办了休学一年的证明，但实际上只休学了半年，到了秋天，他就又到学校上课了。但是因为他初中一年级第二学期的课程没有学，就只能从初中一年级的第一学期从头学起。这样，他实际上还是耽误了整整一年。

1957年　15岁

春夏季，读初一。秋冬季，上初二。中学语文课改革，语文分为文学和汉语两门课程。赵树理的短篇小说《田寡妇看瓜》引起了他对小说创作的兴趣和冲动，模仿着写了篇《桃园风波》的小说，得到老师好评。从此走上爱好文学之路。

8月　杜鹏程的中篇小说《在和平的日子里》发表于《延河》8月号。

本年　中国作家协会西安分会作家深入生活情况：柳青安家长安皇甫村，兼任县委委员；杜鹏程在宝成铁路工地，兼任宣教负责人；王宗元在青藏公路，兼任管理局政治部副主任；王汶石到三原落户；戈壁舟、李古北分别到自己的家乡农村生活；汤洛去铜川煤矿。

1958年　16岁

1月　《延河》新编委会由柯仲平、柳青、郑伯奇、杜鹏程、王汶石、戈壁舟、魏钢焰、王丕祥、安旗、贺鸿钧、胡采11人组成，胡采任主编，王丕祥、安旗任副主编。

4月　柳青的中篇小说《咬透铁锹》（出版单行本时改名为《狠透铁》）在《延河》4月号发表。

春夏季，读初二。

8月　王汶石的短篇小说集《风雪之夜》由中国青年出版社出版。

9 月 转学到纺织城西安市第 18 中学。转学主要原因是这里离家近，来回背馍方便。秋冬季，读初三。初三第一学期，正值“大跃进”，学校基本停课，组织学生端着脸盆，到灞河的沙子中淘铁砂，学校建有小高炉炼铁。上课时断时续，老师布置学生自己命题写作文。陈忠实在当时“诗歌大跃进”和后来被称为“红旗歌谣”的时代氛围影响下，写了不少或五言或七言的诗歌。老师看后，很欣赏，让他选一些寄到《西安日报》。

11 月 4 日 《西安日报》发表诗一首《钢、粮颂》：“粮食堆如山，钢铁入云端。兵强马又壮，收复我台湾。”这是陈忠实见诸铅字的第一篇文字。

1959 年　17 岁

4 月 免去胡采《延河》主编职务，改由王丕祥担任，贺鸿钧为副主编。

本月 李若冰散文集《柴达木手记》由作家出版社出版。

本月 柳青的长篇小说《创业史》第一部《稻地风波》在《延河》4 月号开始连载，从 8 月号起，改题为《创业史》，至 11 月号全部载完。节省下父亲给的 2 角买咸菜钱，购买《延河》阅读《创业史》。

春夏季，读初三。7 月，初中毕业。

秋冬季，在位于灞桥的西安市第 34 中学上高中一年级。

本年 听说《创业史》要在《收获》1959 年第 6 期全文刊出，就托在西安市第二印刷厂当工人的舅父贺庆安帮他买了一本《收获》，送到学校，他才完整地读完了《创业史》第一部。

1960 年　18 岁

春夏季，读高一。秋冬季，读高二。

5 月 《创业史》第一部由中国青年出版社出版单行本。陈忠实没有钱，又托他有工资收入的舅父帮他买了一本。

10 月 柳青的长篇小说《创业史》第二部上卷开始在《延河》10

月号连载。这一期刊载的是第二部第一章。

1961 年　19 岁

春夏季，读高二。

1 月 26 日　由陈鑫玉、杨海崇介绍，加入中国共产主义青年团。

本月　柳青《创业史》第二部的第二、第三章在《延河》1 月号刊载。

3 月　王汶石短篇小说《沙滩上》刊于《延河》3 月号。

5 月　柳青《创业史》第二部的第四、第五章在《延河》4—5 月号合刊刊载。

10 月　柳青《创业史》第二部的第六、第七章在《延河》10 月号刊载。

秋冬季，读高三。

本年　在这个被称为“三年困难时期”最困难的一年，无法化解的饥饿折磨着几乎所有的人，处在生长期的中学生尤其如此。教育部门采取非常措施，取消学生晚自习和一切作业，以对付饥饿。在这一段没有功课压力的轻松日子里，陈忠实和常志文、陈鑫玉三位文学爱好者组织起来一个文学社，名为“文学摸门小组”，同时创办文学墙报，名为“新芽”。《新芽》创刊号上，刊登了陈忠实的一篇散文《夜归》。

1962 年　20 岁

春夏季，读高三。从 1959 年到 1962 年，高中期间，陆续读了茅盾的《子夜》、巴金的《家》《春》《秋》等小说。

4 月 19 日　中国作家协会西安分会举办纪念毛泽东《在延安文艺座谈会上的讲话》发表 20 周年报告会，邀请柳青谈作家的学习问题。柳青提出作家有三个“学校”，即生活的学校、政治的学校、艺术的学校。他说，这三个“学校”没有毕业的期限，活到老，学到老。作家要不断地从生活、政治、艺术三个方面学习，加强自己的修养，才能提高水平。

5 月 24 日 中国作家协会副主席、中国作家协会西安分会主席、诗人柯仲平落户长安县搞创作。

7 月 于西安市第 34 中学高中毕业。

9 月 经毛西公社批准，在西安郊区毛西公社蒋村初级小学任民请教师。所谓“毛西”，乃毛河湾西村之简称。因当时的公社驻毛西村，故泛称这一带为“毛西”（如今，随着城市化进程的发展，此地区已划归席王街道办管辖）。蒋村小学是一个由三个小村合办的四年制的初级小学，学校设在东蒋、西蒋两个村子之间的平台上。学校共有学生 70 余人，由他和另外一位公办老师执教。另一位老师也姓陈，年近六旬，原是杨虎城部队里的一个小军官，毛笔字写得好，国文教得好，但算术不行，所以村里的小学生升学考试都考不上。陈忠实来后，带毕业班，强化补习算术。两个人合用的办公室，是一幢拆除了不知那路神灵泥像的小庙。教室旁边是生产队的打麦场。社员出工下地收工回家经过教室门口，嬉笑声议论声和骂架声常常传进教室。

陈忠实自己说（2010 年）：一般民请教师，每月由生产大队给记 20 几个劳动日。陈忠实所在的蒋村小学由三个村子合办，不能记工分，便由三个村子分担每月 28 元的工资，年终结算。

陈忠实的哥哥（陈忠德）和嫂子回忆（2010 年）：当了民请教师，每月生产大队给记 30 个劳动日，当时每个劳动日值 4 角钱；每月再给 10 元补贴。陈忠实每月给家里补贴家用 5 元，自己留用 5 元。

1963 年 21 岁

7 月 魏钢焰的报告文学《党的女儿赵梦桃》在《延河》7 月号头条发表。

本年 在蒋村四年制初级小学当民请教师。

1964 年 22 岁

春夏季，在蒋村四年制初级小学当民请教师。为东李六年制高级小学下属初级小学东片区教研组组长。陈忠实所带毕业班连续两年升学率百分之百，一下子轰动全公社。

7月 被评为“优秀教师”。公社教育部门奖给他30元钱。这30元钱在他调到新成立的农业中学时发下，他装在上衣口袋里，与同事打篮球时把衣服挂在篮球场边一棵树上，钱丢了。

本月 李若冰的散文报告文学集《山·湖·草原》由中国青年出版社出版。

9月 调到毛西公社农业中学任教，仍为民请教师。担任学校团支部书记。

12月 毛西公社布置下属各单位为春节准备文艺演出节目。当时，全国正在大力宣传“千万不要忘记阶级斗争”。陈忠实采访了当地即毛西公社陈家坡贫农陈广运，谈了整整一天，回去写了一篇老贫农忆苦思甜的快板书，作为春节节目。快板书写好后，看到《西安晚报》的一篇春节演唱征文启事，征文要求大家投寄小演唱、对口词、快板书、小戏等。他就把这一篇快板书寄去，很快就发表出来了。

1965年 23岁

1月28日 在《西安晚报》发表快板书《一笔冤枉债——灞桥区毛西公社陈家坡贫农陈广运家史片断》。

3月6日 在《西安晚报》发表诗歌《巧手把春造》。诗共14行。

3月8日 散文处女作《夜过流沙沟》发表在《西安晚报》文艺副刊上，刊名叫《红雨》。

4月17日 在《西安晚报》发表散文《杏树下》。

12月5日 在《西安晚报》发表散文《樱桃红了》。

本年 在毛西公社农业中学任教。

本年 社教中，出席社教总团学习毛主席著作积极分子大会。

1966年 24岁

2月12日 加入中国共产党。入党介绍人一个是王俊峰，毛西农中负责人；一个是赵学谦，毛西公社武装干事。陈忠实1987年回忆说，那是“一个冬天的早晨，在公社一个简陋狭小的房间里，我羞怯不安地坐在一个角落里，听那些比我年长的共产党员们对我的评价，听介绍人向支部汇报对我的考察结果……我被接收了。我走出那个狭小房间的时候，看见灿烂的太阳，几乎流下泪来”。“同时又想起了在学校听战斗英雄演讲的情景，特别是那段话”。这里所说的“那段话”，是指1960年代初，陈忠实还上高中时，坐在学校操场浓密的柳荫下，忍受着瓜菜代粮的饥饿，听一位参加过解放战争的英雄慷慨激昂的演讲，英雄说：“我一生无他求，高官嘛，没意思；金钱嘛，太乏味！我唯一的人生目标，就是做一个真正的共产党员。”党员预备期从1966年2月12日起到1967年2月12日止。因为“文革”打散了党的基层组织，到1971年2月9日转正。党龄从1967年2月12日算起。

3月25日 在《西安晚报》发表短篇小说《春夜》。

4月17日 在《西安晚报》发表散文《迎春曲》。

5月10日 姚文元署名文章《评“三家村”——〈燕山夜话〉〈三家村札记〉的反动本质》在《解放日报》《文汇报》发表。

5月11日 中国作家协会西安分会文学工作者和《延河》编辑部编辑举行声讨邓拓集会。大家表示要“高举毛泽东思想伟大红旗，变笔杆为枪杆，向邓拓开火，搞掉黑线，捣毁‘三家村’黑店!”参加声讨集会的，不少是从大庆、工矿、农村归来的文学工作者和编辑。

5月16日 中共中央发出关于“文化大革命”的通知，28日“中央文化革命领导小组”成立，无产阶级“文化大革命”正式开始。中国作家协会西安分会正常业务活动停止，投入运动。

5月下旬 中共陕西省委任命李若冰为中国作家协会西安分会“文化革命领导小组”组长，负责领导中国作家协会西安分会的“文化大革命”。副组长王丕祥（时任中国作家协会西安分会机关党支部书记、《延河》副主编）、贺鸿训（时任中国作家协会西安分会机关党支部副书记、代理副秘书长）。这个机构后来被称为“旧文革领导小组”。

7月12日 中共陕西省委宣传部文艺处电话指示：为了集中力量检查刊物，省委决定《延河》自1966年8月起，暂时停止出刊（自1956年4月至1966年7月，《延河》共出刊124期）。

7月13日 《延河》编辑部在1966年第7期《延河》中随刊夹了一张小字条，上印《重要启事》：本刊决定自一九六六年八月起，暂时停止出刊。凡订阅本刊的读者，可到原订阅邮电局、所办理退订手续。

本月 除了《解放军文艺》等少数刊物外，全国的文艺刊物陆续停刊。

8月8日 中共中央《关于无产阶级文化大革命的决定》公布，西安各文艺团体纷纷走上街头，用多种形式开展宣传活动。

10月 西安市建国路7号中国作家协会西安分会大院由于要用来关押被打倒的省上重要的“走资派”，中国作家协会西安分会机关及家属全部搬迁至小南门外大学东路42号（今红缨路158号）共青团陕西省委大院内（与共青团陕西省委共用一个大院，中国作家协会西安分会在南边，共青团陕西省委在北边），至月底搬完，11月份在新址开展活动。

本月 中共西安市郊区委员会决定：将洪庆、新合、狄寨、十里铺、毛西、水流、席王等七个人民公社，分别更名为红星、永红、红原、向阳、立新、火炬、曙光人民公社。陈忠实所在的原毛西公社，更名为立新公社。到1972年5月，改名的七个公社又恢复原名。

11月 师生外出串联，各校纷纷停课。陈忠实以农业中学教师身份带领学生，同时也“作为一个红卫兵”，串联到北京。11日下午，毛泽东第七次接见来自全国各地的红卫兵，4时，在天安门广场东侧的华表下，见到了乘着敞篷汽车检阅红卫兵的毛泽东。

本年 被评为毛西公社学习毛主席著作积极分子。

本年 在毛西公社农业中学任教。

1967年 25岁

1月3日 中国作家协会西安分会内部群众组织十个战斗队实行大联合，成立群众组织——“红色造反队”。此前，已开始批判“旧文革领导小组”的资产阶级反动路线，“旧文革领导小组”瘫痪。

1月6日 中国作家协会西安分会“红色造反队”夺权，开始主持并领导机关的工作和运动。

1月10日 陕西文化艺术界批判“文艺黑线”，进行“造反夺权”，一大批领导干部、作家、艺术家、知名人士被打成“牛鬼蛇神”

“反革命”“走资派”，关进“牛棚”。

1月18日 “红色造反队”揪出所谓的中国作家协会西安分会“走资派”“反动权威”“牛鬼蛇神”和“资反路线”的主要执行者共15人，游街示众，揭开了“彻底砸烂裴多菲俱乐部的序幕”。从此，开始了对中国作家协会西安分会领导干部、作家的批斗、抄家、殴打等迫害。

2月8日 西安地区群众组织“毛泽东思想文艺兵团”召开“西安市文化艺术界红色造反者夺权誓师大会”，夺了西安市文化局党政财大权，市文化局陷于瘫痪。

3月 群众组织“西安地区文艺界造反总司令部”成立。

4月1日 中国作家协会西安分会“红色造反队”编辑的《文学战地》创刊，共出56期后，改为报纸形式。创刊号主要内容：一是批判“资反路线”的总结材料，二是“文革”初期中国作家协会西安分会“文革领导小组”（被称为“旧文革领导小组”）组长李若冰的检讨《向毛主席请罪》。

4月22日 中国作家协会西安分会全体人员由“红色造反队”领导，号称有计划、有组织地“杀”出文艺界，赴三原县安乐公社山西庄大队，同贫下中农相结合，与贫下中农同吃、同住、同劳动、同学习、同战斗。于7月4日返回西安。

5月末 在白鹿原西头北坡凤凰嘴处农业中学自垦的坡地里，与七八位教师收割麦子，一顿咥了七个蒸馍。

7月18日 中国作家协会西安分会“红色造反队”成立了革命委员会筹备小组。

本年 在立新（原毛西）公社农业中学任教。学校停课，教师轮流护校，在本村参加生产队劳动。

1968年 26岁

10月底 “工人毛泽东思想宣传队”40队进驻省级文化系统及中国作家协会西安分会，领导“斗、批、改”。

12月 借调立新（原毛西）公社协助搞专案、整党等项工作。其中的专案工作，主要任务是给农村和社属单位在“清理阶级队伍”运动中揪出来的人落实政策。主要负责文字工作。

本年 与王翠英结婚。王翠英，生于1946年，共青团员，初中肄业，毛西公社西蒋村社员。

本年 立新（原毛西）公社农业中学撤销。到立新（原毛西）公社东李八年制学校（戴帽中学，原东风小学）任初中教师。

1969年 27岁

2月19日 女儿陈黎力出生。

12月27日 陕西省革命委员会宣布：撤销原文化局、中国作家协会西安分会、中国戏剧家协会陕西分会、省剧目工作室、省音乐家协会、省美术家协会等六个单位，这六个单位的领导和干部全部下放农村、工厂和“五七干校”劳动改造。

本年 借调立新（原毛西）公社协助搞“清队”“一打三反”后的落实政策及整党等项工作。

1970年 28岁

1月 中国作家协会西安分会撤销，绝大部分人员下放农村或者去“五七干校”。

6月1日 陕西省革命委员会文化局及文化局领导小组正式成立，局机关设办事组、政工组、文艺组、出版组。

6月17日 陕西省文化局召开地、市文化工作座谈会，研究安排普及“样板戏”的工作。

本年 借调立新（原毛西）公社协助搞“清队”“一打三反”后的落实政策及整党等项工作。

1971年 29岁

1—5月 借调立新（原毛西）公社，协助公社建党工作，恢复建立“文革”中瘫痪的党支部。在建党时，跟一位领导到白鹿原北坡上的龙湾队去驻队，还有当地驻军（军校）的一位教员和一个战士，四人组成一个工作组，为这个村子重建生产大队的党支部。这个村子工作比较难做，他坚持政策，做细致的思想工作，任务完成得比较好。

6 月 15 日 二女儿陈勉力出生。

本月 因工资问题在公社不好解决，立新（原毛西）公社把陈忠实安排任公社卫生院革命领导小组组长。陈忠实在这里学会了打肌肉针。曾组织十多名医务人员先后三个月进山采药 100 多种，近万斤，为“三土四自”方针开了新路，进一步巩固了合作医疗制度，职工和群众反映较好。

8 月 30 日 西安市文化局举办西安市工农兵文艺创作学习班。

11 月 3 日 在《西安日报》发表散文《闪亮的红星》。1966 年 5 月，《西安晚报》在“文革”风浪中停刊，1969 年 6 月又以《西安日报》之名重新出刊。

1972 年 30 岁

7 月 短篇小说《老班长》刊陕西省工农兵艺术馆编的《工农兵文艺》第 7 期小说栏目头条。此文原题为《寄生》，陈忠实是作为散文写的，写好后寄给《西安日报》文艺部编辑张月赓，张月赓已经编好并排版，审稿人认为此文观念上有问题，未发表。后转投《工农兵文艺》，《工农兵文艺》将原题改为《老班长》，发在小说栏目。（邢注：见网上有些资料还记载陈忠实有散文《寄生》，发表于 1972 年的《西安日报》，不确。陈忠实在后来的各种文集、选集中未收此文。2011 年 9 月 15 日，笔者查原始资料发现此文，询以陈忠实，陈忠实也只记得有散文《寄生》而不知有小说《老班长》了。）

8 月 27 日 在《西安日报》发表革命故事《配合问题》。《配合问题》又刊于陕西省工农兵艺术馆编的本年第 9—10 合刊的《工农兵文艺》。

10 月 22 日 在《西安日报》发表散文《雨中》。

11 月 6 日 陕西省文艺创作研究室成立，属省文化局领导的县级事业单位。原下放劳动或在“五七干校”的中国作家协会西安分会领导干部、作家、编辑陆续调入。

12 月 27 日 鱼讯（省革命委员会文化局党的核心小组成员、文化局领导小组成员）任文艺创作研究室主任，作家王汶石任副主任。

冬 徐剑铭把陈忠实在《郊区文艺》创刊号上发表的散文《水库情深》推荐给《陕西文艺》编辑路萌、董得理，此文于次年的《陕西文艺》创刊号发表，陈忠实由此走进了《陕西文艺》的“门槛”。

本年 借调立新（原毛西）公社工作，任公社卫生院革命领导小组组长。

1973 年　31 岁

2 月 20—28 日 参加陕西省出版局召开的“陕西省‘三史’、小说、连环画业余作者创作座谈会”。座谈会在西安人民大厦举行。2 月 27 日下午，在这个座谈会上，第二次见到柳青。

3 月 8 日 陕西省文艺创作研究室召开青年业余作者创作座谈会。

3 月 这个时期的月工资是 39 元 5 角。

春 到位于纺织城的西安郊区党校参加为期一月的“学习班”。在这期间，利用早起或者晚上看电影的机会，躲开大厅通铺的人，构思短篇小说《接班以后》，写了两段，因为繁忙而放下。

编写村史《灞河怒潮》。1965 年，“社会主义教育运动”后期，原洪庆公社党委、公社管理委员会与车丈沟生产大队、西安市第 63 中学联合在地主张宝书（张宝书为洪庆地区巨富，人称“张百万”）的庄园内组织地主罪证展览，供群众参观，接受“阶级斗争教育”。1971 年 6 月，西安市郊区革命委员会将其改名为展览馆，系统地介绍了张宝书“罪恶的发家史”、财产和土地的占有量及车丈沟、郭李村群众的“反抗斗争史”，共展出实物 400 余件。展览馆 1971 年 6 月开馆，1981 年 6 月闭馆，1981 年 7 月 4 日撤销。1973 年春，陈忠实、王韶之、罗春生、郑培才等人编写了以车丈沟、郭李村群众的血泪史和阶级斗争反抗史为内容的《灞河怒潮》一书。陈忠实写了其中的一部分并为该书统稿。

该书 1975 年 9 月由陕西人民出版社出版，印数 25000 册，定价 0.44 元。

4 月 15 日 中共西安市郊区毛西公社党委任命陈忠实为该公社革委会副主任。

5 月 6 日 在《西安日报》发表散文《青春红似火》。

5 月 8 日 经中共西安市郊区党委决定，陈忠实由集体干部转为国家正式干部。当时西安郊区在 10 个公社试点配备年轻干部，被提拔的干部年龄不得超过 30 岁，此事在 1972 年酝酿，陈忠实 1972 年刚好不满 30 岁。陈忠实因此而由 11 年民请教师身份转为国家正式干部。

7 月 《陕西文艺》创刊号出版，该刊为双月刊。主编王丕祥，副主编贺鸿钧、王绳武；编辑部主任董得理，副主任杨韦昕；小说组组长路萌，副组长高彬；诗歌组组长黄桂花，副组长杨进宝；评论组组长陈贤仲。均系原《延河》人员。路遥短篇小说处女作《优胜红旗》在《陕西文艺》创刊号发表，作者时为延川县革命委员会政工组干部。

陈忠实在《陕西文艺》创刊号上发表散文《水库情深》。此文写于 1972 年 11 月。最先发表在西安郊区文化馆创办的自编自印的文学刊物《郊区文艺》创刊号上。

9 月 5 日 陕西省文化局文艺创作研究室召开文艺创作座谈会。全省各地（市）县专业和业余作者 150 余人出席了会议。省委常委、省革命委员会副主任章泽到会讲话，鱼讯做了报告。与会者学习了党的十大文件，进行了讨论，批判了林彪一类骗子散布的唯心主义“先验论”“天才论”和“灵感论”，强调要绷紧阶级斗争这根弦，革命文艺作品必须正确反映阶级斗争和路线斗争。一些工农兵作者和专业作者还分别就深入生活、改造世界观和创作中的具体问题做了专题发言。盲艺人韩起祥说：“党把我培养，《讲话》指方向，生活是源泉，群众是力量。我要活到老，改造到老，深入生活到老，为革命演唱到老！”

10 月 国庆休假期间，夫人待产住院，陈忠实陪护，用了几天写完短篇小说《接班以后》。

10 月 10 日 儿子陈海力出生。

11 月 在《陕西文艺》第 3 期上头条发表平生第一个短篇小说

《接班以后》。王西京插图。

1974 年　32 岁

1 月 10 日　到西安市南泥湾“五七干校”报到。他是以毛西公社革委会副主任的身份到此学习锻炼，为该校第八期学员，其所在连队为一队五组。第一次去延安，怀着虔诚和敬仰的心情参观了毛泽东和老一辈革命家住过的窑洞和发表讲演的讲台。在当时的“批林批孔”斗争中，写的批判稿曾在延安地区受到好评。农田大会战中表现突出，出大力，流大汗，脏活重活抢着干，得到了组上同志们的一致好评。后来抽调到学校工作，写广播通讯稿，仍不忘劳动，每周还要抽上一定时间回组参加劳动。

5 月 23 日　陕西省文化局、西安市文化局联合举办学习移植革命“样板戏”汇演，省、市八个文艺单位演出了八个“革命样板戏”。

6 月　陕西省文化局在西安西大街的省文化局招待所召开文学创作座谈会，陈忠实在延安南泥湾“五七干校”接到上边通知，要他参加这个会。他特地赶回西安，参加座谈会。在这次座谈会上，他第三次见到柳青。这是一个配合当时形势宣扬“反潮流”精神的会，柳青谈了他对“反潮流”的认识。柳青先是引用毛泽东的话说，“潮流有正确潮流和错误潮流之分”；对正确潮流和错误潮流有没有认识，分得清分不清，这是一个认识水平问题；而认识到了错误潮流，反还是不反，这是一个品质问题。陈忠实很多年后仍然说他对柳青的这个谈话印象极为深刻。因为当时“四人帮”在搞“反潮流”，柳青说这个话，大家都可意会，但谁也挑不出什么毛病。这一次，陈忠实同以前一样，只当了一个听众，未与柳青攀谈。

6 月底　南泥湾“五七干校”学习结束。

其间，在南泥湾“五七干校”所在地桃宝峪写成短篇小说《高家兄弟》，刊发于《陕西文艺》1974 年第 5 期（9 月出刊）。

下半年　在毛西公社学大寨，在农村基层工作。

9 月 19 日　去山西省昔阳县大寨村参观学习。在去大寨的路上，同行的两位农村干部因把胳膊搭在所乘卡车的车帮上，被逆向驶来的汽车挂伤，住在山西省平定县医院。陈忠实和另外两个同志服侍伤员。受伤的同志 10 月 7 日出院。陈忠实等 14 日回到家。

冬 时在延安大学读书的路遥被《陕西文艺》借调到编辑部，在小说组协助做小说编辑。当时的《陕西文艺》编辑部以“工农兵掺沙子”的名义，将一些有培养前途的青年作者借调到编辑部，一方面参与编辑工作，一方面接受文学的基本训练和熏陶，培养提高青年作者的写作水平。先后被借调到《陕西文艺》编辑部的有：路遥、白描、叶延滨、叶咏梅、牛垦、徐岳、王晓新、沈奇、刘路等。

1975 年 33 岁

1 月 21 日 陕西省革命委员会文教办批复陕西省文化局，同意恢复出版发行《群众艺术》。

4 月 12 日 在《西安日报》发表散文《铁锁——农村生活速写》。

本月 写短篇小说《公社书记》，刊于《陕西文艺》1975 年第 4 期（7 月出刊）。

7 月 22 日 中共西安市郊区党委任命陈忠实为中共毛西公社党委副书记。

本月 毛泽东在两次谈话中指出：“百花齐放没有了”，“党的文艺政策应该调整一下，一年、两年、三年，逐步扩大文艺节目。缺少诗歌，缺小说，缺散文，缺少文艺批评。”

8 月 14 日 毛泽东就《水浒》发表讲话。随后，《红旗》杂志、《人民日报》相继发表文章，开展“评《水浒》”运动。

本月 经中共西安市郊区党委同意，应西安电影制片厂之邀到该厂，将发表于 1973 年的短篇小说《接班以后》改编为电影剧本。在此期间，意想不到地读到了苏联作家柯切托夫的几部长篇小说。

11 月 12—23 日 陕西省文艺创作研究室在陕西省文化局招待所召开全省性的短篇小说创作座谈会。王汶石主持，鱼讯讲话，会议邀请王汶石、杜鹏程、王丕祥、陈忠实等做辅导发言。会议期间，组织有统一改稿。

这次会议，路遥、贾平凹、邹志安、京夫、王蓬、李凤杰、晓雷等活跃于文坛的青年作家都参加了。据王蓬回忆，有天晚上，会议安排陈忠实介绍创作经验，在省文化局招待所礼堂。大冬天，没有暖气，仅是烧着几只煤炉放在过道。大家都穿着棉袄。陈忠实刚三十出头，正是虎虎有生气的年纪，棱角分明的脸庞充满活力。他穿着与当时农村小伙儿同样的土布棉袄，罩着件四个兜兜的干部制服。谈到什么是重大题材，陈忠实说："无产阶级革命进行到一定历史阶段带普遍性的问题就是重大题材……"有次午餐与陈忠实同桌，菜有荤有素，还有只鸡。陈忠实说，看见鸡就想起当公社书记带人到农民家中催收毛猪鲜蛋，有些人家把母鸡刚下的蛋都交了，蛋还是温热的，上面带着血丝，心里很不忍。王蓬说他听了十分酸楚，他在农村多年，每每为完不成毛猪鲜蛋的上交任务犯愁，想不到陈忠实这位公社书记还能替农民说话。（参见王蓬《白鹿原下》，《青年作家》2010 年第 9 期）

1976 年　34 岁

1—3 月　《诗刊》《人民文学》《人民戏剧》《人民电影》《人民音乐》《美术》《舞蹈》等杂志相继复刊。

春　西安电影制片厂拍摄《接班以后》电影。原小说《接班以后》和剧本中，没有同大"走资派"做斗争的内容，根据当时的形势和上级的要求，该厂一再坚持要写上同县一级"走资派"做斗争的内容，否则审批会通不过。陈忠实不同意，严正提出："不考虑作者的意见，硬要这样干，那就不要写剧作者我的名字，你们愿署谁的名，就署谁的名字。"《接班以后》电影于本年拍成，电影片名《渭水新歌》，果然审查不予通过，厂长亲自找陈忠实谈话，说他 30 万投资怎么办？陈忠实被感动才松了口。后由导演添了几个与县级"走资派"做斗争的镜头。不久粉碎"四人帮"，添补的镜头又去掉了。该片 1977 年 1 月发行放映。

3 月　接《人民文学》编辑部通知到北京参加由该编辑部主持的创作班。在创作班期间，写成短篇小说《无畏》，后发表于 1976 年第 3 期《人民文学》。这是一篇写同"走资派"做斗争的小说。小说发表后，引起较大反响。后来在揭批"四人帮"运动中，他所在区把此事列为专案。陈忠实说明了情况，做了检查，谈了认识。后来人民文学杂志社派专人（崔道怡）说明了情况，承担了责任。中共灞桥区党组织对此事的考察结论是：这篇小说“有严重错误，但不属在组织上与‘四人帮’帮派体系有牵连的人和事”。这次在创作班写稿，陈忠实在北京住了20天左右。“4·5”运动时，陈忠实在北京，写稿之余曾去天安门广场看当时的场景。

6月20日 在《西安日报》发表散文《社娃——农村生活速写》。

9月9日 毛泽东逝世。

本月 应《陕西文艺》约稿，写怀念毛泽东的言论《努力学习，努力作战》，发表于该刊1976年第6期“毛主席啊，延安儿女永远怀念您”专辑。

本月 路遥从延安大学中文系毕业后，正式分配到陕西省文艺创作研究室主办的《陕西文艺》编辑部任小说组编辑。

10月底 在西安电影制片厂创作电影文学剧本工作告一段落，回到原单位毛西公社。

冬 被毛西公社派到一个生产大队去驻队，调查一个在“四清”运动中被打倒开除党籍的前支部书记的案情。调查小组由三人组成，陈忠实被任命为组长，另两位组员是公社党委从农村临时抽调参与这项工作的，一位是一个村子的现任党支部书记，另一位是回乡高中毕业生。这个临时组成的专案小组，是奉市上和区上的指示组成，对在“四清”运动中被整被打倒被处分的几个干部代表进行重新调查，作为试点。这件事非同小可，他们三人小组刚刚入驻那个村子，便惹起一片风声，纷传陈某人要给“四清”中被打倒的某某人翻案了。陈忠实根据他对20世纪60年代农村生活的亲身经历认为，“四清”运动对集体所有制时期的乡村社会的破坏程度，不仅前所未有，甚至超过后来的“文革”。理由是，“文革”的矛盾焦点主要指向公社以上的政府机关，农村里虽然村村都有造反队，但首当其冲的是生产大队的党支部书记和大队长，而主管生产，决定春播秋收和粮食分配的却是生产小队，造反派一般瞅不上生产队长，嫌其官位太小。野心大点儿的造反派先夺公社的党政大权，野心更大的造反派再夺区或县以至市和省的大权，而绝大多数男女社员依旧干农活、挣工分、过日子。“四清”运动之前，对乡村社会破坏最厉害的是“大跃进”吃大锅饭，直接导致了“三年困难”民不聊生的惨景。然而经过中央及时的较为务实的政策调整和纠正，农业生产很快得到恢复，到20世纪60年代中期，多数生产队基本解决了吃饭问题。然而，好景不长，“四清”运动由试点到全面很快推开，大兵团一样的人马浩浩荡荡进驻到大大小小的村庄，生产大队和生产队包括会计出纳在内的干部全部被推上批斗席。历时半年的“四清”运动结束，生产大队和生产队的主要干部至少十有七八被整下台去，撤职不算最重的处罚，有被开除党籍的，有在经济退赔时连房子也折价抵账的，更有人自杀。陈忠实认为，他后来看到了更为严重的后遗症，那就是许多村子的生产遭到了难以弥补的破坏和损失，因为这个时期被打倒、被处罚的干部，尤其是生产大队的书记和大队长，多是从新中国成立初锻炼成长起来的一批主持农业合作社的优秀骨干，能力弱或品行差的人早淘汰了。“四清”运动的最后结局，用农民的一句话概括，就是把那些好干部“一竿子全扫光了”。农村不比国家机关和工厂企业，可以调换领导干部，一个村子要成长起来一个树得起威望的领导干部，确非易事。陈忠实说他看到的事实是，许多村子在“四清”后安排的新干部，因为能力或品行太差难以胜任而自动辞职，有的不甘辞职却指挥不灵，村子里的各项工作和生产搞得一团糟。这种局面不是一年两年所能改变，说遗患无穷似不过分。陈忠实到这个村子来复查那位被开除党籍的原支部书记的案情，感到事关重大。这位复查对象，原是本公社的一位先进典型人物，“四清”运动之前，他已是在本区和西安市都挂了号的模范干部。陈忠实做乡村民请教师那几年，已闻知此人大名。陈忠实明白，对此人案情的复查，是上级抓的一个“点”，此事不仅关涉他一个人的命运，更关涉无以计数的“四清”运动中被处置的“四不清”干部的命运，因此，陈忠实不仅积极，更为谨慎。调查那位被打倒的“四不清”干部的案情到1977年1月如期完成。这位被冤枉了十余年的老支书被宣布平反，恢复党籍。此后不到两三年，“四清”被整被处分的干部几乎全部平反了。

1977年　35岁

1月　《陕西文艺》改出月刊。

春节后，被派驻到一个生产落后的村子驻队，历时近四个月，到夏收结束，干部班子增强，生产有起色。其间，《人民文学》副主编崔道怡由北京来西安，向西安市和郊区有关方面解释，陈忠实写《无畏》是《人民文学》编辑部组织的文学活动，与江青等“四人帮”无关。当时由路萌陪同，还到陈忠实下乡的村子，对陈忠实说：“如果有人再找你的麻烦，说你与江青、‘四人帮’有联系，你打电话给我，我立即从北京坐飞机来向他们解释。”

3月中旬至下旬 《陕西文艺》编辑部在西安召开揭批“四人帮”创作座谈会。与会的有来自全省各条战线的小说、散文、诗歌、戏剧、评论等方面的工农兵作者和部分专业作者70余人。到会者反复学习了毛泽东《在延安文艺座谈会上的讲话》《论十大关系》等著作，学习了华国锋在第二次全国农业学大寨会议上的讲话。会议揭发、批判了“四人帮”极力把党的文艺事业变成他们篡党夺权工具的罪行，揭发、批判了“四人帮”极力割裂文艺与生活的关系的谬论、所谓大反写“真人真事”的谬论以及“三突出”创作原则。

6—8月 被任命为毛西公社学大寨平整土地的副总指挥，整整三个月，坐镇在樱桃沟坡地第一线，带领群众把跑水、跑土、跑肥的800亩“三跑田”改造成蓄水、蓄肥田。

6月 中国青年出版社出版柳青长篇小说《创业史》第二部（上卷）。

本月 贾平凹第一部作品集《兵娃》由中国少年儿童出版社出版，这是一本反映少年儿童生活题材的短篇小说集。所收6篇作品为《荷花塘》《小会计》《小电工》《兵娃》《参观之前》《深山出凤凰》，是从他发表在全国各地刊物上的40多篇作品中精选出来的。

7月12日 陕西省文化局召开省直单位部分文学、戏剧、电影、音乐、舞蹈创作人员座谈会，揭批“四人帮”反革命文艺路线，肃清其流毒和影响。中共陕西省委常委、陕西省革命委员会副主任章泽出席会议并讲话。

本月 《陕西文艺》恢复《延河》刊名，为月刊，16开，72页。

10月31日 陕西省委召开的陕西省文艺创作会议在西安开幕，会议历时13天，于11月12日闭幕。参加会议的代表572名，出席开幕式的有1300多人。省委第一书记李瑞山，省委书记于明涛、肖纯、李尔重、章泽，省委常委高明月等出席了会议，李瑞山、李尔重、章泽等做了重要讲话。代表们联系实际揭批“四人帮”，分析形势，总结经验，认为：要迅速把我省社会主义文艺创作搞上去，一定要积极响应华主席的号召，切实加强党的领导，调整党的文艺政策，做好深入细致的思想工作和组织工作，使我省社会主义文艺创作繁荣和发展起来。一、学习马列主义、毛泽东思想，特别是用毛主席关于无产阶级专政下继续革命的伟大理论武装作者队伍，是一项根本任务。二、长期地无条件地全心全意地到工农兵群众中去，走与工农兵结合的道路。广大专业作者都要到农村厂矿去，到三大革命斗争的第一线去，多数作者都应当有自己的生活基地，每年至少有三分之一的时间在那里“安家落户”。对于年老体弱和因工作不能“安家落户”的作者，也要根据情况，组织他们“下马看花”或“走马观花”。三、进一步贯彻党的“百花齐放，百家争鸣”的方针，落实党的政策，调动一切积极因素。四、建立一支宏大的又红又专的创作队伍和评论队伍。五、制定落实规划，开展群众性的创作活动。六、加强对文艺创作的领导。最后，与会代表在调查研究、反复商讨的基础上，制定了地区、单位和个人在三年、五年乃至更长时期内切实可行的创作规划。柳青、王汶石、杜鹏程、李若冰和宝鸡市业余作者罗铁宁在会议上分别做了《对文艺创作的几点看法》《继续努力　写作英雄》《漫谈深入生活》《作家—战士》和《深入生活　努力创作》等发言。

冬　被任命为毛西公社灞河河堤水利会战工程的主管副总指挥，组织公社的人力在灞河修筑 8 里的河堤。

11 月 20 日　《人民文学》第 11 期发表刘心武短篇小说《班主任》。

12 月 2 日　《延河》编辑部邀请部分专业作家、文艺评论工作者和青年业余作者举行座谈会，控诉和批判“文艺黑线专政”论，声讨“四人帮”反对毛主席革命文艺路线的罪行。到会的有：胡采、王汶石、杜鹏程、常曾刚、李若冰、畅广元（陕西师范大学中文系）、董乃斌（西北大学中文系）、费秉勋（省群众艺术馆）、程海（乾县文化馆）、邹志安（礼泉县文化馆）、王晓新（周至县文化馆）等。会议由《延河》主编王丕祥主持。

1978 年　36 岁

1 月　莫伸的短篇小说《窗口》刊于《人民文学》第 1 期，后获中国作家协会 1978 年全国优秀短篇小说奖。莫伸写《窗口》的时候，是西安铁路局宝鸡东站的装卸工人。

2 月　《延河》第 2 期连载柳青的《创业史》第二部下卷第十四、十五章。

3 月 15—25 日　《延河》编辑部召开了短篇小说创作座谈会。与会的有全省从事短篇小说、散文创作和评论工作的业余作者 26 人，专业作家、评论家胡采、王汶石、杜鹏程、李若冰参加了会议并发言。柳青其时因病住院，特别做了录音讲话，题目是《生活是创作的基础》，后刊《延河》1978 年第 5 期。王汶石的发言是《思想境界及其它》，后刊《延河》1978 年第 6 期。

本月　贾平凹的短篇小说《满月儿》刊于《上海文学》3 月号，后获中国作家协会 1978 年全国优秀短篇小说奖。

本月　《延河》第 3 期连载柳青的《创业史》第二部下卷第十六、十七章。

春　继续在灞河修筑河堤。

在紧张施工之余，陈忠实在麦秸铺上先后读到了两篇短篇小说。第一篇是陕西业余作者、时为西安铁路局宝鸡东站装卸工人的莫伸发表在 1978 年 1 月号《人民文学》上的《窗口》，第二篇是北京业余作者、时为北京一所中学教师的刘心武在 1977 年 11 月号《人民文学》小说栏头条发表的《班主任》。莫伸比陈忠实年轻，刘心武与陈忠实同龄，两人都是崭露头角的文学新人。这两篇小说在当时影响都很大，陈忠实读了，有三重心理感受：一是小说都很优美；二是不由得联想到自己的写作，更深地陷入羞愧之中；三是感到很振奋。特别是读了《班主任》，他的感受更复杂，也想得更多。当他阅读这篇万把字的小说时，竟然发生心惊肉跳的感觉。“每一次心惊肉跳发生的时候，心里都涌出一句话，小说敢这样写了！”陈忠实作为一个业余作者，尽管远离文学圈，却早已深切地感知到文学的巨大风险。他是在麦草地铺上躺着阅读的

《班主任》，读罢却在麦草地铺上躺不住了。他敏锐地感觉到：文学创作可以当作事业来干的时候终于到来了！在陈忠实看来，《班主任》犹如春天的第一只燕子，它的发表具有文学“解冻”的意味，它又是文学从极左文艺政策下解放出来的第一声雄鸡报晓，预示着一个新的时代开始了，而他的人生之路也应该重新调整。陈忠实后来称这个阅读为引起他“关键一步的转折”的阅读。

4 月 30 日 中共陕西省委决定，恢复和成立以下文艺团体：中国作家协会西安分会，中国美术家协会西安分会，中国音乐家协会西安分会，中国戏剧家协会陕西分会。以上几个协会，由丛一平、鱼讯、胡采、关鹤岩、刘蒙元组成筹备工作领导小组，丛一平任组长。由柳青、胡采、王汶石、李若冰、王丕祥组成中国作家协会西安分会筹备小组，胡采任组长。由石鲁、刘蒙天、李梓盛、程士铭、刘旷组成中国美术家协会西安分会筹备小组，刘蒙天任组长。由关鹤岩、刘恒之、常曾刚、王依群、李作柱组成中国音乐家协会西安分会筹备小组，关鹤岩任组长。由鱼讯、黄俊耀、袁光、周军、万一组成中国戏剧家协会陕西分会筹备小组，鱼讯任组长。

5 月 中国作家协会西安分会恢复活动领导小组，由胡采、王汶石、杜鹏程、李若冰、王丕祥组成，开始工作，为重建作家协会机关、召开第二次会员代表大会做思想上、组织上的准备。

6 月 13 日 中国作家协会西安分会副主席柳青患肺心病于北京病逝，终年 62 岁。6 月 22 日在北京举行追悼会。

本月 基本搞完灞河这个 8 里长的河堤工程，陈忠实觉得给家乡留了一份纪念物。此后，灞河这一段河堤经历了数十年的风雨冲击，坚固如初，当地未遇水灾。

7 月 调动到西安市郊区文化馆工作。未上班前两个月，先到郊区洪庆公社平整土地战区做督查工作。

9 月 21 日 中共西安市郊区党委任命陈忠实为西安市郊区文化馆副馆长。

10 月 20 日 中国作家协会西安分会恢复活动领导小组举行会议，通过发展新会员，批准陈忠实加入中国作家协会西安分会（即后来的陕西省作家协会）。此次通过发展新会员 39 人，除陈忠实外，另外 38 人是：寇效信、马家骏、畅广元、朱兆雪、刘建军、包永新、茹桂、张定亚、冯日乾、费秉勋、陈贤仲、路遥、李天芳、雷进前、曹谷溪、王德芳、马林帆、程海、党永庵、宋文杰、张宣强、刘斌、徐剑铭、霍如璧、邹志安、徐岳、李凤杰、王晓新、郭京夫、贾平凹、白冠勇、张光、王永、张军、孙树淦（莫伸）、杨克忍、郑宗义、韩起。

本月 到西安市郊区文化馆报到工作。1965 年 10 月，西安市区划调整，撤销灞桥、雁塔、阿房、未央四个区的建制，合并为西安市郊区，驻地在南郊小寨。

本月 写成短篇小说《南北寨》。刊《飞天》1978 年第 12 期。

本月 《延河》从 10 月号起，陆续发表柳青《创业史》第二部下卷的 11 章遗稿，每期刊发两章。1979 年第一期刊了一章，第二期起每期刊两章，至当年第三期刊完。该刊编者按说："《创业史》，柳青同志原计划写四部。到一九六六年以前出版了第一部，并完成了二部一至二十五章初稿。由于林彪、'四人帮'反革命修正主义路线的迫害，他担心自己的身体状况可能完不成四部的创作计划，决定把第三、四两部中的某些重要思想在第二部中表现出来。已定稿的二部一至十七章，就是在这种新的设想下修改、补充、调整而成的（二部上卷一至十三章已出书，十四至十七章在本刊今年二月号、三月号连载）。现在我们陆续发表的就是作者还没有来得及修改的十八至二十八章未定稿，它和已发表的一至十七章在情节上不完全衔接。"

1979 年　　*37 岁*

2 月 21—27 日 中国作家协会西安分会第二次会员代表大会在西安市和平门外的胜利饭店召开。这是"文化大革命"之后，作协西安分会恢复工作以来的第一次会员代表大会。王汶石、杜鹏程分别致开幕词和闭幕词，胡采做了题为《解放思想，总结经验，更好地为四个现代化服务》的报告。中共陕西省委第一书记马文瑞、书记李尔重接见全体代表，并发表了重要讲话。会议选举出理事 29 名：王汶石、王丕祥、王绳武、王晓新、王德芳、包永新、刘建军、权宽浮、孙树淦、杜鹏程、余念、李若冰、李天芳、郑重、胡采、胡忠斯、贺鸿钧、贾平凹、张光、张军、袁烙、黄悌、寇效信、傅庚生、韩起祥、韩起、霍松林、霍如璧、魏钢焰；常务理事 13 名：王汶石、王丕祥、王绳武、杜鹏程、李若冰、胡采、张光、贺鸿钧、黄悌、寇效信、傅庚生、韩起祥、魏钢焰。理事会选举胡采为主席，王汶石、傅庚生、杜鹏程、李若冰为副主席，秘书长由李若冰兼任。出席代表大会的代表共有 83 人。陈忠实是本次会议的代表。

2 月 23 日 陕西省文学艺术界联合会成立。从一平任党组书记、主席，胡采任党组副书记、副主席，鱼讯、石鲁、关鹤岩任党组成员、副主席，刘毓中任副主席，杨兴任党组成员。

3 月 写成短篇小说《小河边》。刊 4 月 13 日《西安日报》。

4 月 写成短篇小说《幸福》。

本月 写成短篇小说《徐家园三老汉》。1976 年在《人民文学》举办的创作班上认识了傅用霖，傅时任《北京文艺》编辑，向陈忠实约稿，陈忠实把刚写成的《徐家园三老汉》寄傅，发表在《北京文艺》1979 年第 7 期。

本月 贾平凹中篇小说单行本《姊妹本纪》由安徽人民出版社出版。

5 月 写成短篇小说《信任》。6 月 3 日，在《陕西日报》发表。由王汶石推荐，《人民文学》1979 年第 7 期转载。后获中国作协 1979 年度全国优秀短篇小说奖。

6 月 在西安北郊参加夏收劳动。参加《西安日报》举行的创作座谈会。

本月 中国青年出版社出版柳青长篇小说《创业史》第二部（下卷）。

7 月 15 日 在《西安日报》发表报告文学《忠诚》。

8 月 写成短篇小说《七爷》。

8—10 月 为展示陕西省在新中国成立后 30 年的文学创作成果并向建国 30 年献礼，陕西人民出版社在本年 8 月、10 月先后出版了《陕西新诗选》（1949—1979）和《陕西短篇小说散文选》（1949—1979）两部文学选集。《陕西新诗选》由西北大学中文系编，收集了 68 位诗人的 152 首诗作。在众多入选作品中，有新中国成立前就开始诗歌创作的老一辈诗人，如柯仲平、戈壁舟、魏钢焰等知名作家；有新中国成立后开始诗歌创作的新诗人，如文大家、徐剑铭、路遥等人。《陕西短篇小说散文选》由陕西师范大学中文系编，选录34位作家的52篇作品，其中收录个人作品在3篇以上的作者有柳青、杜鹏程、王汶石、贾平凹、魏钢焰、李若冰等。

9月25日 中国作家协会书记处举行会议通过发展新会员，批准陈忠实加入中国作家协会。同时加入中国作协的陕西作家还有王丕祥、贺鸿钧、傅庚生、霍松林、孙树淦（莫伸）、贾平凹。

本月 写成短篇小说《心事重重》。刊《长安》1980年第1期。

10月30日—11月16日 中国文学艺术工作者第四次代表大会在北京召开，陕西文学代表由中国作家协会西安分会推举，共13人：胡采、王汶石、杜鹏程、李若冰、魏钢焰、王丕祥、贺鸿钧、霍松林、刘建军、莫伸、贾平凹、马林帆、戈壁舟（特邀）。

本月 写成短篇小说《猪的喜剧》。刊《延河》1980年第2期。

12月 写成短篇小说《立身篇》。刊《甘肃文艺》（1981年更名为《飞天》）1980年第6期。后获《飞天》文学优秀作品奖（《飞天》编辑部）。

本年 写成散文《躯干》。刊1980年3月2日《陕西日报》。

1980年 38岁

1月 写成短篇小说《石头记》。刊《群众艺术》1980年第7期。

本月 京夫的短篇小说《手杖》发表于《延河》1月号，后获中国作家协会1980年全国优秀短篇小说奖。

本月 贾平凹短篇小说集《山地笔记》由上海文艺出版社出版。内收短篇小说37篇。其中《满月儿》被评为1978年全国优秀短篇小说。

本月 西安市文学艺术界联合会主办的文学杂志《长安》创刊。16开本，月刊。1985年将刊名改为《文学时代》，1986年1月又恢复为《长安》。

3月 写成短篇小说《回首往事》。

春 写成散文《分离》。

4月5日 中共西安市郊区党委任命陈忠实为灞桥区文化局副局

长。陈忠实调入西安市灞桥区文化局，为该局副局长兼该区文化馆副馆长。

本月 西安市人民政府撤销西安市郊区建制，西安市郊区一分为三，恢复雁塔区、灞桥区、未央区建置。

本月 写成短篇小说《枣林曲》。刊《延河》1980 年第 7 期。

本月 写成言论《我信服柳青三个学校的主张——〈信任〉获奖感言》。刊《陕西日报》1980 年 4 月 23 日。

5 月 《陕西戏剧》第 5 期发表电视剧本《信任》。

7 月 10—20 日 参加《延河》编辑部在太白县召开的农村题材短篇小说创作座谈会。参加这个座谈会的有陕西近年涌现的以写农村生活为主的中青年作家陈忠实、路遥、贾平凹、邹志安、京夫、徐岳、王晓新、王蓬、蒋金彦等，有胡采、肖云儒等文艺评论家，共 20 余人参加了会议。会议遵循实事求是、理论和实际相结合的原则，研究、探讨了当前农村题材创作的新情况和新问题。陈忠实说："我从事创作，发表作品以来，还从来没有这么多的同行和评论家给自己的作品挑毛病。希望作协以后把力量集中到这种会上来。"《陕西日报》肖云儒以一个记者的眼光评论说："这是一次深入到艺术创作过程去指导创作的会，领导创作就要这样切实的领导。"省委宣传部主管文艺的副部长方杰在会上说："评价作品，探讨文学艺术规律，开小会是个很好的经验。"

7 月 29 日 参加作协西安分会召开的农村题材创作漫谈会。《文艺报》编辑部为了进一步了解各地反映农村生活创作的情况，派人来陕西调查研究，为此，作协西安分会举行了一次漫谈会。出席会议的有从事农村题材创作的中青年作家陈忠实、贾平凹、邹志安、蒋金彦、王晓新、峭石、路遥和作协西安分会、《延河》编辑部的韦昕、陈贤仲、王愚等。漫谈会由分会常务理事、《延河》主编王丕祥主持。《文艺报》雷达学出席了会议。

7 月 30 日 写成短篇小说《早晨》。刊《长安》1980 年第 10 期。

8 月 于庆阳—西安写成散文《山连着山》。刊 1981 年的《西安晚报》。

10 月 写成短篇小说《第一刀》。刊 11 月 2 日《陕西日报》。后获 1980 年《陕西日报》好稿奖一等奖。

本月 写成短篇小说《反省篇》（原名《苦恼》）。

11 月 写成短篇小说《尤代表轶事》。

本年 写成随笔《党性 生活 虚心》，发表于8月的《陕西日报》。

本年 参加西安市文联举办的“文学讲习班”。

本年 短篇小说《信任》获中国作家协会1979年度全国优秀短篇小说奖。

本年 陕西电视台录制播映了陈忠实创作剧本的单集电视剧《信任》。

1981 年 39 岁

1 月 18 日 写成短篇小说《短篇二题》。刊《延河》1982 年第5期。

1 月 11 日 草成短篇小说《乡村》，2 月改定。

本月 《延河》1 月号为“陕西青年作家小说专号”，推出莫伸、路遥、王晓新、邹志安、陈忠实、王蓬、贾平凹、李天芳、京夫的小说。陈忠实的作品是《尤代表轶事》（短篇小说）。该作 12 月 8 日获《延河》短篇小说奖。

本月 写成短篇小说《土地诗篇》。

本月 《苦恼》（短篇小说）刊《人民文学 》1981 年第 1 期。

2 月 《回首往事》（短篇小说）刊《长安》1981 年第 2 期。

本月 中共陕西省委通知：任命胡采为中国作家协会西安分会党组书记，王汶石、李若冰为副书记，杜鹏程、王丕祥为党组成员。

3 月 5 日 参加由西安市文联、市总工会、团市委、作协西安分会联合召开的茶话会，座谈如何办好本年的文学讲座。出席茶话会的有作协西安分会主席胡采，市文联副主席杨公愚，市总工会副主席葛瑜，各讲题主讲人陕西师大中文系副教授马家骏、高海夫，西北大学中文系副教授石昭贤及讲师张华、蒙万夫，作家毛锜、贾平凹、晓蕾，电影编剧郑重等近 30 人。

3 月 26 日 写成言论《短篇小说集〈乡村〉后记》。

4 月中旬 “笔耕”文学研究组就文学创作如何更深刻、广泛地反映农村生活，召开了一次专题讨论会。参加座谈会的“笔耕”组成员有：刘建军、薛瑞生、费秉勋、陈贤仲、李星、王愚、肖云儒、蒙万夫、李健民。该组顾问胡采参加了座谈会，并讲了话。以写农村题材为主的中青年作家陈忠实、贾平凹、李天芳、李凤杰应邀参加了座谈会。《延河》月刊、《陕西日报》文艺部、中国作家协会西安分会会务工作室、陕西现代文学学会、《西北大学学报》、《绿原》丛刊、《人文杂志》等单位的负责人和有关人员也参加了座谈会。

老新闻工作者、评论家杨田农在发言中说：究竟当前农村生活的主要矛盾是什么，"左"的东西还是不是主要的东西？应该说，当前生活中的种种矛盾，还是来源于"左"。陈忠实的作品，受到人们的重视，一个总的主题，就是批判农村中"左"的错误思想。前几年，他的作品揭露批判"四人帮"的"左"的路线的危害；这几年则是清理"左"的流毒，像最近发表的《第一刀》等就是这样。广大人民要求从中国国情出发建设社会主义，当然要清理这些"左"的错误思想。陈忠实发言说，这几年在写作中最大的苦恼就在于对农村生活中主要矛盾和矛盾的主要方面摸不准、看不透，常常陷入就事论事的境地。只有更深入地认识我们这个变革的时代，才能更深刻地表现我们这个时代的变革。

本月 写成散文《面对这样一双眼睛》。刊7月12日《西安晚报》。

6月8日 农历五月初七日，父亲陈广禄患食道癌去世，享年76岁。陈广禄生于1906年8月11日，农历六月二十二日，20岁左右时，在洛南一家商铺当过徒工，后回乡务农。当过农业社监察委员，生产队会计、出纳、生产组长。

6月25日 中国作家协会西安分会在西安举行茶话会，祝贺陕西30多位作家的36篇（部）文学作品获奖。参加会议的有近几年获得全国优秀短篇小说奖、中篇小说奖和新诗奖的中青年作家莫伸、贾平凹、陈忠实、京夫、路遥、李凤杰、毛锜、刘斌以及获得各省（市）、有关系统文学创作奖的作家贺抒玉、李天芳、王晓新和张敏、秦凤岗、张兴霖、赵茂盛、柯洁、成宗田、全政、张登第（师大中文系代表）、郗政民（西大中文系代表）等20人。陕西省党政领导对会议十分重视，省委常务书记章泽、省委书记陈元方、省委常委兼宣传部部长黄植、省人大常委会副主任孙作宾、省人民政府副省长谈维煦到会祝贺。陈忠实近年获奖的作品有：短篇小说《信任》，原刊1979年6月3日《陕西日报》，获中国作协1979年全国优秀短篇小说奖；短篇小说《立身篇》，原刊《甘肃文艺》（1981年更名为《飞天》）1980年第6期，后获《飞天》文学优秀作品奖；短篇小说《第一刀——冯家滩记事》，原刊1980年11月2日《陕西日报》，获1980年《陕西日报》好稿奖一等奖。陈忠实在会上发表获奖感言《回顾与前瞻》，后刊中国作家协会西安分会编的1981年第3期《文学简讯》。

本月　《乡村》（短篇小说）刊《飞天》1981年第6期。

本月　《土地诗篇》（短篇小说）刊《长安》1981年第6期。

夏　参加由《北京文学》小说组组长傅用霖领头组织的文学笔会，地点在与青岛隔海相望的黄岛上。这是他第一次出远门参加文学写作笔会。与会的作家有汪曾祺、锦云等。在黄岛住了一周，闭门写作。尔后到青岛、济南、泰安，登了泰山，去曲阜，看了“三孔”。

7月9日　晚，写信给何启治，信中说“好多年没有通讯息”，偶在《当代》看到何为编辑，很是高兴。信中谈了他的一些生活和工作情况，最后说他准备写中篇小说，“第一个中篇，无论好坏，一定先送您，不管能否刊用，得到真诚的指导这一点以及及时的处置，那是无须怀疑的”。

9月　写成言论《看〈望乡〉后想到的》。刊《银幕与观众》1981年第11期。

10月14日　于礼泉袁家大队写成报告文学《崛起》。刊《延河》1982年第1期。

10月30日　《文艺报》派阎纲等人来陕召开农村题材创作座谈会，胡采、王汶石、贺抒玉、董得理、贾平凹、路遥、陈忠实、邹志安、王吉呈、王蓬、王晓新、王愚、杨韦昕、路萌、陈贤仲等参加座谈。会议发言记录先后在《文艺报》和《延河》（1982年1月号）发表。

12月8日　《延河》举办1980年10月—1981年9月所发表的短篇小说评奖。获奖的有：《诗圣阎大头》（王晓新）、《雪花飘飘》（莫伸）、《姐姐》（路遥）、《喜悦》（邹志安）、《尤代表轶事》（陈忠实）、《银秀嫂》（王蓬）、《琴姐》（贺抒玉）、《村愁》（余君亮）。

本年　写成特写《可爱的乡村》。刊11月8日《陕西日报》。

本年 写成短篇小说《正气篇——〈南村纪事〉之一》。刊《北京文学》1981 年第 10 期。

本年 写成短篇小说《征服——〈南村纪事〉之二》。刊《奔流》1982 年第 1 期。

本年 写成短篇小说《丁字路口——〈南村纪事〉之三》。刊《奔流》1982 年第 12 期。

本年 陈忠实感觉生命已到中年，自觉有一种紧迫感，欲在文学上寻求一种突破。

本年 在灞桥区文化局任副局长，分管农村业余文化，抓农村业余文化创作活动。从本年开始，他连续办了九期“文学讲习班”，为灞桥区农村培养了一批业余创作人才。

1982 年 40 岁

1 月 15 日 写信给何启治，谈中篇小说《初夏》的修改问题。1981 年“八月下旬回到西安，我做了一个计划，想先做完当时比较急的两件事，一是报告文学，二是一个短篇，十一月下旬到十二月底改完那个小中篇，时间估计是充足的。这期间，有两位搞评论的同志看了原稿，又谈了些意见。综合考虑之后，动起手来，却很不顺当，无奈又停下，到十二月头上，再改，已写了近二万字，仍觉得不行，于是又停下”。

本月 写成短篇小说《蚕儿》。刊 2 月 4 日《光明日报》。

本月 写成短篇小说《初夏时节》。刊 2 月 14 日《陕西日报》。

本月 写成短篇小说《土地——母亲》。刊《雨花》1982 年第 7 期。

春 写成散文《春风吹绿灞河岸》。刊《长安》1982 年第 8 期。

2 月 6 日 参加在西安举行的《延河》优秀短篇小说评奖颁奖会。中共陕西省委副书记、省委宣传部代部长白文华，省委宣传部副部长方杰，中国作家协会西安分会主席胡采，副主席王汶石、杜鹏程、李若冰以及评奖委员出席了颁奖会。与其他获奖作者邹志安、莫伸先后在会上发表获奖感言，表示要努力创作，为人民和社会主义服务。

2月9日—4月30日 由灞桥区委安排，到渭河边一个公社落实中央一号文件，分田到户，逐村完成任务。

3月30日 写信给何启治，谈近况和《初夏》修改事。

5月3日 写信给何启治，谈近况和《初夏》修改事。

5月6日 接中共陕西省委宣传部通知，出发去延安，参加中国作协西安分会在延安举行的毛泽东《在延安文艺座谈会上的讲话》发表40周年纪念活动。胡采主席率领包括陈忠实在内的七八个刚刚跃上新时期文坛的陕西青年作家赴会。在这次会上，得知路遥《人生》发表。会后从延安回到灞桥镇，当天就拿到文化馆里订阅的《收获》，几乎是一口气读完了这部10多万字的中篇小说《人生》。陈忠实后来回忆他读完这部在路遥创作道路上也在中国当代文学史上堪称里程碑的作品之后的感觉，他说他坐在椅子上，“是一种瘫软的感觉”，这种“瘫软的感觉”不是因了《人生》主人公高加林波折起伏的人生命运引起的，而是因了《人生》所创造的“完美的艺术境界”。这是一种艺术的打击。

同日 去延安的路上，经过一个叫介子河的地方，介子河是共产党在陕北时期红区与白区的分界线。同车坐了四位老作家，“都是二十上下从秦晋两地的乡村奔到延安寻求光明和进步的青年”，其中一个是杜鹏程，一个是王汶石，两位老作家看到介子河，都激动地话起当年。陈忠实在这一天日记的末尾，感慨地写道：“我来到这个世界的时候，正是老一代共产党人在延安处境最困难的时候。我是属于第一代享受革命胜利成果的青年。我切切感到，今天去延安，在我，是‘寻根’来的。”

5月8日 参观王家坪。日记中写道：“参观完延安革命纪念馆，站在王家坪的坪场上，我在思索‘革命’这两个字的含义。”

5月9日 参观杨家岭。日记中写道：“这是杨家岭，两壁土墙围成的小院，一幢灰砖砌成的小楼，上刻‘中共中央办公厅’。哺育了一代又一代中国无产阶级艺术家的《讲话》，毛主席就是在这里演讲的。”中国作协西安分会主席胡采，是陕西参加过那次座谈会的唯一健在的老人。站在参加《讲话》的合影照跟前，大家围住胡采，询问了当年座谈会召开的情况。

5月10日 在延安剧院观看历史文献片《延安散记》。

5月15日 写成短篇小说《霞光灿烂的早晨》。刊《北京文学》1982年第8期。

5月16日 去万花山，参观花木兰故里。感叹："万花山美，牡丹花美，万花山的传说更美。"于延安写成散文《万花山记》。刊5月22日《西安晚报》。

本月 于延安写成散文《延安日记》。刊7月8日《西安晚报》。

本月 写成言论《和生活的创造者一起前进》。刊6月14日《陕西日报》。

本月 《收获》第3期发表路遥中篇小说《人生》，同年11月由中国青年出版社出版单行本，获1981—1982年度全国第二届优秀中篇小说奖。

6月17日 写成短篇小说《绿地》，7月10日改定。刊《延河》1982年第9期。

7月 写成短篇小说《田园》。刊《飞天》1982年第10期。

本月 陕西人民出版社出版短篇小说集《乡村》。这是陈忠实出版的第一部个人作品集。

9月3—11日 参加中国作家协会在西安召开的西北、华北部分青年作家座谈会。出席这次座谈会的陕西青年作家还有：贾平凹、莫伸、邹志安、路遥、王蓬、京夫、赵熙、李凤杰、梅绍静。另有：甘肃省的匡文立、窦新国，宁夏的张武、马治中，青海省的王文泸、刘文琦，新疆的吴连增、艾海提·吐尔迪，山西省的张石山、成一，内蒙古的刘成、汪浙成，北京市的毋国政、凌力，天津市的吴若增，河北省的铁凝、张学梦等。

9月27—29日 中共陕西省委宣传部、陕西省军区、中国作家协会西安分会在西安召开了军事题材文学创作座谈会。文学方面参加的有：林江、胡忠斯、陈忠实、莫伸、韩起、周矢、黄盛衡、刘明琪、叶广芩等。

9—11月 写成中篇小说《康家小院》。

10月 农村生产队实行了大包干责任制以后，分给陈家五六亩地，其中一半是山坡地。陈的母亲和妻子有病，作务庄稼全靠陈干。家里没有成年男劳力，养不起牛，耕作相当困难。国庆节后，陈自己拉犁，播完了小麦。

11 月 调入中国作家协会西安分会（即后来的陕西省作家协会）从事专业创作。

本月 散文《深入生活浅议》刊《人民文学》1982 年第 11 期。

冬 写成短篇小说《珍珠》。

1983 年 41 岁

1 月 月工资为 52 元，行政 23 级。

3 月 1 日 中篇小说《康家小院》发表于《小说界》第 2 期。这是陈忠实发表的第一部中篇小说。

3 月 8 日 写信给何启治，信中说：《初夏》“这部稿子折腾我的时间太长了，几次三番，改不出一个新的面貌，中途辍笔，而最终把马驹及其伙伴们的命运放到整个农民这一阶层的背景上去思考，这就在构思中撑开一个新的天地，多少增加了历史的纵深感，所以如此，我尚感激您对这部稿子从一开始就给予的肯定、建议，热情的关切和鼓励。从七三年认识您，整十年了，我才能第一次跟您配合，想来愧惭。但总有了这一次。您以及几位编辑老师早就热情鼓励过我试写中篇，我一直不敢动手，觉得自己文学的基本素养太差，即使现在，仍有此感，去年在西安召开了西北华北作者会议，我受到同辈的感召，回来写了一个小中篇，四万字，写解放初期的乡村农家生活，上海文艺出版社编的《小说界》采用了，发排在今年二期（季刊）。这一稿子的较为顺利的脱手，鼓舞我拼一拼，重写《初夏》，有了这两个小中篇的实践，我现在对中篇的结构稍为踏实了，不像最初那么茫然了。我更觉得，创作的素养，每一步进步，最终都要通过创作实践本身去解决。”

3 月 10—11 日 中国作家协会西安分会召开路遥的中篇小说《人生》座谈会，作家、文学评论家、编辑王丕祥、王绳武、董得理、余念、王宝成、王吉呈、畅广元、刘路、韩玉珠、任士增、李小巴、路萌、陈贤仲、王愚、李星、白志钢、解洛成、徐岳、解军等 20 余人与会。中国作家协会西安分会主席、评论家胡采出席了会议。座谈会邀请路遥出席，共同进行讨论。会议由中国作家协会西安分会会务工作室主任杨韦昕主持。《人生》获中国作家协会 1981—1982 年度全国优秀中篇小说奖。

3 月 17 日 晚，写信给何启治，祝贺何报告文学作品获奖。

4 月 27—29 日 “笔耕”文学研究组召开现实主义和现代主义问题讨论会，这是当时文学理论、创作界普遍注意和争论的议题。

5 月 根据“专业技术干部的农村家属迁往城镇”的相关政策，陈忠实的妻子和子女四人的户口由灞桥农村迁到西安市。

8 月 29 日 写信给何启治，谈“《初夏》修改得很不顺利”。“这次修改时，我重新做了人物分析，逐一写了人物自传，争取想改出一个新的面貌，可是付诸实践以后，感情上很不顺畅，别别扭扭。改下两万多字，返回来一看，又觉得丧气，我索性放下了。这样的痛苦是我写稿中很少有过的现象。改不下去，我又冷静下来回忆这篇作品产生和修改的整个过程，我最初要表现什么，有了怎样的变化？现在修改要表现什么？这样重新进行归结，我现在虽然中止了修改，仍在进行这样的考虑……一俟可以重新动手，我再接着干。您不要急，遇见我这样的笨人，您这样的编辑就要费更多的心力，我因此很不安，觉得自己的文学功力太差了，有负于您的厚望。前天到作协，听小巴说您可能来西安，那时我再向您详细汇报。”

9 月 11—16 日 参加在西安召开的中国作家协会陕西分会第三次会员代表大会。本次会议上，中国作家协会陕西分会副主席王汶石、杜鹏程先后致开幕词、闭幕词，主席胡采做了题为《高举社会主义文学的旗帜，攀登文学的新高峰》的报告。中共陕西省委书记曾慎达、中共陕西省顾问委员会主任章泽出席讲话。会议选举出 52 位理事，组成第三届理事会。会议通过了中国作家协会陕西分会章程。在三届一次理事会上选举胡采任主席，王汶石、杜鹏程、李若冰、王丕祥任副主席，傅庚生任主席团顾问。出席此次代表大会的代表 108 人，特邀代表 13 人。

10 月 18 日 写成特写《诗情不竭的庄稼汉》。

10 月 20 日 写成短篇小说《旅伴》。刊《丝路》1984 年第 1 期。

11 月 2 日 写成言论《突破自己》。刊《百花》1984 年第 1 期。

12 月 5 日 陕西省文学艺术工作者第二次代表大会在西安开幕。会议讨论通过了《陕西省文学艺术界联合会章程（草案）》，选举了省文学艺术界联合会第二届委员会，胡采当选省文学艺术界联合会主席，方杰、关鹤岩、鱼讯、杜鹏程、王汶石、林丰、黄俊耀、方济众当选副主席。

12 月 27—29 日 “笔耕”文学研究组座谈讨论陕西省近年来的30 余部中篇小说创作，包括《惊心动魄的一幕》《人生》《在困难的日子里》（路遥）、《二月杏》《小月前本》（贾平凹）、《春》《南来的雁》（赵熙）、《喜鹊泪》《海中金》（王宝成）、《倩倩》（峭石）、《针眼里逃出的生命》（李凤杰）、《山林雾茫茫》（莫伸）、《康家小院》（陈忠实）、《军人》（京夫）、《一个报复事件》（邹志安）、《青山吟》（任士增）、《啊，故土》（李小巴）、《温暖的土地》（王晓新）、《干杯，为那挺拔的小白杨》（尚英）等，以推动中篇小说创作的进一步发展。

本年 写成中篇小说《初夏》，12 万字，这是陈忠实写得最早的一部中篇小说，也是最长的一部中篇小说，发表却在中篇小说《康家小院》之后。陈忠实在致王汶石信中说，写此作他用了三年时间。据考，先是写好后寄《当代》杂志编辑何启治，何基本肯定后提了一些意见退回让他改。如按写了三年时间计，则开笔为 1981 年。后刊《当代》1984 年第 4 期，并获 1984 年《当代》文学奖（《当代》文学奖评委会）。

1984 年　42 岁

1 月 3 日 胡乔木在中共中央党校做题为《关于人道主义与异化问题》的讲话，1 月 27 日《人民日报》《红旗》第 2 期转载全文。

本月 写成短篇小说《送你一束山楂花》。刊《延河》本年第 4 期。

本月 陕西省群众艺术馆主办的《群众艺术》改名为《百花》，公开发行。

2 月 写成中篇小说《梆子老太》。刊《文学家》本年第 2 期。

3 月 7 日 西安市作家协会成立，黄悌为主席，贾平凹、权宽浮为副主席。次年，增选和谷、景平、商子雍、子页为副主席。西安市作家协会的前身为西安市文学工作者协会，成立于 1950 年 8 月，主席郑伯奇，副主席李瑞阳。

3月上旬 与路遥一道参加中国作协在河北涿县召开的“全国农村题材创作座谈会”。

这次会上，路遥有一个发言。陈后来回忆说，他对路遥大会发言印象最深的，是路遥讲“我不相信全世界都要养澳大利亚长毛羊”。因为澳大利亚有一种长毛羊，品种好，正在推广，路遥借“澳大利亚长毛羊”来比喻当年文学上的现代派主张，认为现代派可以搞，但现实主义也应该有自己的立足之地，不能“全世界都要养澳大利亚长毛羊”，让“澳大利亚长毛羊”一个品种独行，而扼杀世界上其他一切羊的品种。这个说法在当时文学上的现代派呼声甚高、行情看好的时候，一方面给人提供了关于文学走向上的别一种思考，另一方面也显示了路遥独立思考、敢于发言、不怕别人说他“土”的艺术勇气。

开会期间，他看到当时的《十月》杂志副主编、作家郑万隆利用会议的间歇校对《十月》“长篇小说专刊”拟刊发的《百年孤独》文稿，就想先睹这部1982年获得诺贝尔文学奖的拉美作家作品。此时《百年孤独》还未正式出书。会后，郑万隆把刊有《百年孤独》的《长篇小说》寄给了陈忠实。这一辑“长篇小说专刊”于1984年3月出版，《百年孤独》由高长荣翻译，同期还刊发了两篇文章，一篇是由张永泰翻译、赵绍天校注的马尔克斯在瑞典文学院接受诺贝尔文学奖时的演说《拉丁美洲的孤独》，一篇是译者高长荣写的评介性文字《魔幻现实主义作家加西亚·马尔克斯和他的〈百年孤独〉》。陈忠实读到这部《百年孤独》应该在1984年3月以后。

3月11日 写信给何启治。信中先谈参加涿县“全国农村题材创作座谈会”的收获：“这次农村题材讨论会是开得不错的。几年来，在农村题材的创作中，面对变化着的新的生活潮流，我不至（止）一次感到困惑，甚至痛苦。这种困惑，首先是对复杂的生活现象缺乏一种高屋建瓴的理论把握。至于作品从怎样的角度去反映现实，以避免图解政策的前车之鉴，又当别论，而作者总应该搞清楚当前政策的理论基础，我以为这是我个人独有的困惑，因为我缺乏高等教育，缺乏系统的理论学习，又长期囚于比较狭隘的一隅，因而导致如此。所以这次会议，我是从内心感到踊跃的，企图得到启示，特别是当今活跃于文坛的农村题材的名家纷涌而至，我想我会受益的。会上，绝大多数的作家都谈到困惑了。困惑成为大家的口头禅了。我心里踏实了，看来大家面对新的生活现象都有类似的思考、类似的苦恼，我甚至想，严肃的作家对变化着的农村生活的思考是必然的。而对这种新的生活现象觉得轻易可以认识，可以表现，往往使人感到了某种图解的简单化作品。我这次主要是带着耳朵去的，我达到了目的，听到了许多长期保持着与生活联系的新老名家的精彩发言，尤其听到杜润生的报告，得益匪浅。我的直觉是：需要学理论，强化对生活的认识能力，更应坚定不移地研究自己的生活，应该相信自己对生活的认识和把握，而不应人云亦云。作家首先应该知道他的研究对象是生活。”接着谈《初夏》，“《初夏》仍需您再费神删节，我心里很不安，这部稿子已使您过多的耗费了精力，我现在倒是轻松了。我只能说，您放心去删改，我完全信任。我的另一篇小中篇也已改定，陕西出版社新创办的《文学家》拟定二期刊用。我现在该当作今后的学习创作计划了，经过前三部中篇的试写，我对中篇的形式兴趣愈浓，想探求中篇的种种表现形式，以丰富艺术表现能力”。

3 月 23 日 写信给何启治，“得知《初夏》发稿，十分欣慰”。回答何的一个问题：“六十年代的中学生自觉回乡，不一定都要经过申请的手续，而对学生中的领袖式人物，校长总是无一动摇地鼓励促进他们能进入高级学府深造，以铸造国家的栋梁之材。志强是同级学生中的佼佼者，却又下了回乡的决心，于是就有三次申求回乡的情节。这个情节，是从一位六十年代初的模范人物身上得来，并非随意设想。不过，这不是什么大问题，而结尾时马驹一伙青年在坟上读那份申请书的必要性和合理性，我受到你的提示，似乎也有些文诌诌（绉绉）。这样，我还是前信的意见：由你处置吧，这不是什么大的问题。”

4 月 17 日 中国作家协会陕西分会与省文学艺术界联合会共同召开有作家、评论家、编辑 20 余人参加的座谈会，讨论胡乔木《关于人道主义与异化问题》一文。

5 月 中篇小说《康家小院》获上海文艺出版社举办的《小说界》第一届文学奖（1981—1983）。第一次到上海，参加颁奖活动。

本月 写成言论《从昨天到今天》。

6—7 月 写成中篇小说《十八岁的哥哥》。刊《长城》1985 年第 1 期。

6 月 17 日 写信给何启治。谈《初夏》终于要刊出了，“我现在依然不能忘却这部稿子的修改历程，只有我和你最清楚了。我不禁想，如果当初我把这篇东西不是送给你，大约不会有后来的二稿和三稿的，可能早已付之一炬了。我现在翻看当初给你看的那一稿底稿，自己都觉得无法看，而你从中看到了主要之点（当时很不明显），而终于促成了这部稿子的发展，我每想到此，真是感佩之至！”

7月8日 散文《鲁镇记行》刊《西安晚报》。

7月27日 晚，写信给何启治。信中说：“六月份，我大部分时间参加整党活动，自我检查阶段已告结束，整改还要继续一些时日。这儿的初步方案，提出给专业创作人员发75%工资，讨论中大家觉得问题不少，尚未定，正在七嘴八舌的议论中。新近写完一个小中篇，不大行，送给一家刊物了。”又说：“六月份的《解放军文艺》发了一部中型报告文学《大寨在人间》，起初我不大注意，整党会上，魏钢焰和杜鹏程都热烈地提到这篇文章，并让我读读。读后，确实觉得不错。作品从历史唯物主义的客观立场，写了大寨的过去和现在，关键在于从过去到现在的那个转折（邢注：转折下有着重点）上。在这个转折上，大寨那一代英雄的心理过程是极为真实的。在一定的意义上，他们本身是一个悲剧，很容易使人联想到四方面军那些在错误路线下表现了慷慨悲壮的英雄史诗的战士。大寨人的思想转变过程，不是他们独有的，而数不清的南方北方的那些基层干部（如某些文学作品中揭露过的不正之风者，强奸知青者除外），那些解放以来在极左的钢丝上忠诚奋斗的人，大都经历了不同程度的如梁便良们一样的思想转变过程。由此我想到了习作《初夏》中的冯景藩老汉。我至今仍然遗憾没有把它（他）写得更丰满，但有一点可以自慰：我的冯景藩是我对生活体察的结果，我没有背向实际生活。现在回想起来，我觉得马驹的形象还是比较弱些。”

本月 《十月》第4期发表贾平凹中篇小说《腊月·正月》。后获中国作家协会第三届优秀中篇小说奖。

8月9日 散文《绿色的南方》刊《西安晚报》。

本月 中篇小说《初夏》刊《当代》第4期。

9月25日 《康家小院》（中篇小说）获陕西省文艺创作“开拓奖”荣誉奖（陕西省文联）。

同日 陕西省首届文艺创作“开拓奖”在西安举行颁奖大会。文学方面获奖的作品有：《腊月·正月》（贾平凹）为一等奖；《干杯，为那挺拔的小白杨》（尚英）、《啊！我们的“一线天”》（姚泽芊）、《人镜》（韦昕）、《北方，我的北方》（王观胜）、《唢呐声声》（梅绍静）、《啊，我的关中》（马林帆）、《黄河古渡》（和谷）为二等奖；《青青的竹》（韩起）、《种一片太阳花》（李天芳）为三等奖。获“知音奖”的有“笔耕”文学研究组、《延河》编辑部小说组。获荣誉奖的还有路遥、王戈、李小巴等。

10 月上旬 中国作家协会陕西分会党组、主席团根据改革形势需要，宣布对《延河》实行补贴承包。经过酝酿、讨论并听取各方意见，对两个承包方案比较后，中国作家协会陕西分会党组、主席团决定由白描承包，并任命白描为《延河》主编。11 月 24 日，《延河》召开座谈会，白描宣布了承包后《延河》的办刊方针及有关措施，同时宣布新组成的顾问委员会、编委会成员名单。顾问委员会：胡采、王汶石、杜鹏程、李若冰、王丕祥、魏钢焰、贺鸿钧、董得理、余念；编委会：毛锜、白描、李小巴、邹志安、京夫、陈忠实、韦昕、闻频、贾平凹、莫伸、晓蕾、路遥。

10 月 21 日 写成短篇小说《鬼秧子乐——〈我自乡间来〉之二》。

本月 写成短篇小说《马罗大叔——〈我自乡间来〉之一》。刊《延河》1985 年第 1 期。

11 月 4 日 写成致王汶石的回信《关于中篇小说〈初夏〉的通信》。

本月 《北京文学》11 月号发表邹志安短篇小说《哦，小公马》。后获中国作家协会 1984 年全国优秀短篇小说奖。

12 月 28 日 以陕西代表身份赴北京参加中国作家协会第四次会员代表大会。12 月 29 日至翌年 1 月 5 日，中国作家协会第四次会员代表大会在北京举行。会议通过了新的中国作家协会章程、中国作家协会理事和顾问名单。1 月 6 日，新的一届中国作家协会理事会举行第一次全体会议，巴金当选为中国作家协会主席。

出席大会的陕西代表是：胡采、李若冰、王丕祥、魏钢焰、余念、贺鸿钧、霍松林、黄悌、陈忠实、邹志安、京夫、李天芳、王德芳（代表王汶石、杜鹏程、路遥请假），特邀代表是贾平凹、王愚、戈壁舟。

在这次会议上，杜鹏程、贾平凹、王汶石、胡采、李若冰、魏钢焰当选为中国作家协会第四届理事会理事。

本年 写成短篇小说《田雅兰——〈我自乡间来〉之三》《拐子马——〈我自乡间来〉之四》。

本年 写成中篇小说《夭折》。刊《飞天》1985 年第 3 期。

本年 写成特写《一九八三年秋天在灞河》。

本年 短篇小说《播种》刊《庄稼人》本年第 4 期。

本年 短篇小说《蚀》刊《新苑》本年第 2 期。

1985 年 43 岁

1 月 12 日 写成短篇小说《夜之随想曲》。

1 月 21 日 短篇小说《我们怎样做父亲》刊《西安晚报》。

1 月 25 日 中共陕西省委决定：胡采担任中国作家协会陕西分会党组书记，王丕祥、杨韦昕（主持日常工作）任党组副书记，路遥、陈忠实任党组成员。

本月 中国作家协会陕西分会主办的《小说评论》创刊。胡采任主编，王愚、李星为副主编。

2 月 27 日 写成言论《答读者问》。

春 写成中篇小说《最后一次收获》。刊《莽原》本年第 4 期。

3 月 5 日 中共陕西省委、陕西省人民政府召开优秀文艺创作表彰大会。省委副书记周雅光和副省长张斌、林季周、孙达人等向九位优秀文艺创作者颁发了优秀证书，文学方面有青年作家路遥、贾平凹和李凤杰。省长李庆伟到会祝贺，省委副书记周雅光讲话。

4 月 7 日 报告文学《大地的精灵》刊《西安晚报》。

4 月 21—24 日 中国作家协会陕西分会三届二次理事会（扩大）在咸阳召开。会议由胡采主持，王丕祥做会务报告。会议增补 16 位会员为理事，选举路遥、贾平凹、陈忠实、杨韦昕为副主席，选举李小巴、京夫、王愚、邹志安、贺鸿钧、董得理、余念、刘建军、峭石、李凤杰、黄悌、魏钢焰、莫伸、毛锜、任士增、戈壁舟、霍松林为主席团委员。在主席团会议上，通过由杨韦昕、王愚、李小巴、姜洪章、白描、汪炎六人组成书记处，在主席团和党组的领导下负责分会的日常工作。中共陕西省委副书记周雅光到会讲话。本次理事会有 46 名理事出席。

5 月 6—18 日 由中国作家协会新疆、青海、宁夏、甘肃、陕西分会和西安电影制片厂发起主办的大西北科学与文学笔会在西安召开，有作家、评论家、电影剧作家、编辑等 79 人参加，会议还邀请首都的一些学者和陕西的企业家出席。邀请科学家、企业家和作家一起开会，科学与文学结合，共同探讨文学的发展。

5 月 草成短篇小说《毛茸茸的酸杏儿》，11 月改定。刊《北京文学》1986 年第 8 期。

6 月 18 日 写成散文《迪斯科与老洞庙》。

7 月 24 日 中共陕西省委宣传部正式行文，任命陈忠实为中国作协陕西分会副主席。

夏 作协陕西分会发扬作家挂职深入生活的传统，安排一批新时期出现的青年作家到农村和工厂去任职，陈忠实挂职中共灞桥区委副书记。

8 月 20—30 日 参加中国作协陕西分会于延安、榆林召开的“长篇小说创作促进座谈会”。路遥、贾平凹、京夫、王宝成、李小巴、王绳武、董得理、任士增等 30 多位作家和评论家与会。召开这个会议的起因，是连续两届“茅盾文学奖”评奖，陕西省都推荐不出一部可以参评的长篇小说，自新时期以来，陕西的新老作家尚无一部长篇小说出版，所以会议要促进一下。会议讨论了国内长篇小说的发展状况，深入分析了陕西长篇小说创作落后的原因，制定出三五年内陕西长篇小说创作发展的规划。会上，有几位作家当场表态要写长篇小说。会后，路遥就留在了延安，开始写《平凡的世界》第一部。陈忠实在会上有一个几分钟的简短发言，他一是明确表态，尚无写长篇小说的丝毫准备，什么时候写，也没有任何考虑；二是谈了阅读马尔克斯长篇小说《百年孤独》的感受，认为如果把《百年孤独》比作一幅意蕴深厚的油画，那么他迄今为止的所有作品顶多只算是不大高明的连环画。

8—11 月 写成中篇小说《蓝袍先生》。刊《文学家》1986 年第 2 期。

10 月 6 日 于西安写成言论《忠诚的朋友》。

本月 写成短篇小说《灯笼》。

1985 年 12 月 20 日—1986 年 1 月 4 日 随中国作家代表团到泰国考察。这是中国作协派往泰国的第二批作家访问团，第一批是 1983 年以陈残云为团长的访问。先后参观了曼谷玉佛寺、阿瑜陀耶古城、曼谷盘谷银行、清迈及清迈的帕亚朴大学、素可泰古城及素可泰王朝的遗址、北榄坡（此为华人起的名字，泰语那空沙万）、波特亚、泰国国家图书馆等，与泰国有关方面进行了文化交流和文学交流。

12 月 20 日 中共陕西省委决定：任命李若冰担任中国作家协会陕西分会党组书记，免去胡采党组书记职务。

本年 写成短篇小说《广播体操乐曲算不算音乐》。

本年 根据陈忠实原著由竹子改编的三集电视剧《初夏》由陕西电视台录制播映。

1986 年　44 岁

1 月 11—13 日 参加中国作家协会陕西分会党组召开的扩大会议。会议总结 1985 年工作，制定 1986 年工作计划，提出要立足陕西，面向全国，锐意进取，开拓前进，做出更大的成绩。

本月 写成短篇小说《失重》。刊《延河》本年第 4 期。

2 月 14 日 于西安东郊整理完成散文《访泰日记》。刊《文学家》本年第 5 期。

本月 回忆青少年读书经历的文章《忠诚的朋友》刊《中学生阅读》。

3 月 《十八岁的哥哥》（中篇小说）获 1985 年“《长城》文学奖”（《长城》编辑部）。

春 西蒋村老家新房建成，辟出一间书房，约有十多平方米。

4 月 14 日 草成言论《创作感受谈》，4 月 23 日改定。刊《文学家》本年第 4 期。

本月 短篇小说《失重》刊《延河》本年第 4 期。

5 月 11 日 散文《湄南河上——访泰散记》刊《西安晚报》。

6 月 27 日 写成短篇小说《桥》。刊《延河》本年第 10 期。

本月 《初夏》（中篇小说集）由上海文艺出版社出版。

本月 《北京文学》6 月号发表邹志安短篇小说《支书下台唱大戏》。后获中国作家协会 1985—1986 年度全国优秀短篇小说奖。

应聘在西安外语学院任教的日本学者前川幸雄，在 3 月、6 月先后与中国作家协会陕西分会胡采、王汶石、杜鹏程、路遥、陈忠实、王愚、田奇、毛锜等 20 余人座谈，了解陕西文学的历史、现状及发展趋势。

8 月 写成中篇小说《四妹子》。刊《现代人》1987 年第 3 期。

9 月 17—21 日 中国作家协会陕西分会召开小说创作突破与提高研讨会，省内从事小说创作的老中青作家、评论家和文学编辑 60 余人出席会议，回顾了新时期陕西小说的创作历程与现状，并就农村题材与农民问题、陕西作家群、作家个人的突破、陕西小说创作持续繁荣等问题进行了深入广泛的讨论。会议肯定了陕西文学创作形成的三个特点：一是继承和发扬现实主义的文学传统；二是贴近时代和人民群众的生活；三是具有强烈的责任感和使命感。探讨陕西创作存在的不足时，认为观念需要更新，作家群体艺术功底和知识结构存在不足。中国作家协会陕西分会副主席王汶石、李若冰、王丕祥出席，副主席、党组副书记杨韦昕主持。

10 月 31 日 王愚任《小说评论》主编。

11 月 22 日 写成短篇小说《到老白杨树背后去》。刊《延河》1987 年第 4 期。

12 月 11 日 写成短篇小说《打字机嗒嗒响——写给康君》。刊《奔流》1987 年第 7 期。

12 月 29—30 日 路遥的长篇小说《平凡的世界》（第一部）在《花城》第 6 期发表，《花城》《小说评论》编辑部在北京召开座谈会，首都的 20 多位评论家出席会议，给予积极肯定的评价，认为是一部具有内在魅力和激情的现实主义力作。

本月 中国文学艺术界联合会出版公司出版路遥多卷本长篇小说《平凡的世界》第一部单行本。

本年 写成言论《收获与耕耘》。刊《飞天》本年第 12 期。

本年 散文《星空》刊《小说家》本年第 5 期。

本年 开始认真思考创作上如何突破、如何面对未来人生的重大课题。

1987 年　45 岁

1 月　《延河》文学月刊停止实行承包责任制，任命白描为主编，闻频、晓蕾为副主编。

2 月 24 日　参加中国作家协会陕西分会党组召开的扩大会议。会议总结 1986 年工作，通过 1987 年工作计划。

本月　写成短篇小说《兔老汉》。刊 2 月 15 日《西安晚报》。

3 月底 4 月初　到蓝田县查阅《蓝田县志》。

5 月 12 日　参加中国作家协会陕西分会、陕西延安文艺学会等六个单位召开的座谈会，纪念毛泽东《在延安文艺座谈会上的讲话》发表 45 周年。胡采、王汶石、李若冰、陈忠实、王愚、王平凡、周健、和谷、白描等发言，表示要发扬《讲话》精神，促进陕西文学的继续繁荣和发展。

5 月 19 日　中共陕西省委任命刘成章为中国作家协会陕西分会党组副书记，免去王丕祥副书记职务。后经中国作家协会陕西分会主席团同意，刘成章任作家协会书记处书记。

本月　写成报告文学《皮实》。刊 7 月 12 日刊《西安晚报》。

6 月 6 日　写成言论《中篇小说集〈四妹子〉后记》。

7 月 21—22 日　《小说评论》编辑部召开贾平凹长篇小说新作《浮躁》（刊《收获》1987 年第 1 期）讨论会，与会者认为该作是对现实进行严峻思考、试图全方位把握时代脉搏的重要作品。贾平凹及 30 余位评论家、作家出席了座谈会。

8 月 13 日　写成散文《 第一次投稿》。

本月　在长安县查阅《长安县志》。有一天晚上，与笔名叫李下叔的《长安报》编辑李东济在旅馆，一边吃桃一边闲聊。两人说得投机，陈忠实第一次向外人透露了他创作《白鹿原》的信息。说到后来，陈忠实谈起自己艰难而又屡屡受挫的创作历程，叹说自己已经是 45 岁的人了，说一声死还不是一死了之，最愧的是爱了一辈子文学写了十几年小说，死了还没有一块可以垫头的东西呢。关中民俗，亡者入殓，头下要有枕头，身旁还要装其他物件，这些东西，有时是由死者生前准备或安排妥当的。陈忠实说："东济，你知道啥叫老哥一直丢心不下？就是那垫头的东西！但愿——但愿哇但愿，但愿我能给自己弄成个垫得住头的砖头或枕头哟！"

9 月 贾平凹长篇小说《商州》由北京十月文艺出版社出版，被称为新方志小说。

10 月 8 日 于白鹿原下（白鹿园，西蒋村）写成言论《刀声》。

10 月 19 日 中国共产党第十三次代表大会在北京开幕。陈忠实被选为代表，赴京出席大会。

10 月 20 日 写成短篇小说《山洪》。刊本年 11 月 8 日《西安晚报》。

10 月 25 日 在北京参加中国共产党第十三次全国代表大会。

在日记中写道：

汽车在天安门广场停下，走过这阳光灿烂的广场，踏上通向大会堂的石阶，我的心里像绚烂的太阳一样热烈。

人生道路上的台阶，不似通向大会堂的台阶这样平整。那是 60 年代初，我忍受着瓜菜代粮的饥饿，坐在学校操场的浓密的柳荫下，听一位戎马疆场的人民解放战争的英雄慷慨激昂的演讲。'我一生无他求，高官嘛，没意思；金钱嘛，太乏味！我唯一的人生目标，就是做一个真正的共产党员。'这段话，一字一句浮雕般的铭刻我心头……

在开阔的大会堂里，我找到了自己的座位，静静地坐下来等待，等待那个重要时刻的到来。我一向缺乏等候的耐心，而今天却异乎寻常。我瞅着涌进会场戴着代表证急急寻找座位的男女各族代表，瞅着大会主席台上十面红旗簇拥着的金色的由铁锤镰刀构成的党徽，我的心里是如此安详却又思潮澎湃。

那是 21 年前的一个冬天的早晨，在公社一个简陋狭小的房间里，我羞怯不安地坐在一个角落里，听那些比我年长的共产党员们对我的评价，听介绍人向支部汇报对我的考察结果……我被接收了。我走出那个狭小房间的时候，看见灿烂的太阳，几乎流下泪来。同时又想到了在学校听战斗英雄演讲的情景，特别是那段话。我那时是一个社办农业中学的教员，民办的，这似乎并不影响我当时圣洁的心境……整整 21 年过去了。

我没有奢望过能有参加党的代表大会这样的机会。我知道，我是坐在整个中国和世界都在翘首以望的北京人民大会堂啊！我感到了一种从未有过的幸福！21 年过去了，而且是人生的最重要的 21 个年头，我现在竟然如此冷静地回首这一切，有几步走得顺畅，可也有几步摔得鼻青脸肿，唯一所幸者，我知道路很长，我依然往前走着。我没有因为些微的成就而忘记了目标，忘记了赶路。此刻，既往的那些曾经确也令人激动的赞誉和荣耀顿然失去了光彩，那些曾经使人焦灼愧悔甚至痛苦不堪的失误也变得冷寂了，我在面对着主席台上那庄严的党徽的此刻，心里只剩下了必须继续往前走这样一个单纯而坚定的信念了。

那个重要的时刻，正在分针、秒针的运转中逼近。

8 时 50 分，大会堂骤然沉静下来，不闻一丝声息。主席台前拥集的中外记者，也稳定不动。

一种自然的沉静。

一种重要企盼里的沉静。

8 时 55 分，大会堂主席台的出口处，走出来那位全国和全世界都十分熟悉的矮矮的巨人，暴风雨般的掌声骤然响起来。

邓小平以他稳健的步履走向主席台。他微笑着回报代表们的鼓掌。

陈云同志在赵紫阳的搀扶下，缓慢地移着小步，那是一种强烈的意志力支配下的步履。那搀扶与被搀扶，正是中国两代人的形象。

邓小平同志以他沉稳雄浑的四川口音宣布大会开幕，暴风雨般的掌声经久不息……

企盼已久的那个重要时刻到来了！

10 月 26 日　讨论学习赵紫阳的报告《沿着有中国特色的社会主义道路前进》。晚上看中国和日本足球队为争夺 1988 年汉城奥运会资格赛决战。中国队胜利后，走到大街上与球迷一起欢呼庆祝。

10 月 27 日　参加大会。

10 月 29 日　参加大会。大会讨论中央委员、中纪委候选人。邓小平提出全退，中央委员都不进。

11 月 1 日　下午，北京新侨饭店，参加中国作协书记处召集的参加中共十三大的作家代表座谈会。

11 月 21—23 日　中国作家协会陕西分会召开小说创作座谈会，有 60 余位小说作者出席，就两年来陕西省小说创作状况和创作中的问题充分交流了意见。

10—11 月　写成散文《最珍贵的记忆——日记五则》。

冬 写成短篇小说《 窝囊——献给古原的女儿》。

本年 写成短篇小说《石狮子》。

1988 年 46 岁

1 月 6 日 写成散文《敬上一杯酒》。

1 月 8 日 写成言论《关于〈四妹子〉的附言》。

2 月 13 日 写成短篇小说《轱辘子客》。

本月 为了安下心来创作长篇小说《白鹿原》，请求不再担任中共灞桥区委副书记的挂职。

本月 贾平凹长篇小说《浮躁》由北京作家出版社出版。

3 月 12 日 署名陈忠实、未艾编剧的电影文学剧本《四妹子》改成。本月由中国人民解放军八一电影制片厂文学部编辑部打印成册。编辑：赵鹏。应为未艾编剧，陈忠实联合署名。

3 月 31 日 参加中国作家协会陕西分会三届二次主席团（扩大）会议。会议讨论研究 1988 年工作要点及改革问题。

4 月 1 日 在草稿本上写下《白鹿原》的第一行字。开始创作《白鹿原》。

本月 《四妹子》（中篇小说集）由中原农民出版社出版。

本月 中国文学艺术界联合会出版公司出版路遥长篇小说《平凡的世界》第二部单行本。

5 月 22 日 随笔《短文三篇》刊《西安晚报》。

本月 在中共陕西省委第七次代表大会上，当选为省委候补委员。

6 月 13 日 中国作家协会陕西分会召开纪念柳青逝世十周年、获奖作家优秀编辑颁奖大会。省委副书记牟玲生出席讲话。大会颁发了优秀作品奖，还向获首届文学期刊优秀编辑的王愚，获文学期刊编辑荣誉奖的王丕祥、余念、贺鸿钧、董得理颁奖，向王丕祥、余念、贺鸿钧、董得理、王愚、刘广英、张沼清、路萌、解洛成、杨韦昕、黄桂华颁发了国家新闻出版署、中国出版工作者协会授予的荣誉证书。

6 月 27 日 写成短篇小说《害羞》。

7 月 13—17 日 在太白县参加中国作协陕西分会、《小说评论》

编辑部组织召开的陕西长篇小说研讨会。中国作家协会陕西分会领导及小说作家、编辑、评论家40人出席。会议对1985年长篇小说创作促进会后出版的16部长篇小说进行了实事求是的分析，并对长篇小说进一步的突破和超越从不同的角度提出了各自的见解。作家和评论家在坦诚的对话中加强了交流，增进了理解。讨论会分别由《小说评论》主编王愚、副主编李星，中国作家协会陕西分会创联部主任汪炎主持，分会负责人李若冰、陈忠实、杨韦昕参加了会议并讲了话。参加讨论会的评论家、作家、编辑有刘建军、畅广元、肖云儒、李健民、蒙万夫、赵俊贤、高尔纯、王仲生、邹志安、董得理、赵熙、李天芳、李凤杰、赵炳坤、赵宇共、王宝成、文兰、京夫、任士增、路萌、马建勋、魏亚平、谢雪畴、常智奇、李昺、韩鲁华、高海松、杨云峰、陈瑞琳、冯莉霞、邢小利等30余人，陈学超寄来了书面发言。

11月8日 中国文学艺术联合会第五次代表大会在北京召开，陕西代表团文学方面的代表是胡采、李若冰、杨韦昕、李凤杰、王汶石、杜鹏程、贾平凹（请假）。17日，胡采、李若冰、杨韦昕参加中国作家协会四届三次理事会，至19日闭幕。

本年 写成短篇小说《两个朋友》。

本年 写成言论《美玉出蓝田》。

1989年 47岁

1月28日 于白鹿原下（即白鹿园，西蒋村老家）写成散文《默默此情谁诉》。

本月 《白鹿原》草拟稿完成，约40万字。

3月4日 参加中共陕西省委宣传部、中国作家协会陕西分会、陕西省文学艺术界联合会召开的文艺家兼职深入生活座谈会。近几年来，作家兼职深入生活的有：陈忠实（西安灞桥区）、路遥（铜川矿务局）、赵熙（太白县）、邹志安（礼泉县）、莫伸（西安铁路局）、王宝成（临潼县）、京夫（商州市）等。

3月9日 中共陕西省委宣传部、中国作家协会陕西分会召开座谈会，50余人出席，讨论贾平凹获美孚公司“飞马奖”的长篇小说《浮躁》。

4 月 开始写《白鹿原》二稿。

8 月 酷热难耐，到灞桥区文化馆馆长、作家李君利（笔名峻里）位于洪庆镇郭李村的老家窑洞中写作，完成了《白鹿原》第十二章。

10 月 2 日 写信给李君利及其夫人周改群。信中谈及正在写作的《白鹿原》，说他现在无法进入写作的“心境”。又说，“我已经感觉到了许多东西，但仍想按原先的构想继续长篇的宗旨，不做任何改易，弄出来再说，我已活到这年龄了，翻来覆去经历了许多过程，现在就有保全自己一点真实感受的固执了。我现在又记起了前几年在文艺生活出现纷繁现象时说的话：生活不仅可以提供作家创作的素材，生活也纠正作家的某些偏见。那时是有感而发，今天回味更觉是另一种感觉”。

本月 中国文学艺术界联合会出版公司出版路遥长篇小说《平凡的世界》第三部，全书出齐。同年由中国电视剧制作中心拍摄成 14 集电视连续剧。1999 年《平凡的世界》被评为“百年百种优秀中国文学图书（1900—1999）”之一。

11 月 3 日 好友、评论家、西北大学中文系副教授蒙万夫因病去世，年仅 50 岁。

12 月 在清查工作中由四人具名写的关于陈忠实的考察材料中说：“当前正在日夜笔耕，赶写一部长篇小说；动乱中该同志住在农村，集中突击完成长篇小说，很少到作协机关来，因此没有什么问题。学潮初期，思想上曾一度对学生提出的‘惩治腐败、打倒官倒’等口号有同情，但在言论和行动上，能和党中央保持一致。‘双清’以来，认识明确，态度积极，能按时赶来机关参加会议和学习，自觉清理自己思想。作为‘双清’小组成员，能积极参与清查工作。”考察材料最后，说陈忠实的主要问题是：“作为作协一个领导成员，长期住在农村，埋头创作，对机关工作主动关心不够，过问少。”中共陕西省委组织部在 1992 年 1 月对陈忠实的考察材料中也说：“在 1989 年的‘两乱’斗争中他住在农村，正赶写一部长篇小说，没有参加游行等各种声援活动，在言论和行动上能同党中央保持一致。对‘双清’工作认识明确，态度端正，能按时赶来机关参加学习和会议，自觉清理思想，积极参与清查工作。”

本年 中央电视台录制播映了陈忠实创作剧本的二集电影剧《四妹子》。

本年 在中国作协陕西分会经高级职称评委会评为“一级文学创

作”职称。

1990 年　48 岁

1 月 6 日　写成言论《我说关中人——〈灞桥区民间文学集成〉序》。

2 月 23 日　写成言论《篇篇珠玑说〈泥神〉》。

3 月 9 日　写成言论《唯有真情才动人——读〈肖重声散文选〉》。

本月　这个时期的月工资是 158 元。

本月　根据路遥长篇小说改编的电视连续剧《平凡的世界》，由中国电视剧制作中心拍摄播放，导演及主要演员来陕西与评论界 30 余人座谈。

春　写成报告文学《山里有黄金》。

3—7 月　继续《白鹿原》正式稿写作。

8 月—年末　参加整党各种会议。

9 月 19 日　写成言论《巨人与矮子——〈长安风〉序》。

10 月 24 日　写信给何启治。信中说，“朱盛昌同志曾两次来信约稿，我都回复了。他第二次信主要约长篇，大约是从陕西去北京的作家口中得知的消息，我已应诺，希望能在贵刊先与读者见面，然后再做修改，最后出书。关于长篇的内容，我只是说了几句概要的话。作品未成之前，我不想泄露太多，以免松劲。所以我想告诉您，这个作品我是倾其生活储备的全部以及艺术的全部能力而为之的。究竟怎样，尚无把握，只能等写完后交您评阅。原计划国庆完稿，未想到党员登记的事，整整开了两个多月的会”，加之一些家事干扰，“弄得我心神不宁”，“我了过此番心事，坐下来就接着修改工作，争取农历春节前修改完毕最后一部分。此书稿 87 年酝酿，88 年拉出初稿，89 年计划修改完成，不料学潮之后清查搞了四个月，搁置到今春，修改了一部分，又因登记党员搁置。全书约四十五六万字，现剩下不到三分之一，我争取今冬拼一下。大致情况如此，待成稿后我即与您联系，您不要惦记，我已给朱应诺过，不会见异变卦的。也不要催，我承受不了催迫，需要平和的心绪做此事。盼常通信息，并予以指导，我毕竟是第一次搞长篇”。

11 月 20 日 与田长山合写的报告文学《渭北高原：关于一个人的回忆》发表于《陕西日报》，后获中国作家协会 1990—1991 年度全国优秀报告文学奖。

12 月 22 日 西安市作家协会召开第二次会员代表大会，贾平凹为主席，景平为常务副主席，和谷、权宽浮、商子雍、董子竹为副主席。

1991 年 49 岁

1 月 《创作感受谈》（文论集）由陕西人民出版社出版。

本月 《到老白杨树背后去》（短篇小说集）由陕西人民教育出版社出版。

春 致信省委宣传部部长王巨才，辞谢关于让他做省文联党组书记的人事安排。

3 月 10 日 路遥长篇小说《平凡的世界》获中国作家协会主办的第三届茅盾文学奖。

4 月 15 日 路遥长篇小说《平凡的世界》荣获中国作家协会主办的第三届茅盾文学奖，中共陕西省委宣传部、中国作家协会陕西分会、陕西省文学艺术界联合会召开表彰大会。省委副书记牟玲生、副省长孙达人及宣传文化新闻部门负责人、作家、评论家等各界人士 300 余人出席。会上，宣读了《关于表彰〈平凡的世界〉作者路遥的决定》，授予路遥以表彰证书、纪念花瓶和奖金。路遥致答谢词。

4 月 27 日 致信白烨。信中请白烨为他即将出版的中篇小说集《夭折》写一个序言。该书由邢良俊任责任编辑，陕西人民出版社于 1992 年 12 月出版。

5 月 陕西人民出版社出版《柳青文集》二册，第一册收入《创业史》第一、二部，第二册收入其他小说、散文、文论。印数 1000 册。

夏 再次致信省委宣传部部长王巨才并主管文艺的副部长部尚贤，力辞省文联党组书记的人事安排，着重申明两点：一、自己不愿意调离作协。组织部门如果径下任命书硬调，自己不遵从，不仅自己被动，于领导也不大好。如果不开除党籍，他是不会调离作家协会的。二、直言不讳地表明，如果作家协会人事不好安排，他甘愿放弃现任的副主席职位，只要能保留专业创作这个职业就心满意足了。伏天，在丈八沟宾馆参加省委会议，与省委宣传部部长王巨才相遇，王巨才说：那你就原样不动，倒是觉得亏了你啊。

8 月 21 日 由中国作家协会主办的 1991 年度庄重文文学奖颁奖大会在西安举行。西北五省（区）青年作家 16 人荣获该奖，陕西获奖作家是贾平凹、杨争光、高建群。此奖由香港爱国人士庄重文设立，已评奖三次。本届评委会由陕西省省长白清才任名誉主任，省委副书记牟玲生任顾问，庄绍绥任主任，胡采任评委会副主任，李若冰等任评委。

8 月 30 日 致信白烨。信中提道，“陕西文联和作协的换届又推至十月末十一月初，人选在不断捋码中，一阵一种方案的传闻，变化甚大。无论如何，我还是以不变应多变，不求官位，相对的就显得心安了”。提到正在写作中的《白鹿原》，“长篇这段时间又搁下了，因孩子上学诸事，九月即可投入工作，只剩下不足十万字了，能出不能出暂且不管，按原构思弄完，了结一件心事，也可以干些别的”。

9 月 19 日 致信白烨。对白烨为他中篇小说集《夭折》写的序表示满意和感谢，其中说道，“您对我的创作的总体把握和感觉也切中实际，尤其是您所感到的新变”。“鉴于此，我更坚定信心写长篇了，且不管结局如何；依您对《蓝袍》以及《地窖》的评说，我有一种预感，我正在吭哧的长篇可能会使您有话说的，因为在我看来，正在吭哧的长篇对生活的揭示对人的关注以及对生活历史的体察，远非《蓝袍》等作品所能比拟，可以说是我对历史、现实、人的一个总的理解，自以为比《蓝袍》要深刻也要冷峻一些了……”

11 月 17 日 写成言论《〈风雪娘子关〉阅读笔记》。

12 月 16 日 参加《小说评论》编辑部召开的编委暨中国小说学会在陕理事扩大会议。

本年 继续《白鹿原》写作。

1992 年 50 岁

1 月 6 日 写成报告文学《腼腆》。

1 月 29 日 农历 1991 年十二月二十五日，《白鹿原》书稿写完。

约50万字。

2月下旬 给人民文学出版社时任《当代》杂志常务副主编的何启治写信（何启治和他1973年冬就有长篇小说之约），告诉何启治他的长篇小说《白鹿原》的写作已经完成，修改也将于3月下旬完成，稿子是送到北京还是出版社派人来取，请何启治定夺。

3月23日 天不明便起身，请来一位乡党照看生病的母亲，踏着夜来的大雪步行七八里赶到远郊汽车站，搭乘头班车进城，到西安火车站接人民文学出版社高贤均、洪清波两位编辑。然后把二位编辑带到建国路作协陕西分会招待所住下，安排好食宿，说稿子还有最后的三四章需要修改，请二位编辑安心休息两天。他又赶回原下老屋，一边修改书稿，一边管护输液的母亲。

3月25日 早晨，提着《白鹿原》的手稿赶往城里，在西安市建国路作协陕西分会招待所，他把近50万字的厚厚一摞手稿（原稿，自己留的是复印件）交给高贤均和洪清波。

3月31日 早上，按习惯收听中央人民广播电台的新闻广播，突然听到邓小平南方谈话的报道。邓小平在南方谈话中指出："不坚持社会主义，不改革开放，不发展经济，不改善人民生活，只能是死路一条。""革命是解放生产力，改革也是解放生产力。""改革开放胆子要大一些，敢于试验，不能像小脚女人一样。看准了的，就大胆地试，大胆地闯。"听了邓小平南行中关于要继续坚持改革开放的讲话，感到很振奋，同时，也敏感地意识到，中国思想文化的春天也将随着自然界的春天一起到来了，《白鹿原》的出版也有望了。

4月16日 人民文学出版社当代文学编辑室编辑高贤均致信陈忠实。

老陈：

您好！

我们在成都待了十来天，昨天晚上刚回到北京。在成都开始拜读大作，只是由于活动太多，直到昨天在火车上才读完。感觉非常好，这是我几年来读过的最好的一部长篇。

犹如《太阳照在桑干河上》一样，它完全是从生活出发，但比《桑干河》更丰富更博大更生动，其总体思想艺术价值不弱于《古船》，某些方面甚至比《古船》更高。《白鹿原》将给那些相信只要有思想和想象力便能创作的作家们上一堂很好的写作课。衷心祝贺您成功！

出书我看是不成问题了。责任编辑是刘会军，也是您认识的。关键是《当代》。我将向朱盛昌、何启治建议分二期全文刊载。洪清波与我看法完全一致，他会在《当代》尽力鼓吹。

先简单写几行字，以解悬望。《当代》方面一有消息即告。如见到田长山、小阎请代为问候。问您夫人好，感谢你们的热情接待。

握手！

高贤均

4.16

4月18日 《当代》杂志洪清波对《白鹿原》签署初审意见：

作品最突出的优点是，所描写的生活非常扎实，因而就大大丰富了作品的内涵……当代文学创作中，如此生动、丰富、真实描写农村生活的还不多见。

其次，人物形象非常成功。白嘉轩、鹿子霖是两家的家长，他们的命运无不与历史许多重大事件相关，所以他们是那个时代中国农民的缩影。用既定的思想观点很难判断他们一生的是是非非。但是读者无法怀疑他们的真实性。

在艺术表现上，总的看来十分朴素。作品以叙述为主。一般说来叙述得比较清楚，并显示出一定的丰富性，但也有个别地方有枝蔓（和）不合理的问题。当然，作为一部长篇，这种朴素的表现方式，显得有些单调，特别是有时候该出情绪的地方，烘托不上气氛。但是这也与作者的写作风格、描写内容有关。此作是比较冷静的现实主义，很少渲染夸张。

总之，此作可读性较强，内容丰富，认识深刻，我以为是很不错的作品。

4月27日 致信白烨。信中说，《白鹿原》“长篇终于弄完，于三月底交给来拿稿的两位编辑高贤均（人民文学出版社一编室副主任）和洪清波（《当代》），他们在四川活动半月后回到北京，即告知读罢《白鹿原》书稿的印象，悬空的心才落到实处，确真是大喜过望。当然，编辑初读后说点赞誉的话是情之所至，不可依此自恃，但仅出书能落实这一点，夙愿已经足矣”。又说，“稿子受审的半月里，我惶惶不可终日，先让李星读了，给我把握一下，李星在这儿是公认的艺术感觉最敏智最好的评论家，给我吃了定心丸”。不久接到高贤均信，由于高贤均信验证了李星此前对《白鹿原》把握和判断的准确，他对李星佩服得简直有些五体投地了。

5 月 3 日　《当代》杂志常振家对《白鹿原》签署复审意见：

这是近年来一部比较扎实的作品，历史感强，人物形象鲜明而丰满。特别是作者能把人物的命运与性格的展示同整个社会的历史变迁结合起来，这就不仅加强了人物性格的深刻性和丰富性，而且使作品产生一种厚重感。

作品不足之处在于笔墨过于均匀，变化较少，“浓淡相宜”注意不够。有些性的描写似应虚一些。但总的来说，这还是一部不错的作品。

5 月 22 日　中国作协陕西分会举行首届“双五”文学奖颁奖大会。路遥、贾平凹获突出贡献奖，杨争光获荣誉奖，李天芳、晓雷的长篇小说《月亮的环形山》获最佳作品奖，陈忠实的中篇小说集《四妹子》、邹志安的长篇小说《多情最数男人》、程海的《我的夏娃》、王宝成的长篇小说《爱情与饥荒》和竹子的长篇小说《黑谷》获优秀作品奖。

本月　《渭北高原，关于一个人的记忆》（报告文学）获 1990—1991 年度全国优秀报告文学奖（中国作家协会）。

6 月 6 日　致信白烨。信中谈到即将出版的《白鹿原》时说，“您喜欢《蓝袍先生》。这部书稿仍是循着《蓝》的思路下延的，不过社会背景和人物都拓宽了，放开手写了。另外，您是关中人，我是下劲力图写出这块地域的人各各风貌的，您肯定不会陌生，当会有同感”。

6 月 30 日　《当代》杂志常务副主编何启治对《白鹿原》签署终审意见：

这是一部扎实、丰富，既有可读性又有历史深度的长篇小说，是既有认识价值也有审美价值的好作品。

1. 此作体现了比较实事求是的历史观、革命观。在政治上是反“左”的，是拥护十一届三中全会正确思想路线（实事求是）的。写国民革命、写国共又合作又斗争的历史相当冷静、

准确、可信。可以说比较形象、真实地描绘了国共两党初期闹革命阶段的真实面貌，如十六章写白灵、鹿兆海以铜元的正反定入党的对象，其后又在实践中互变为另一党的党员，就很有时代特色。

2. 此作通过白、鹿两个家族、两代人的复杂纠葛反映国民革命到

解放这一时期西安平原的中国农村面貌，也是准确而有深度的。我们有一个时期以简单的阶级斗争（甚至扩大化）观点来统帅一切，事实已证明这是不符合历史真实的。《白鹿原》在这一点上显示了作者的冷静和勇气，而作为文学作品，则显得既新鲜又深刻、准确，因而特别值得肯定，值得重视。

3. 作品的历史观和革命观都不是概念的表述，而是通过活生生的艺术形象塑造和生动、形象的生活画面来表现的。

如老一代的白嘉轩、鹿子霖、朱先生就写得很好。朱先生作为一个有骨气的正直博学的知识分子写得很成功。白嘉轩作为一个有原则且能身体力行的倔强的族长形象也很动人。十六章写他被打断了腰仍不失威仪，夺过鹿三的牛鞭子在夕阳中扶犁耕地，就像一幅充满悲壮意味的夕照图。鹿子霖干尽了坏事，但也不是简单地（写他）干坏事，都按一定的生活逻辑落笔。凡此，显示了作者的冷峻和艺术功力。（长工鹿三的形象也值得注意）

当然，鹿兆鹏、鹿兆海兄弟和白灵、白孝文、黑娃等形象也不错。特别是小娥这个表面看似淫荡而实际上并未泯灭人性的艺术形象也是成功的，值得注意的。

这就牵涉到此稿的性描写如何处理的问题。首先，我赞成此类描写应有所节制，或把过于直露的性描写化为虚写，淡化。但是，千万不要以为性描写是可有可无的甚至一定就是丑恶的、色情的。关键是：应为情节发展所需要，应对人物性格刻画有利，还应对表现人物的文明层次有用。自然，应避免粗俗、直露。试想，如果《静静的顿河》去掉了阿克西妮亚会成个什么东西？如果《子夜》删掉了冯云卿送女儿给赵伯韬试图以美人计刺探经济情报这段情节，又怎么样？（这情节不但写活了赵伯韬的狂傲，冯云卿的卑鄙，也写出了冯女的幼稚和开放。）《白鹿原》的小娥就是个很重要的形象。她在鹿子霖挑唆下拉白孝文下水这一段性情节，就很能表现鹿子霖的卑鄙，白嘉轩的正直、严厉以及小娥和白孝文的幼稚和基本人性、为人态度等等，是不可少的情节。

此外，作品还有一些比较弱的或比较经不起推敲的部分（如992页写白灵发动学潮，1218页鹿兆鹏让鹿兆海送白灵到张村，1427页反反复复讲白孝文买鹿家门楼等等），应在编辑时或删或做适当改动处理。

陈忠实迄今最重要、最成功的小说就是这一部……赞成适当删节后采用，刊《当代》今年第6期和明年第1期。请发稿编辑把文字加工工作做细一些。(大约可删去五万字左右?)

本月 由中共咸阳市委宣传部组织，写成报告文学《生命礼赞——神针赵步长》。

7月6日 中共陕西省委任命陈忠实为作协陕西分会党组成员、副主席。

7月10日 致信白烨。信中谈到即将出版的《白鹿原》，“前几天与《当代》和出书部通过话，《当代》已定为本年六期和明年一期连载，大约得删掉10万字，主要是怕有失大雅的‘性’影响观瞻，每期约发20万字，两期发完”，“因为主要是删节，所以我决定不去北京，由他们捉刀下手，肯定比我更利索些。出书部也有定着，高贤均已着责编开始发稿前的技术处理工作，计划到8月中旬发稿，明年三、四月出书，一本，不分上下，这样大约就有700页。我提出出点精装本，作为赠好友和自己保留，他说得与社里商议后再定”。“原以为我还得再修饰一次，一直有这个精神准备，不料已不需要了，反倒觉得自己太轻松了。我想在家重顺一遍，防止可能的重要疏漏，然后信告他们，我免了旅途之苦，两全其美”。谈到工作安排，信中说，“我已与陕西宣传部长谈通，不再去文联，也不在作协任实职，算是了却了这件事”。谈及下来的写作计划，信中说，“可以谋划下一个脚窝了，该跷向何处？也希望听到您的灼见。有个想法是，不干这么大规模的长篇了，十几万字，写精粹点耐嚼点，另辟一条路子，艺术上也不能重复自己，重复写起来没劲!”

7月28日 散文《又见鹭鸶》刊《西安晚报》。

8月10日 时任人文社副总编辑、实际主持《当代》杂志工作的朱盛昌签署了在《当代》1992年第6期和1993年第1期连载《白鹿原》的终审意见：

按何启治同志的意见处理。

关于性描写，我不是反对一般的两性关系描写。对于能突出、能表现人物关系、人物性格和推动情节发展所需要的两性关系的描写是应当保留的。但直接性行为、性动作的详细描写不属此例，应当坚决删去，猥亵的、刺激的、低俗的性描写应当删去，不应保留……不要因小失大。

夏 写成言论《天下谁人不识君——肖重声〈珍蔬佳话〉序》。写词《小重山·创作感怀》。写词《青玉案·滋水》。

9月24日 中共陕西省委任命赵熙为中国作家协会陕西分会党组副书记，雷进前为党组成员。免去李若冰党组书记，刘成章、杨韦昕副书记职务。

本月 高建群的长篇小说《最后一个匈奴》由作家出版社出版。

10月 当选为出席中国共产党第十四次代表大会代表。

11月7日 作协陕西分会召开主席团会议。会议决定，分会书记处停止工作，任命雷进前为秘书长；同时，成立换届筹备领导小组；组长王汶石，副组长路遥、赵熙，成员陈忠实、杨韦昕、刘成章、雷进前。

11月17日 作协陕西分会副主席、党组成员路遥病逝，享年42岁。

11月21日 举行路遥悼念大会。省委副书记刘荣惠及文艺界、路遥生前友好300余人参加，赵熙主持大会，介绍路遥生平，陈忠实致悼词《别路遥》。路遥，原名王卫国，1949年12月3日生于陕西榆林市清涧县一个贫困农民家庭，7岁时因为家里困难被过继给延川县农村的伯父。当过农民和小学教师。1973年作为工农兵大学生入延安大学中文系学习，1976年毕业后在《陕西文艺》编辑部工作。历任《延河》编辑、小说散文组负责人，中国作家协会陕西分会副主席，专业作家。1982年加入中国作家协会。主要作品有中篇小说《人生》，长篇小说《平凡的世界》，创作随笔《早晨从中午开始》。

11月26日 草成诗歌《猜想死亡》，1993年9月16日改写。

12月18日 作协陕西分会党组调整《延河》编辑部领导班子，陈忠实任主编，徐岳任执行主编。《小说评论》编辑部由王愚任主编，李星任执行主编，李国平为副主编。

同日，人民文学出版社当代文学一编室刘会军对《白鹿原》签署初审意见：

这部作品既有严肃深刻的思想内容，又有生动引人入胜的故事情节。两者完美的结合，提高了小说的品位。它对生活的冷峭、深邃的描写，对人物琢磨不定，但又入情合理的性格刻画和总是出人意料的情节发展，以及篇幅宏大而情节、人物单线发展却又完整自然的框架式的艺术结构，都显示出作品的独到之处。它既能引起作家、出版家、评论家、学术研究者的重视，也能受到一般文学爱好者的喜欢，能引起社会的强烈反响。它的经济效益在目前情况下不敢企盼过高，但希望在文学评奖中获奖，还是抱有信心的。

12 月 20 日 《当代》第 6 期刊载《白鹿原》（上）。

本月 《夭折》（中篇小说集）由陕西人民出版社出版。

冬 写成言论《渭南有个李康美》。

1993 年 51 岁

1 月 11 日 人民文学出版社当代文学一编室高贤均对《白鹿原》签署复审意见：

同意刘会军同志对作品的分析和评价。

这部以叙事为主要表现手段的小说，其艺术感染力却强于众多浓墨重彩着力描绘的作品，原因就在于生活本身的丰富和魅力。作者沉潜数年，努力探索生活本质，研读名著，反思以往创作，终于摆脱了过去种种观念、戒律、创作模式的束缚，走上了真正的现实主义创作道路，并调动了自己的全部生活积累和生活感悟，完成了这部现实主义巨著，从而在自己的创作历程上飞跃了几级台阶。这部作品在艺术手段的运用上少有出新之处。但它的恢弘气势，扑面而来的真实感，生动复杂鲜活的人物形象，内涵无穷，使人见仁见智的情节，都令人信服地说明了生活的力量，真正现实主义的力量。这是近几年不可多得的长篇小说佳作，远非那些耍花枪的时髦作品所能比拟。应该作为我社重点作品推出。

1 月 15 日 作家王晓新读了《当代》杂志刊发的《白鹿原》（上）后致信陈忠实。信中说，"浪迹天涯底层时，看见《当代》上载有您的长篇新作《白鹿原》。对于《当代》这个由颇具权威的人民文学出版社所操办的刊物，近几年来我也久违久疏，像一个俗辈僧道看见长辫子娘儿，心里怦然片刻便垂脸而去。一个写小说的人不读小说岂非咄咄怪事？可这是严酷的现实！我日感无论是小说制造者还是小说消费者，阅读小说的功能正在急遽退化或萎缩"。"《白鹿原》题头的那幅肖像画，使我联想到离生你养你的白鹿原不远处的蓝田猿人，您好像刚从地狱里钻出来一样，肝胆炫炫而又挂霜刻皱，踌躇满志而又心力交瘁。潜心于鸿篇巨制的作家大抵都是这副德行吧。当您用蓝田猿人般冷皴的嘴脸含蓄疲惫而又庄严地宣告《白鹿原》是一部民族的秘史时，我除了替您诚惶诚恐之外，期望值也陡然增高。细细阅览时，疑惧一扫而去，感到分外震惊，连连闭气。极具震撼力的秘史式的情节细节和绝唱般的艺术营造，大大出乎一个写小说的人的预料。”此信后刊3月18日《陕西日报》。

1月17日 作家邹志安病逝，享年46岁。1月20日举行遗体告别仪式，雷进前主持大会，赵熙致悼词。中国作家协会陕西分会机关及文艺界、邹志安兼职所在地礼泉县领导同志100余人出席。

1月18日 何启治（1992年9月调任人民文学出版社副总编辑，分管当代文学的出书工作）对《白鹿原》出书签署终审意见：

这是一部显示作者走向成熟的现实主义巨著，作品恢弘的规模，严谨的结构，深邃的思想，真实的力量和精细的人物刻画（白嘉轩等可视为典型），使它在当代小说之林中成为大气（磅礴）的、有永久艺术魅力的作品。应做重点书处理。

本月 《悼路遥》刊《小说评论》第1期。

本月 京夫的长篇小说《八里情仇》由中国文学艺术界联合会出版公司出版。

本月 《路遥文集》五卷本由陕西人民出版社出版。

2月20日 《当代》第1期刊载《白鹿原》（下）。

3月3日 作家王晓新读了《当代》杂志刊发的《白鹿原》（下）后致信陈忠实。信中说，“下半部已读完了，直觉告诉我，一部扛鼎举标的长篇在陕西文学界问世了。可以毫不夸张地说这是多少年来罕见鲜现的大作品。文学家的历史使命和艺术使命在这里得到了至诚至贵呕心啼血的发挥”。“《白鹿原》是一部构成复杂的作品，一时很难条分缕析地说出其深邃博大的意蕴，只好留待评论家和读者去评说了。但是有一点却是毋庸置疑的，由近当代的志士仁人和芸芸众生共同用鲜血生命开创的中华民族的大业，正展示出更富魅力的未来，也为我们提供了更恢宏的画面，不努力地去表现这一切，就有负于时代的呼唤和厚望了。奇怪的是，面对自己的作品您竟连一句完整的感述也道不出来。长久的相对无言引发出的是另外的感慨，二十年前，当陕西中青年作家群的一群穷娃神圣亢奋地擎着殉道者的头颅，从陕北高原商州山地渭北平川西岐咸阳左道还有秦巴深处，血气方刚地走出来的时候，脚下踩的是这方厚土，肩上扛的也是这方厚土，而今已经有好几位为此流尽了最后一滴血！在昂奋呼啸‘下海’的呐喊声中，纯文学的经营者只能喊一声我们是在下油锅。油锅里炸出了《白鹿原》。这是陕西文学界的一件幸事。我相信评论界会迅速地做出仁山智水左龙右虎般的评介。”此信后刊3月18日《陕西日报》。

3月11日 中共陕西省委宣传部发文任命陈忠实为《延河》编辑部主编。

3月23—24日 中共陕西省委宣传部、中国作协陕西分会联合召开了《白鹿原》研讨会。省委宣传部部长王巨才出席开幕式并讲话。《当代》杂志何启治、常振家专程从北京赶来参加。陕西作家、评论家、文学编辑60余人出席讨论会。由邢小利撰写的研讨会综述《一部展示民族灵魂的大作品》刊《小说评论》本年第4期。

3月15日 写成言论《关于〈白鹿原〉与李星的对话》。后以《关于〈白鹿原〉的答问》刊《小说评论》本年第3期（5月20日出刊）。

春 写成报告文学《忠诚与潇洒——我理解的王福禄》。

4月2日 写成言论《黑色的1992》。

4月11日 中共陕西省委批准陈忠实为中国作家协会陕西分会第五届主席候选人。

本月 中国作家协会陕西分会党组决定：陈忠实任《延河》主编，徐岳任执行主编，晓雷、闻频、王润华任副主编。

5月25日 《光明日报》刊登记者韩小惠的文章《陕军东征》称：“不知是巧合还是什么原因，北京的四大文艺出版社——北京十月文艺出版社、人民文学出版社、作家出版社、中国文联出版公司近期各自推出的一部重头长篇小说，全是陕西作家所著。这就是贾平凹的《废都》、陈忠实的《白鹿原》、高建群的《最后一个匈奴》、京夫的《八里情仇》……这一举动震动了文坛，被首都评论界称为‘陕军东征’”。

本月 在中共陕西省委第八次代表大会上，当选为省委候补委员。

本月 写成《〈白鹿原〉创作漫谈》，后刊《当代作家评论》本年第4期（7月25日出刊）。

6月8—10日 陕西省作家协会第四届会员代表大会在西安召开。

王汶石致开幕词。胡采代表第三届理事会做题为《以邓小平建设有中国特色社会主义理论为指针，改革开拓，为繁荣发展我省文学事业而奋斗》的工作报告。中共陕西省委副书记刘荣惠讲话。会议通过修改后的《陕西省作家协会章程》，选举理事83名，选举常务理事43名。陈忠实致闭幕词。

在四届一次常务理事会上选举陈忠实为主席，王愚、王蓬、孙树淦、刘成章、李凤杰、杨韦昕、赵熙、贾平凹、高建群、雷进前为副主席。在四届主席团会议上决定聘请胡采、王汶石、王丕祥、魏钢焰为名誉主席，聘请名誉理事26名。任命雷进前兼任秘书长。

根据中央有关规定，中国作家协会陕西分会更名为陕西省作家协会。

截至1993年6月前，陕西省作家协会共有会员527名（女会员38名）；出席此次代表大会的会员代表共176名。

6月10日　下午在陕西省作家协会第四次会员代表大会上宣读《陕西作家应对中国当代文学做出无愧贡献——陕西作协第四次会员代表大会闭幕词》。作协陕西分会第二届“双五”文学奖在西安举行颁奖大会。《白鹿原》获本届文学奖最佳作品奖。

6月17日　写成言论《陈忠实中短篇小说选萃自序》。

6月18日　写成随笔《文学这个魔鬼》。刊7月1日《西安晚报》。散文《汽笛·布鞋·红腰带》草于小寨，6月21日改定。

6月19日　于西安写成词《踏莎行·人民大厦四十年》。

本月　《白鹿原》（第1版第1次印刷）由人民文学出版社出版。印数：14850册。定价：12.95元。责任编辑：刘会军、高贤均、何启治。

本月　悼路遥、邹志安的文章《黑色的1992》刊《文学自由谈》第3期。

7月16日　人民文学出版社、中共陕西省委宣传部、陕西省作家协会在北京联合召开《白鹿原》讨论会。中国作协副主席冯牧做书面发言。作协书记处书记张锲、陕西省委宣传部部长王巨才及京、陕文学评论家和文学、新闻界知名人士出席会议并发言。陈忠实专程赴京参加会议。会后与白烨等陕西乡党相聚。

本月　《白鹿原》在西安首次发行销售。

8 月　程海长篇小说《热爱命运》由工人出版社出版，并由工人出版社在北京召开座谈会。

9 月　《陈忠实短篇小说选萃》《陈忠实中篇小说选萃》由西安出版社出版。

10 月 12—26 日　随中国作家代表团访问意大利，参观了西西里、威尼斯、佛罗伦萨、米兰、罗马等名胜古迹。代表团团长是年近八旬的四川省作家协会主席马识途，团员有中华文学基金会总干事长张锲、中国作家协会创研部副主任蒋巍。后写《中国餐与地摊族》《贞节带与斗兽场》两篇散文记述这次出访。

11 月 22 日　写成散文《晶莹的泪珠》。

本月　《白鹿原》由香港天地图书有限公司出版繁体字本。

本月　《陈忠实爱情小说选》由太白文艺出版社出版。

12 月　写成散文《毛泽东的人格力量》。

冬　写成散文《寓言两则》。

本年　《蓝袍先生》（中篇小说集）由中国文学出版社出版。

1994 年　52 岁

1 月　《白鹿原》由台湾新锐出版社出版。

2 月　《蓝袍先生》（中篇小说集）由作家出版社出版。

本月　以《延河》主编身份写成言论《大将林立，佳作纷呈——编稿絮语（一）》。

3 月 15 日　写成散文《秦人白烨》。

3 月 21 日　写成言论《故乡，心灵中最温馨的一隅》。

本月　于西安写成词《阳关引·梨花》。

4 月 8 日　写成言论《沟通，我的期待——〈白鹿原〉韩文版序》。

本月　《初夏》（中篇单行本）由陕西人民出版社出版。

本月　《地窖》（中篇小说集）由台湾汉湘文化事业股份有限公司出版。

6 月 13 日　写成言论《铁骨柔肠赋华章》。

6 月 14 日 于小寨写成言论《虽九死其犹未悔》。

6 月 22 日 写成散文《足球与古典式 ——歪看足球之一》。

同日 写成散文《上帝之手——歪看足球之二》。

8 月 14 日 写成言论《 文学是一种沟通——与莫斯科大学留学生汪健的通信》。

9 月 1 日 写成言论《文学依然神圣》。刊 9 月 22 日《西安晚报》。

本月 写成言论《最好的纪念——陕西名家丛书序》。

10 月 参加陕西省作家协会在汉中举办的散文笔会。散文家毛锜、刘成章、李佩芝、朱鸿、邢小利、史小溪等 40 余人参加。这次笔会旨在检阅近年来陕西散文创作的实绩，总结经验，以期形成一支更为有力的创作队伍。

11 月 写成言论《不妨极端，自成气候——我看成章散文》。

本月 人民文学出版社举办的第二届“炎黄杯·人民文学奖”在京揭晓。本次评奖对象包括 1986 年至 1994 年在人民文学出版社出版的数以百计的长篇小说和长篇纪实文学作品。经过评委认真审读和选评，共遴选出 14 位作家的作品获奖，其中，长篇小说有魏巍的《地球上的红飘带》、王蒙的《活动变人形》、陈忠实的《白鹿原》、张炜的《古船》等；长篇纪实文学有四川作家邓贤的《大国之魂》等。颁奖仪式于 12 月中旬在北京举行。

12 月 9 日 写成散文《绿蜘蛛，褐蜘蛛——我的树之二》。

本年 写成散文《生命之雨》。

本年 写成散文《拥有一方绿荫——我的树之一》。

本年 写成言论《小说最是有情物》。

本年 写成言论《〈梆子老太〉后话》。

本年 陕西省文艺评论家协会成立。王愚、肖云儒为主席。

1995 年 53 岁

1 月 1 日 写成散文《绿风——我的树之三》。

1 月 15 日 作《七律·和宁夏张其玮先生》和《七律·和路友为先生诗》。

1 月 22 日 写成言论《文学无封闭——文学话题之一》。

本月 写成散文《最初的晚餐——生命历程中的第一次之一》。

本月 写成散文《尴尬——生命历程中的第一次之二》。

2 月 6 日 写成散文《沉重之尘——生命历程中的第一次之三》。

2 月 15 日 于西安写成散文《破禁放足不做囚》。

2 月 20 日 写《七律·悼魏钢焰》。

本月 写成散文《 中国餐与地摊族——意大利散记之一》。刊 2 月 17 日《西安晚报》。

本月 创作谈《兴趣与体验——〈白鹿原〉获奖感言》刊《当代》第 1 期。

春 写成报告文学《创造礼赞》。

3 月 18 日 写成言论《兴趣与体验——〈陈忠实小说自选集〉序》。

3 月 24 日 写成言论《生命易老，文学不死——编稿絮语》。

4 月 14 日 诗歌《七律·和路友为先生诗》刊《西安晚报》。

4—5 月 由加拿大华人作家协会邀请，到美国和加拿大参观、访问和文化交流。同行的有西安文理学院教授王仲生，《西安晚报》编辑、学者庞进。

5 月 22—25 日 参加中共陕西省委宣传部、陕西省文学艺术界联合会、陕西省作家协会联合在西安召开的陕西长篇小说创作座谈会。这次会议一是肯定长篇小说创作取得的成就，二是重在寻求长篇小说创作新的突破。

本月 随笔《文学无封闭》刊《文学自由谈》第 2 期。

6 月 26 日 写成言论《美髯公的画与文》。

6 月 28 日 写成散文《贞节带与斗兽场——意大利散记之二》。刊 11 月 30 日《西安晚报》。

本月 系列散文《绿蜘蛛，褐蜘蛛——我的树之二》刊《大家》第 3 期。

7 月 1 日 写成散文《那边的世界静悄悄——美、加散记之一》。

本月 《关于陕西长篇小说创作的回顾与展望》刊《小说评论》第 4 期。

11 月 23 日 参加由陕西作家协会、《小说评论》编辑部在西安召开的蒋金彦长篇小说《最后那个父亲》研讨会。

12月25日 于雍村写成散文《北桥，北桥——美、加散记之二》。

本年 《陈忠实创作申述》（文论集）由花城出版社出版。

1996年 54岁

1月 《陈忠实小说自选集》（三卷本）由华夏出版社出版。

2月 《陈忠实小说精选》由太白文艺出版社出版。

本月 写成书信《送平凹赴华西》。刊2月23日《西安晚报》。

3月28日 德国北莱茵—威斯特法伦州对外协会作家代表团一行十八人来西安访问，会见并与他们座谈。参加会见与座谈的还有陕西省作家协会京夫、徐岳、赵熙、汪炎、李天芳等。

4月4日 写《七律二首·故乡》。

4月9日 西安市作家协会召开第三次会员代表大会，出席大会并讲话。

西安市作家协会会员有500余名。会议选举产生了第三届理事会和主席团。主席：贾平凹。副主席：商子雍（常务）、王仲生、宋丛敏、曹天富、叶广芩、王心玲、陈长吟。

4月13日 写成言论《解读徐岳》。

5月4日 写成言论《致日本读者——〈白鹿原〉日文版序》。

6月6日 诗《回故乡二首》刊《西安晚报》。

6月17日 以萧飒为团长的台湾高雄市文艺家代表团一行十二人来西安访问，本日与代表团成员座谈交流。参加座谈交流的还有陕西省作家协会京夫、王晓新、晓雷、徐岳、李星、汪炎等。

6月20日 参加中共陕西省委宣传部、陕西省作家协会、陕西省新闻出版局、太白文艺出版社于丈八沟陕西宾馆联合召开的陕西省长篇小说创作座谈会。

6月20—22日 以拉基蒂奇斯洛博丹为团长的南斯拉夫作家代表团一行四人来西安访问期间，会见代表团成员并与他们座谈。参加会见座谈的还有陕西省作家协会京夫、王晓新、徐子心、汪炎等。

6月27日 参加陕西省作家协会在雍村饭店举行的柳青80周年诞

辰纪念大会。

同日 写成言论《柳青的警示——在柳青墓前的祭词》。

8 月 16 日 写成散文《告别白鸽》。

本月 《陈忠实文集》（五卷）由太白文艺出版社出版。

本月 《生命之雨》（陈忠实自选散文集）由陕西人民教育出版社出版。

本月 《秦人白烨》刊《中国作家》第 4 期。

9 月 3 日 参加陕西省作家协会在西安举行的第六届 505 文学奖颁奖大会。本届文学奖授予文学评论和报告文学。获优秀作品奖的是：王愚的评论集《当代文学述林》，王仲生的评论集《贾平凹的小说与东方文化》，李星的评论集《读书漫笔》，刘建军的评论集《换一个角度看人生》，畅广元主编的研究论文集《神秘黑箱的窥视》和肖云儒的评论集《独得之美》；报告文学类有：张会民、冯灵生的《让生命之河奔腾》，张志军的《为了中国的"哈佛"》，作埂、阎建滨的《人类健康的新曙光》和张晓梅的《来自大山深处的报告》。

10 月 写成散文《感受文盲——美、加散记之三》。刊 11 月 29 日《西安晚报》。

本月 写成散文《口红与坦克——美、加散记之四》。刊 11 月 21 日《西安晚报》。

本月 散文《告别白鸽》刊《大家》第 5 期。

本月 《白鹿原》由日本中央公论社出版日文版。

12 月 16—20 日 在北京参加中国作协第五次全国代表大会。参加中国作家协会第五次全国代表大会的陕西代表是：胡采，王汶石，李若冰，贾平凹，陈忠实，赵熙，王蓬，王愚，王宝成，叶广芩，刘成章，刘建军，权海帆，汪炎，李星，李天芳，李凤杰，京夫，贺鸿钧，莫伸。陈忠实、赵熙、贾平凹、李天芳当选为中国作家协会第五届全国委员会委员。

12 月下旬 参加陕西作协、《小说评论》编辑部、中共咸阳市委宣传部、咸阳市文联在西安召开的李春光长篇小说《情使》讨论会。

本年 写成散文《一株柳》。

本年 写成言论《注钙》。

1997年　55岁

1月　写成散文《五十开始》。刊5月8日《西安晚报》。

2月1日　太白文艺出版社、陕西作协、新华社陕西分社、陕西华讯经济发展总公司在西安陇海大酒店举行《陈忠实文集》（五卷）首发式暨新闻发布会，陕西省省长程安东等省市有关领导及文艺界、新闻界100余人参加了首发式暨新闻发布会。

2月16日　写成散文《朋友的故事》。

3月　与张英对话录《白鹿原上看风景——关于当前长篇小说创作和〈白鹿原〉》刊《作家》杂志第3期。

4月25日　写成书序《敞开心灵之窗——〈走出白鹿原〉自序》。刊8月28日《西安晚报》。

6月3日　参加陕西作协、陕西省技术监督局和《小说评论》编辑部联合召开的任君子长篇小说《军旅情祭》研讨会。

6月20日　作词《酹江月·香港回归感赋》。

本月　写成言论《回声　钟声　双刃剑》。

7月16日　写成言论《踏过泥泞》。刊1998年5月8日《西安晚报》。

8月　《延河》8月号的主编：陈忠实，子心（执行）；副主编：张艳茜。

10月　写成散文《陶冶与锻铸》。刊11月5日《西安晚报》。

11月19日　写成言论《寻找属于自己的句子》。

11月22日　写成散文《喝茶记事》。

12月16日　写成散文《追寻貂蝉》。

12月30日　晚上，陕西作协、西安日报、西安晚报和大峡谷俱乐部联合召开《白鹿原》获奖庆贺会，一百多位各界人士参加了庆贺会。贾平凹说，刚一听到陈忠实获奖的消息，他就写了一段文字，他现在就把这段文字念一下，题目是《上帝的微笑》：

当我听到《白鹿原》获奖的消息，我为之长长吁了一口气。我想，仰天浩叹的一定不仅我一人，在这个冬天里，很多很多的人是望着月亮，望着那夜之眼的。

其实，在读者如我的心中，《白鹿原》五年前就获奖了。现今的获奖，带给我们的只是悲怆之喜，无声之笑。

可以设想，假如这次还没有获奖，假如永远不能获奖，假如没有方方面面的恭喜祝贺，情况又会怎样呢？但陈忠实依然是作家陈忠实，他依然在写作，《白鹿原》依然是优秀著作，读者依然在阅读。污泥里生长着的莲花是圣洁的莲花。

作品的意义并不在于获奖，就《白鹿原》而言，它的获奖重在给作家有限的生命中一次关于人格和文格的正名，从而供生存的空间得以扩大。外部世界对作家有这样那样的需要，但作家需要什么呢？作家的灵魂往往是伟大的，躯体却卑微，他需要活着，活着就得吃喝拉撒睡，就得米面油茶酱，当然，还需要一份尊严。

上帝终于向忠实发出了微笑，我们全都有了如莲的喜悦。

贾平凹讲完，会场上响起了一片热烈的掌声。

12月 第四届“茅盾文学奖”揭晓，《白鹿原》（修订本）获奖。本届评选范围为1989年至1994年间发表的长篇小说。

本月 人民文学出版社出版《白鹿原》（修订本）。

冬 写成言论《关于〈白鹿原〉获茅盾文学奖答诗人远村问》。

本年 《白鹿原》（五卷）由韩国文院出版韩文版。

1998年 56岁

1月5日 参加并主持韦昕历史题材小说集《大唐纪事》研讨会。研讨会由陕西省作家协会召开，出席研讨会的有李若冰、赵熙、王愚、李星、贺抒玉、京夫、姜洪章、李小巴、子心、闻频、王观胜、李国平、邢小利、张艳茜、庞进、丹舟、耿翔等作家、评论家20余人，与会者就韦昕历史小说创作的艺术特色等问题进行了研讨。

1月10日 写成散文《自题旧照》。

本月 《告别白鸽》（散文集）由湖南文艺出版社出版。

2月24日 中共陕西省委宣传部、陕西作协、陕西省文联在西安雍村饭店联合举办了《白鹿原》荣获第四届茅盾文学奖表彰大会。陕西省副省长范肖梅，省委常委、宣传部部长张保庆等领导以及文艺界、新闻界、出版界、企业界知名人士数百人参加。大会还宣读了中共陕西省委关于颁给陈忠实1万元奖金的决定。

2月26日 参加由太白文艺出版社、陕西省作家协会、西安市文学艺术界联合会在西北大学联合召开的“西风烈文丛”研讨会。参加研讨会的还有贾平凹、王愚、李星、肖云儒、费秉勋、张孝评、刘路、王仲生、孙见喜等50余位作家、评论家、编辑、记者。“西风烈文丛”是太白文艺出版社年初推出的七位陕西青年散文家的散文集，与会同志对朱鸿的《放弃》、邢小利的《回家的路有多远》、穆涛的《俯仰由他》、冯积岐的《人的证明》、庞进的《慧雨潇然》、陈长吟的《行色匆匆》和刘明琪的《善待世界》七位散文家及其作品进行了深入细致的艺术分析和品评，并对这一代青年散文家的整体艺术风貌进行了讨论和概括。

3月6日 写成言论《历史和现实的追问》。

3月16日 西安市灞桥区委、区政府召开“庆贺《白鹿原》荣获茅盾文学奖座谈会”。灞桥区领导及省市文学界、新闻界、企业界人士和当地文学爱好者百余人参加了座谈会。灞桥区区长邢宏利代表区政府向获奖作家表示了真诚的祝贺。他说，《白鹿原》扛鼎茅盾文学奖是陕西人民的骄傲，也是灞桥百姓的光荣。陕西作协党组副书记赵熙和评论家王愚、肖云儒、李星、王仲生等到会并分别发表了讲话。

3月24日 参加在西安召开的陕西省文学艺术界联合会三届六次常委会暨全省德艺双馨优秀会员表彰会。陈忠实、赵季平、贠恩凤、米东风、石宪章等60人被授予“德艺双馨”称号。李若冰主持会议，省委宣传部副部长秦天行发表了讲话。会议期间获得“德艺双馨”称号的全体同志向全省文艺家协会会员发出了弘扬德艺双馨精神的倡议书。

4月20日 参加在北京人民大会堂举行的中国作家协会第四届茅盾文学奖颁奖大会。本届茅盾文学奖评选范围为1989年至1994年间发表的长篇小说。陈忠实的《白鹿原》（修订本）与王火的《战争和人》（一、二、三部）、刘斯奋的《白门柳》（一、二部）、刘玉民的《骚动之秋》共四部长篇小说获奖。

本月 随中国作协代表团赴台湾进行文化交流。

夏 与画家范曾在北京会见。1995年夏，范曾把自己在甲戌年即1994年秋天在法国巴黎读《白鹿原》时有感所作的一首七律书写后交由雷电送给陈忠实。其诗与跋是：

白鹿灵辞渭水陂，荒原陌上隳宗祠。
旌旗五色皂成隼，史倒千秋智变痴。
仰首青天人去后，镇身危塔蛾飞时。
奇书一卷非春梦，浩叹翻为酒漏卮。

陈忠实先生所著《白鹿原》，一代奇书也，方之欧西，虽巴尔扎克、斯坦达尔，未肯轻让。甲戌秋余于巴黎读之，感极悲生，不能自已，夜半披衣吟成七律一首，所谓天涯知己斯足证矣。

乙亥年抱冲斋主十翼
范曾于北京

5月 在中共陕西省委第九次代表大会上，当选为省委候补委员。

6月3日 写成言论《跨越障碍》。刊7月10日《西安晚报》。

6月30日 出席陕西省和西安市文学艺术界举办的“庆贺《延河》诞生42年，出刊400期”座谈会。座谈会共同期望《延河》在市场经济条件下找准位置，坚持“二为”方向，多出精品力作，让《延河》之水长流！出席会议的还有秦天行、李敬寅、李若冰、赵熙及《延河》新老编辑、新闻界共40余人。

本月 写成言论《业已成荫的大树》。

本月 写成散文《无法超脱》。

本月 写成散文《谁打败了斗牛士》。

8月10日 于银川写诗《贤亮印象》。

8月17日 写成言论《心灵独白》。

8月18—20日 参加由中共陕西省委宣传部、陕西省作家协会在眉县联合召开的陕西中青年作家专题研讨会。来自全省各地、市的作家、评论家50余人参加了研讨会。被列为专题研讨的六位作家是从三个不同年龄层次遴选出来的，他们是50岁的王观胜、叶广芩，45岁左右的冯积岐、冷梦，40岁以下的红柯、寇挥。其中冷梦主要写报告文学，余皆小说家。

9月18日 写成散文《喇叭裤与“本本”》。

10月8日 写成言论《生命价值的新启示》。

11月2日 写成言论《王国不神秘》。

11月6日 写成散文《伊犁有条渠》。

11 月 7 日　写成言论《西安人武元》。

11 月 9 日　写成言论《真情无价》。

11 月 13 日　写成散文《灿烂一瞬——凉山笔记之一》。

本月　写成散文《神秘一幕——凉山笔记之二》。

12 月 28 日　写成散文《旦旦记趣》。

冬　写成言论《从生活体验到心灵体验——与〈人民日报〉记者高晓春的对话》。

1999 年　57 岁

1 月 8 日　写成言论《心灵剥离》。

1 月 13 日　写成散文《自己卖书与自购盗本》。

本月　《陈忠实散文典藏本》由华夏出版社出版。

本月　创作谈《心灵剥离》刊《当代作家》第 1 期。

3 月 12 日　参加由陕西省文学艺术界联合会、陕西省文化厅、陕西省作家协会、陕西延安文艺学会联合举办的祝贺李若冰文艺生涯 60 周年座谈会，座谈会在西安雍村饭店召开。

4 月 9 日　写成散文《自信是金》。

本月　写成言论《大气　雄风》。

本月　《陈忠实小说精选》（二卷）由台湾金安出版社出版。

5 月 6 日　参加由陕西省作家协会、陕西省文学艺术界联合会等六家单位在西安联合举办的诗人子页的长篇小说《流浪家族》（53 万字，作家出版社 1998 年出版）研讨会。另有刘成章、王愚、李星、王仲生、费秉勋、张孝评、刘建军、畅广元、王宝成、王戈、周大鹏等评论家、作家及文化界 30 多人参加了研讨会。与会同志充分肯定了这部长篇小说的艺术成就，认为《流浪家族》是我省近年长篇创作的一个重要收获，是一部有分量、有较高艺术品位的长篇小说。

5 月 7 日　写成创作历程回忆文章《在〈当代〉，完成了一个过程》，7 月刊《当代》第 4 期。

5 月 11 日　参加陕西省作家协会召开的座谈会，与省、市文学界知名人士一起，强烈谴责以美国为首的北约悍然使用导弹袭击中国驻南斯拉夫大使馆，造成重大人员伤亡的事件。

本月 《康家小院》（中篇小说集）由河南文艺出版社出版。

6 月 14 日 据香港《亚洲周刊》报道，20 世纪中文小说 100 强排行榜日前揭晓。鲁迅小说集《呐喊》名列榜首。陈忠实的长篇小说《白鹿原》、贾平凹的长篇小说《浮躁》入选。

6 月 写成言论《灵人》。

6 月 这个时期的月工资是 634 元。

夏 写成言论《滔滔汉江水》。

8 月 6 日 写成言论《痴情如你》。

本月中旬 应中国人民解放军总后勤部青藏兵站部的邀请，前往青藏线采风。8 月 12 日夜，与青海省广电厅原厅长、作家、陕西乡党王贵如在西宁会面。据青海油田职工子弟、《衡阳日报》高级编辑甘建华考证："如陈公第二天踏上征途，进入柴达木盆地应为 13 日深夜或 14 日凌晨。《骆驼刺》（邢注：《车过柴达木》之一）第一句：'列车是在沉沉夜幕中进入柴达木的。'说明他是坐火车直接去兵城格尔木。《盐的湖》（邢注：《车过柴达木》之二）第一句：'恰好在我划拉着几笔感触印象的时间里，火车已经进入盐的湖了。'说明《车过柴达木》就是此行所写。"作家王宗仁（曾任解放军总后创作室主任）为这次活动的组织者和领队，"当时组织几位军旅女作家奔赴青藏线采风，她们是《解放军文艺》主编王瑛、编辑文清丽，海政创作室副主任卢晓渤，沈阳军区创作室专业作家庞天舒，负责全程接待陪同的是青藏兵站部宣传科干事王鹏。最初的名单中并没有陈忠实，当他在西宁街头出现时，王宗仁吃了一惊，不过很快明白了原委，对这位乡党的加盟表示欢迎。到了格尔木，第二天登昆仑山，第三天兵分两路，王宗仁先生等人去拉萨，陈公和另一位飞往西双版纳。"（甘建华：《陈忠实的两次柴达木之行》，见《瀚海潮》2016 年白露卷）事后写作散文《车过柴达木》，后收入《走出白鹿原》，陕西旅游出版社 2001 年 1 月版。

本月 写成散文《家之脉》。

9 月 3 日 写成散文《俏了西安》。刊 9 月 5 日《西安晚报》。

9 月 6 日 根据陈忠实同名小说改编的秦腔《白鹿原》（编剧：丁会龙、丁爱军；导演：何尚达、杨三榆、姚峰）由西安市秦腔一团在蓝田县向阳剧院首次公演，获得成功。

10 月 18 日 写成言论《人生九问》。

10 月 19 日 写成散文《拔出话筒》。刊 11 月 11 日《西安晚报》。

10 月 21 日 写成散文《骆驼刺——车过柴达木之一》。

10 月 22 日 写成散文《 盐的湖——车过柴达木之二》。

10 月 24 日 写成散文《天之池》。

11 月 9 日 写成散文《何谓良师——我的责任编辑吕震岳》。

11 月 12 日 写成言论《蔚为壮观的诗章》。

11 月 18 日 写成言论《人物才是撑起故事框架的柱梁》。

11 月 25 日 写成散文《为了十九岁的崇拜——追忆尊师王汶石》。

12 月 9 日 写成散文《千年的告别》。

本月 由人民文学出版社、北京图书大厦联合发起组织的“百年百种优秀中国文学图书”（1900—1999）评选揭晓。陕西作家柳青的《创业史》、杜鹏程的《保卫延安》、陈忠实的《白鹿原》、路遥的《平凡的世界》入选。

2000 年 58 岁

2 月 《白鹿原》（上下册）由台湾金安文教机构出版。这个版本内容用的是“初版本”内容。

本月 《为了十九岁的崇拜——追忆尊师王汶石》刊《人民文学》第 2 期。

3 月 18 日 应鲁迅文学院副院长、诗人雷抒雁的邀请，做客网易嘉宾聊天室，后成言论《网上夜话》。

3 月下旬 到西安周至县来辉武庄园住了三天，给王宝成的新长篇写序。

4 月 7 日 赴汉中参加王蓬《山河岁月》研讨会。

4 月 8 日 主持王蓬《山河岁月》研讨会，说“《山河岁月》表明作家王蓬开始走向学者化”。发言并整理成文《我读〈山河岁月〉》。

4 月 11 日 给王宝成新长篇作的序《你写的书，让我不敢轻率翻揭》写成。

4 月 13 日 写成散文《口声》。

4 月 18 日 写成散文《活在西安》。

4 月 29 日 写成散文《动心一刻》。

5 月 1 日 写成散文《取名》《自题照片》。

5 月 3 日 写成散文《拜见朱鹮》。

5 月 7 日 写成言论《校验人生》。

5 月 8 日 写成言论《致冷梦的一封信》。

本月 《堂堂正正做人》刊《人民论坛》第 5 期。

6 月 10 日 写成言论《一个堂堂正正的人——致徐剑铭》。

6 月 16 日 中共陕西省委任命雷涛为陕西省作家协会党组书记。

7 月 7 日 写成言论《拒绝平庸——答〈刘琦之歌〉作者的信》。

7 月 17 日 写成言论《卓尔不群这一株》。

本月 写成散文《威海三章》。

本月 《白鹿原》(百年百种优秀中国文学图书)由人民文学出版社出版。

8 月 17 日 评论王蓬散文集文章《我说〈山河岁月〉》刊《人民政协报》。

8 月 23 日 写成散文《球迷希尔顿》。

8 月 24 日 写成散文《如炬人生》。后刊 9 月 4 日《新华日报》。

本月 散文《贞节带与斗兽场——意大利散记之二》刊《飞天》第 8 期。

9 月 6 日 参加由人民文学出版社、小说评论杂志社和税收与社会杂志社联合召开的《〈白鹿原〉评论集》研讨会。《〈白鹿原〉评论集》由李国平、鹤坪、刘斌编选,责任编辑李建军,人民文学出版社 2000 年 7 月北京第 1 版第 1 次印刷,约 35 万字。来自北京和陕西省内的评论家、教授和编辑家等 30 多人参加了研讨会。何启治、雷涛、王愚、李星、畅广元、费秉勋、薛迪之、王仲生、田长山、李建军、常智奇、杨乐生、李下叔等 10 多人从不同方面、不同角度对这部评论集及有关问题进行了广泛的探讨。陈忠实向与会的各界朋友坦诚地介绍了他最近一段时间读书学习、调整思维的情况。

10 月 7 日 《三秦都市报》刊发了题为《青年文学博士"直谏"陕西作家》的文章,发表了李建军对陈忠实的《白鹿原》和贾平凹的《怀念狼》的批评。由此引发了陕西文坛的震动,引起了陕西文学界以及广大读者的滚动式批评与反批评，并迅速波及全国。10 月 20 日，陕西政协主办的《各界导报》文化版用整版篇幅全文刊载了李建军的答问，题为《青年博士直面陕西文坛》。吉林省文学艺术界联合会主办的《文艺争鸣》杂志闻讯后则迅速撤掉了一篇已经发排的稿子，换上了李建军对原答问内容有所补充的文章，题为《关于文学批评和陕西作家创作的答问》，加了编者按，于 2000 年第 6 期刊发。《中华文学选刊》则于 2000 第 11 期迅速转载了这篇答问。此后，由作家、评论家、读者以及国内众多媒体共同参与的讨论与争鸣，余波不断，一直持续到次年的 3 月，历时半年之久，影响甚大。

本月 《白鹿原》蒙古文本由内蒙古人民出版社出版，译者：敖特根、色旺吉格吉德等。

本月 《家之脉》（散文集）由广州出版社出版。

11 月 4 日 为白阿莹报告文学集《中国 9910 行动》写的书评文章《校验人生》刊《人民日报》。

本月 写作家王宝成的文章《你写的书，让我不敢轻率翻揭》刊《朔方》第 11 期。

12 月 3 日 《延河》原副主编董得理逝世，前往吊唁并安排后事。

12 月 12 日 写成散文《从盗书到盗名》。

本月 写成散文《释疑者》。

本月 散文《活在西安》获“走进西部”散文征文二等奖（人民日报社文艺部主办）。

本月下旬 在西安唐都医院住院治疗。

冬 写成言论《文学活着——答〈三秦都市报〉记者杜晓英问》。

冬 写成言论《说税》。

本年 《白鹿原》由越南岘港出版社出版越南文版。

2001 年 59 岁

1 月 《走出白鹿原》（散文集）由陕西旅游出版社出版。

本月 言论《靠作品赢得读者》刊《鸭绿江》第 1 期。

春节过后 买了 20 多袋无烟煤和吃食，回到乡村祖居的老屋。

2 月 20 日 于原下写成散文《何谓益友》。

3 月 17 日 参加《突发的思想交锋——博士直谏陕西文坛及其他》一书的新闻发布会暨当前文艺思潮研讨会。由惠西平主编，朱鸿、周凯策划，邢小利、李宏编撰的《突发的思想交锋——博士直谏陕西文坛及其他》一书由太白文艺出版社于本年 2 月出版。全书 28 万字，图文并茂，汇集了“博士直谏陕西文坛”事件由始到终所有论争文章、报讯和采访录，并附有所有参与论争者的照片。

3 月 22 日 写成散文《足球与城市》。

3 月 23 日 参加并主持由陕西省作家协会和陕西秦宇公司联合召开的冯积岐长篇小说《沉默的季节》研讨会。贾平凹、王愚、晓雷、京夫、肖云儒、李星、刘建军、畅广元、王仲生等数十位作家、评论家到会并发言。

3 月 27 日 于西蒋村写成言论《大地的精灵》。

4 月 20 日 写成言论《乡村，喧哗与骚动》。

同日 评论王宜振散文诗集《少先队之歌》（陕西旅游出版社）的文章《红领巾飘飘》刊《中国新闻出版报》。

本月 写成言论《〈城市尖叫〉阅读笔记》。

5 月 12 日 于原下写成短篇小说《日子》。后刊《人民文学》本年第 8 期。

本月 评论亦夫小说《媐影》的文章《〈媐影〉阅读笔记》刊《文学自由谈》第 3 期。

本月 记写关中吃食的散文《麦饭》《搅团》刊《鸭绿江》第 5 期。

6 月 28 日 评论赵宇共文化人类学小说《走婚》《炎黄》的文章《触摸隐失的神圣》刊《中国图书商报》。又刊 2002 年 5 月 10 日《工人日报》。

本月 写成散文《家有斑鸠》。

本月 写成言论《生命的审视和哲思——〈李汉荣诗文〉阅读笔记》。后刊本年 7 月 6 日《陕西日报》和《散文》杂志本年第 8 期。

7 月 21 日 于西蒋村写成散文《白鸽向我飞来》。

本月 写成散文《麦饭——关中民间食谱之一》。

8 月 10 日 写成散文《关于皇帝》。

8 月 20 日 写成短篇小说《作家和他的弟弟》。这篇小说 2000 年秋写于礼泉，此日重写于原下。

本月 飞抵辽宁沈阳桃仙国际机场，观看在抚顺举行的世界杯预选赛亚洲区十强赛中国队与阿联酋足球队的比赛。前往桃仙机场迎接陈忠实的有女作家梁静秋，2001 中国（抚顺）全国球迷论坛的组织者、建联医药的董事长杜玉祥，抚顺球迷协会的刘东、王江，以及军旅女作家庞天舒。陈忠实在机场对迎接他的人说："足球需要激情，文学也需要激情，它们都是以激情为基础，并以竞争与对抗延伸未知的命运，每当看到足球在绿茵上滚动，我内心就会涌起莫名的感动。"

本月 写成散文《搅团——关中民间食谱之二》。

本月 写成言论《生命跃进的足音》。

本月 关于《李汉荣诗文选》的阅读笔记《生命的审视和哲思》刊《散文》第 8 期。

9 月 15 日 于原下写成言论《互相拥挤 志在天空——有感于叶广芩、红柯荣获鲁迅文学奖》。后刊 10 月 30 日《文艺报》。

9 月 28 日 于原下写成散文《种菊小记》，并作《菊花诗二首》。

本月 散文《何谓益友》刊《作家》第 9 期。

10 月 26 日 于原下写成散文《成熟的征象》。夜，于原下写成散文《再会棕榈 ——於梨华印象》。

10 月 30 日 谈作家创作的文章《互相拥挤 志在天空》刊《文艺报》。

11 月 20 日 于原下写成散文《火晶柿子》。

本月 写成散文《再说死亡》。

12 月 9 日 于原下写成言论《诗性的质地》。

12 月 18—22 日 参加在北京召开的中国作协第六次全国代表大会。此次会议陕西代表团团长：张迈曾；副团长：李敬寅。中国作家协会全委会委员：陈忠实、李天芳、贾平凹、雷涛；代表：王巨才、王愚、王蓬、叶广芩（女）、孙树淦（莫伸）、李星、李凤杰、李秀娥（女）、李国平、杨宏科（红柯）、赵熙、郭景富（京夫）、高建群、耿翔、曹谷溪、雷进前（晓雷）；名誉委员：胡采、李若冰。

在中国作家协会六届一次全委会上，当选为中国作协副主席。

本月 写成散文《最初的操练》。

本月 短篇小说《作家和他的弟弟》刊《北京文学》第 12 期。

本年 写成短篇小说《一个虚脱症患者的发言片段》。

2002 年 60 岁

1 月 13 日 于原下写成言论《 惹眼的〈秦之声〉》。

1 月 17 日 于原下写成散文《三九的雨》。

1 月 22 日 下午，应泾阳吉元集团总裁陈元杰之邀，去泾阳参观那里的吉元工业区。此前，一直住在西蒋村乡下。当选中国作协副主席后，工作上事情多，各方找他的人也很多，很忙。和民营企业家陈元杰认识，缘于吉元集团支持陕西作协设立陕西作协吉元文学奖。吉元文学奖是吉元集团出资设立奖励基金、陕西省作家协会于 2000 年设立的一项文学奖，旨在奖励创作突出的陕西青年作家。邢小利当时是这个文学奖的联络人，陈元杰通过邢三次邀请陈忠实到他们那里考察并参加他们企业的文化活动，陈忠实直到此日下午才把时间安排出来。晚上到达泾阳，住当地的吉友宾馆。陈忠实喜欢吃搅团，路上就说让打搅团。搅团一般是用苞谷面打的，但这里晚饭端上来的搅团却是麦面做的，可能是这里平时没有准备苞谷面这样的粗粮，只有白面细粮，但白面细粮做出来的搅团有形无味，陈说好看不好吃。吃完饭，主人请去吉元大酒店看侏儒表演，陈元杰说这是土行孙表演。看了一会儿，陈忠实不感兴趣，就先回了。回到宾馆，邢到陈忠实房间，和他说闲话。陈忠实说他晚上一般到凌晨一点睡觉。此时十点过一点儿，时间还早，俩人就海阔天空地聊了起来。

陈对邢说，你这个人心性淡泊，现在房子和家庭问题都解决了，安顿下来以后，要多写东西，搞评论，应该关注并参与全国性的文学话题讨论，研究一些全国性的文学问题，普遍性的文学问题，发出自己的声音，这样才能造成更大的影响。又说：“四十岁后，日子过得很快。你现在的年龄（邢当时 44 岁），是我八六年（1986 年）的年龄，现在感觉就像是昨天的事。回想五六十年代，是感觉有些遥远，但四十岁时的事，确实就像昨天。人到了五十岁以后，时间更显得快。”他说：“我小时候，看那五十岁的人，就是个老汉。”邢插话，杜牧有诗说“四十已云老”。陈忠实继续说，“那时在乡下，就有这样一个老汉对我说，人老了，就像日头下山一样快啊。那时不理解这话，现在理解、体会得很深。早上八九点钟的太阳，你甚至不觉得它的移动，日头在头顶的时候，你也不觉得它的变化，到了下午五六点的时候，你就会觉得太阳下得很快，很快就落下去了。特别是太阳压山的时候，”陈边说边在茶几上比画，“太阳压到山上的时候，你先看还是一轮，很快就变成了半个，紧接着，几乎是一眨眼的工夫，就下去了。这时候，你会感觉到黑夜突然降临了。”接下来，他强调说，“人生要抓紧。”他说：“那个时候，我在四十多岁时，突然感到了强烈的生命压力，而这时正好有了一个好的题材，那时对历史的认识也有了一个新的高度，我不敢懈怠，就写了那部作品（指《白鹿原》）。”

说到官，陈颇有感触。他提到了一位刚下台不久的某地领导，说，“这个人现在很难受啊，我跟他年龄差不多大，我现在很庆幸我选择了写作这条路。此人在台上的时候，前呼后拥，现在忽然冷清下来了，你想他心理上会是个什么感受？先不说弄了多少钱，钱可能不缺了，光是手上那些事，那些他亲自干的事，这个建设那个建设，现在忽然让他撒手不管了，心理上那个窝囊呀，确实难受得很。听说此人有一次在大雁塔旁边那个日本人修建的唐华宾馆吃饭，一时激动难耐，当众说了好些不该说的话。”停了一下，陈忠实继续说：“我是省委候补委员，几年来见的事，也让我感慨不已。光是开会主席台上的你上我下，就让人很有看的。先是这个人当书记，在主席台上慷慨激昂地大讲‘开发’‘振兴’，忽然间，那个人来了，坐在台子上讲话，唾沫星子乱溅，这个人苦着脸坐在台下听，忍受着那个老汉那陕西腔夹杂着醋熘普通话的折磨。接下来，那个老汉还没坐满一届，第三个人又来了，老汉又坐在了台下，老老实实瞪大着眼睛，听一个比他年轻得多的人坐在台上又讲话，那个失落，那个难受，比啥都难受。”

1月23日 参加吉元企业文化活动，写字。

1月25日 云南文联、陕西文联、陕西作协在昆明联合举办柯仲平100周年诞辰纪念活动，参加活动并发言《称呼柯老》。《称呼柯老》24日写于昆明。此日在昆明即席赋诗一首《七律·百年柯老》。

本月 写成对话《把智慧投入到写作中——与〈三秦都市报〉记者杜晓英的对话》。

本月 《中国当代作家选集·陈忠实卷》由人民文学出版社出版。

2月19日 于原下写成散文《与军徽擦肩而过》。

本月 写成言论《文学对科学的解读》。

3月8日 于原下写成短篇小说《腊月的故事》。刊《中国作家》第5期（5月号）。

3月10日 于原下写成言论《烛照人类心灵不灭的神光——阅读〈落红〉致方英文》。

3月13日 与邢小利通电话，邢说计划为他写一部评传，陈说，写作品评论可以，写传记他想再等几年。说有几个人给他谈要写传记，他都拒绝了。说，有一些事，对他影响很大，他认为传记里必须写到，但现在不是时候。

3月17日 于原下写诗《红梅傲雪——题骞国政藏白灵璧奇石》。

3月20日 评论由中国地质学会与沈阳出版社共同策划的“人与地球”丛书的文章《令人着迷的神奇故事》刊《中国文化报》。

3月24日 《再读〈落红〉致方英文》刊《陕西日报》。

本月 写成言论《成熟与智慧》。

4月2日 邢小利、朱鸿、杨立英、宗鸣安、李秀娥、杨毅、李君利到西蒋村陈忠实老家，陈忠实很高兴，说是“看乡里人来了”。晚上，朱鸿做东，感谢陈忠实为他散文研讨会发言（人在外地发来贺信），请陈到半坡湖度假村吃饭。席间，李秀娥说起今年是陈的六十大寿，陈高兴地说，可以聚一聚。众人议定今年给陈忠实过六十大寿。

席间，陈说他一喝酒，就爱胡说。邢说那你今天就胡说一下。陈说他今天没有喝多。问陈爱胡说什么，陈说他爱谈政治。李君利说《白鹿原》获奖后，灞桥区为陈开了一个庆贺会，陈一时兴起，说：“十五大最大的功绩就是终止了毛泽东思想的统治，而代之以邓小平的改革开放理论。”陈说，他已经忘记了，是酒后说的吧。李说不是，那时还没有吃饭。

4月5日 评论朱鸿散文集《夹缝中的历史》的文章《从思想上翻新着历史的故事》刊《陕西日报》。

4月7日 于原下写成言论《生命质量的升华》。

4月8日 于原下写成言论《第一声鸣叫》。刊5月16日《西安晚报》。

5月9日 在乡下老家，接待陈元杰和邢小利，商谈首届吉元文学奖颁奖事宜。

对客人讲，他的一篇一万六七千字的小说发在《中国作家》（短篇小说《腊月的故事》），写农民的。近来住在农村，很关注农民现在的生活。对官方现在提的“弱势群体”很有不同看法，认为农民占全国总人口的四分之三，这么多的人口，不能简单说是一个“弱势群体”。他的这篇小说中有一个民工说，市长是城里人的市长，不是乡下人的。现在关心城乡的差异甚至对立。还讲，国家对城里人和对乡下人政策上有很大的不同，城市的学校是国家投资的，而乡村的学校却要农民集资办学，还搞了一个“希望工程”，让有钱人捐助，这是区别对待。

陈元杰讲，权强国富，权弱民富。李鹏当了两届总理，软弱，民富国穷；朱镕基当总理，强硬，国富民穷。权力强硬，就能收揽权力和财力，利于国家；软弱，管不住，财散于民间。陈忠实认为此说新鲜而且有道理。陈元杰讲了一个笑话：过年时，领导人看望穷苦百姓，送去米面油还有钱，问还缺什么，农民说，缺陈胜吴广。陈元杰分析说，米面油和一点儿可怜的钱只能解决一时的问题，过罢年怎么办呢？陈忠实说，这个笑话很深刻。

陈元杰找陈忠实，主要是落实一件事，即吉元奖颁奖的事，陈元杰希望这个颁奖会能与骞国政请来的北京文化界要人和名人凑在一起，便于宣传。说到全省文学创作研讨会的事，陈忠实对邢小利说，他现在不便过问。现在是多一事不如少一事，采取不多闻不多问的态度。

后来一起回城。回城路上，邢小利说晚明文人很讲究生活的艺术化，有个叫屠隆的，认为最理想的生活是：“楼窥睥睨，窗中隐隐江帆，家在半村半郭；山依精庐，松下时时清梵，人称非俗非僧。”其理想的环境是“半村半郭”，清静，又不清冷；理想的身份是“非俗非僧”，闲适，又不空寂。这种生活方式，可进可退，非常灵活，占尽人间一切便宜。陈老师现在的处境就多少有一点儿这样的意思。住在乡村，又离城很近，是城边，可以说是清静但又不偏僻；生活方式呢，读书写作兼会客，清闲中又很充实。陈忠实呵呵笑着说：我居住的地方是“半城半乡”，人是“半官半民”，其实更多的是一个“民”啊。

5 月 16 日 于原下写成散文《漕渠三月三》。

5 月 20 日 于原下写成言论《温馨的记忆与陌生的熟识——读李志武〈白鹿原〉连环画随想》。

5月30日 于原下写成散文《寄语中国队》。

本月 短篇小说《腊月的故事》刊《中国作家》（月刊）第5期。

本月 散文《三九的雨》刊《人民文学》第5期。

6月1日 出席由陕西省作家协会和陕西吉元集团共同主办的首届吉元文学奖颁奖大会。颁奖会在西安南洋大酒店举行。中国作家协会党组副书记王巨才，陕西省委宣传部副部长白智民，在京陕籍评论家、作家阎纲、周明、何西来、刘茵、白烨、李建军、亦夫等，陕西省作家协会党组书记雷涛，吉元集团总裁陈元杰，首届吉元文学奖评委、获奖作家以及陕西文学界、新闻出版界、文化界百余人出席了颁奖大会。红柯的短篇小说集《美丽奴羊》获首届吉元文学奖最佳作品奖。获优秀作品奖的是：冯积岐的中短篇小说集《我的农民父亲和母亲》、张虹的中短篇小说集《魂断青云岭》、高建群的长篇小说《愁容骑士》、鹤坪的长篇小说《大窑门》、马玉琛的长篇小说《风来水来》、炳煌的长篇小说《古城岁月》。贾平凹的长篇小说《高老庄》获特别奖。

6月2日 于原下写成观足球世界杯散文《滑铁卢·麦城·跷尿臊——法、塞揭幕战观感》。

6月4日 写成观足球世界杯散文《遛了一回之后——中、哥之战观感》。

6月10日 写成观足球世界杯散文《细腻了的英国人》。

6月15日 于小寨写成观足球世界杯散文《我们那两下子》。

6月22日 于小寨写成观足球世界杯散文《惨烈的场面与蒸红苕的技巧》。

6月30日 于小寨写成观足球世界杯散文《失败亦可正名》。

7月2日 晚上，邢小利在西安唐华宾馆参加作协公务活动，与印度作家代表团吃饭、座谈，结束欲回家时，打电话问邢有事否，邢说没有，邀邢到西安小寨小花茶秀喝茶。

聊到《白鹿原》的创作，陈说，1985年底有想法，1986年写完未完成的几个中短篇小说，1987、1988两年准备。抄方志一本，草稿一本，然后50万字一气呵成，用了四年时间，语言保持不变。准备期间，头脑特别清晰，迸出许多关键人物关系、情节和细节，如白孝文看戏转变命运部分，大结局部分。

陈说，创作、评论要面向全国发言。刊物亦如此。人要有雄心大志。

7 月 5 日 于小寨写成观足球世界杯散文《桑巴和桑巴之外的魅力》。

7 月 7 日 于原下写成言论《激扬的膜拜》。刊 7 月 28 日《西安晚报》。

7 月 8 日 在乡下老家接待西安饮食集团总经理王一萌，作家邢小利、朱鸿、杨立英等，商量六十大寿有关事宜。陈忠实说，他写了一篇散文，关于燕巢雀占的散文，他家房梁上有一个燕窝，有两只燕子，6 月份他住在东方大酒店看世界杯足球赛，回来后发现燕子不见了，再后来又发现燕窝中有两只麻雀。他很奇怪，问乡里人，人说，燕子爱干净，只要自己的窝里有一点儿脏东西，就不再住了，另觅新居。陈忠实认为他对生活有了一个新发现，这就是，以俗制雅。

7 月 9 日 于原下写成散文《遇合燕子，还有麻雀》。

7 月 27 日 于原下写成短篇小说《猫与鼠，也缠绵》。刊《长城》第 5 期。

7 月 31 日 由李若冰、畅广元、王仲生、刘路、邢小利、朱鸿、杨立英具名邀请，西安饮食服务（集团）股份有限公司承办的陈忠实先生 60 华诞暨文学生涯 45 周年庆贺笔会在西安常宁宫举行，各界人士 300 余人参加了庆贺笔会。发表《六十岁说》感言，刊 8 月 1 日《西安晚报》。《关于 45 年的答问》刊《陕西日报》。

本月 写成言论《“文学是我人生中最重要的主题词”——与〈西安晚报〉记者蔡静、丑盾的对话》。

夏 写成言论《关注人类命运的力作》。

8 月 12 日 应陕西师大畅广元教授约请，就文学的信念与理想等问题答问，本日于原下写成《文学的信念与理想》，后摘要刊于《文艺争鸣》2003 年第 1 期。

8 月 13 日 于原下写成言论《聆听耿翔》。

8 月中下旬 去内蒙古东北部草原采风，同去的有从维熙等。从维熙送陈忠实一本《走向混沌》。

本月 散文《漕渠三月三》刊《中华散文》第 8 期。

9 月 15 日 于汉中写成诗《墨洇点点润屐痕——读郭加水诗文集感诵》。

本月 《日子》（小说散文集）由陕西旅游出版社出版。

本月 《陈忠实散文》由解放军出版社出版。报告文学作家、解放军文艺出版社编辑李鸣生后来回忆说："我主编出版'中国当代名家文库'丛书，想到的第一位作家，便是陈忠实老师。此时的陈忠实如日中天，《白鹿原》更是早已名满天下。但我没有选他的中短篇小说，而是选了他的散文随笔，意图很明显，希望读者暂时离开虚构的《白鹿原》，认识一个真实的陈忠实。可当我看罢陈忠实老师交给我的文稿后，对其中的多篇文章大约两万多字却不太满意。不满意的主要原因，是陈忠实老师自己用《白鹿原》竖起了一根文学的标杆，而这些文章无论思想性还是艺术性与他的这根标杆多少还有些距离。于是出于对陈忠实老师的尊重，同时也为文学的尊严，我决定拿下这两万多字的文章，求精而不图全。但最终能否拿下，我必须取得他本人的同意。于是我向陈忠实老师打去电话，开诚布公，谈了我想拿下的这些文章以及为什么要拿下这些文章的想法和理由。陈忠实老师听后，思索片刻，很快便吐出一个带有浓重陕西腔的字来：行。"（李鸣生：《对陈忠实最好的悼念，就是读他的〈白鹿原〉》，新浪博客李鸣生的博客 2016 - 05 - 01）

本月 《原下集》（小说散文集）由上海人民出版社出版。

本月 短篇小说《猫与鼠，也缠绵》刊《长城》第 5 期。

秋 由在西安石油大学任教的白鹿原人王新建牵线搭桥，被西安石油大学聘为驻校特聘教授。同时被西安石油大学聘为特聘教授的另外两位都是中国科学院院士，不过他们都不驻校。

10 月 15 日 写成言论《关于〈走向混沌〉的通信》。

10 月 19 日 于原下雨中为邢小利散文集《种豆南山》作序《解读一种人生姿态》。

10 月 27 日 于原下写成言论《自在的抒写》。

10 月 28 日 于原下写成言论《阳光明媚》。

本月 《走向诺贝尔·陈忠实卷》由文化艺术出版社出版。

11 月 4 日 于原下写成散文《在乌镇》。

11 月 6 日 写成言论《致西部作家研究中心的信》。

11 月 9 日 西北大学中国西部作家研究中心成立。陈忠实任学术指导委员会主任，何西来、肖云儒、董丁诚为副主任，王愚等为委员；

贾平凹为中心名誉主任，刘炜评为主任，段建军、李国平、邢小利、杨乐生、马文敏五人为副主任，王仲生等老中青评论家为兼职研究员。

12 月 6 日 晚，下了今年的第一场雪，在西安国力仁和与朋友吃饭，有邢小利、仵埂、朱鸿和杨毅参加。饭后去小花茶秀喝茶。邢、陈二人第一次议及单位和陈的处境。

同日 《三题任世德》刊《工人日报》。

12 月 8 日 上午参加嘉汇汉唐书城开业仪式。中午，在东方大酒店与同来参加书城活动的张抗抗、周国平等午餐。下午在东方大酒店休息时，与邢小利等人第一次议及成立白鹿书院事。

12 月 11 日 为任世德传记写的序言《征服人生》刊《中国新闻出版报》。

12 月 12 日 于原下写成散文《走进一个美国家庭——丹尼尔与王锦凤》。

12 月 16 日 早上，打电话给邢小利，说他在灞桥参加一个研讨会，遇到区上领导，一位人大常委会副主任说想搞一个“白鹿书院”，他说有作家也想搞，可结合到一起。有一位企业家也在座，说要搞，他可以出力，盖一座楼。

12 月 26 日 在省电视台“开坛”（文化类谈话节目）录制谈话节目。

12 月 29 日 于原下写成言论《多重交叉的舞蹈》。

2003 年 61 岁

1 月 5 日 晚上，在西安一粥城与李思强、邢小利、杨立英、朱鸿、刘炜评等吃饭说事。

1 月 16 日 评论陈彦创作的眉户剧《迟开的玫瑰》的文章《唏嘘暗泣里的情感之潮》刊《中国文化报》。又刊 2005 年 11 月 10 日《人民日报》，《当代戏剧》2005 年第 6 期。

本月 怀念作家邹志安的文章《虽九死其犹未悔》刊《延河》第 1 期。

春 由乡下祖居老屋移住城里，平时住西安石油大学家属区的休息兼工作室，他称这里为“二府庄”，因为东邻有一个村名叫二府庄。

2月8日 晚上陕西电视台“开坛”播出陈忠实谈话节目。节目内容是“陈忠实与《白鹿原》”，陈讲，他的这部作品是写我们这个民族在上个世纪的历史风云中，历经磨难，历经艰难曲折，不断更新的过程。

2月12日 于二府庄写成短篇小说《关于沙娜》。

本月 散文《寻找》刊《青年文学》第4期。

3月13日 于西安写成言论《功夫还得在诗内》。

本月 评论耿翔散文的文章《聆听耿翔》和评论邢小利散文集《种豆南山》的文章以《散文二篇》刊《大家》第2期。

4月1日 晚上，与邢小利和邢的长安乡党、药品经营商、业余作者阎道勇吃饭。阎说与邢一起，给陈编一本影集。邢说可配上一些书法作品。邢说起给陈写评传事，陈说有些事现在不好说。谈了一些生活往事。

4月5日 于雍村写成言论《在自我反省中寻求艺术突破——与武汉大学文学博士李遇春的对话》。

5月4日 于二府庄写成言论《秦岭南边的世界——〈王蓬文集〉序》。

5月30日 写成散文《“非典”不是虎烈拉》。

本月 评论阎道勇小说集《蓝衫根》的文章《功夫还得在诗内》刊《小说评论》第3期。

6月2日 下午与邢小利在荞麦园吃饭，对邢说省委宣传部部长几次说要与他谈一谈，与邢商量如何谈。邢说：以谈工作为主，全面地如实地把作协的情况说给部长。

6月19日 于小寨写成言论《三题〈一路走来〉》。

6月19—20日 在长安县常宁宫参加光中影视公司举行的电视剧本《白鹿原》（张光荣编剧）讨论会。与会约20人。陈在大家发言后讲了一段话，其中说：朱先生是关中大儒，清朝最后一届举人，如果清朝还延续，那朱先生可能就是王杰［邢注：王杰（1725—1805），字伟人，号惺国，陕西韩城人。乾隆二十六年（1761）辛巳恩科状元。曾任东阁大学士，太子太傅］一类人物，是朝廷重臣，宰相。他是白鹿原上的精神领袖。白嘉轩每临大事都要问朱先生。白嘉轩是朱先生思想

——也是传统文化、道德观念和价值观的实践者、坚守者；鹿三则是盲目地随从。这种传统文化其实是一种腐朽的东西（邢注：原话如此）。黑娃经历了很多的人生选择，读书，闹红，投共，当匪，招安，最后想学为好人，他是真心的，他最后的归宗认祖，是向强大的同时也是腐朽的传统力量的投降。白孝文有一句有名的话：谁走不出白鹿原谁就弄不成事。白孝文是以恶的形式来实现他的追求的。（邢注：这是陈忠实第一次以公开的方式对以朱先生为代表的传统文化、以白嘉轩为代表的宗法文化表态。他说传统文化是强大的，也是腐朽的。腐朽是第一次说。）

张光荣编剧的《白鹿原》，开头是把白嘉轩娶七房女人的文学叙述置换为场景表现，与会不少人认为这个开头平淡。陈忠实说：一看到开头写娶胡氏时牵着毛驴，心就"咯噔"了一下，关中民俗——不知陕北是不是这样——关中凡是能娶得起媳妇的，都是用轿子抬，没有用毛驴的。很多人以为陕西就是陕北，甚至说他陈忠实就是陕北人。再一点，鹿家父子在白嘉轩的婚礼上，不断地说"二话"，这是绝对不允许的，这是常识。你参加人家的婚礼，揭人家的短，说人家弄死了几房夫人，这可能吗？而且还是当着白家父子的面说。一撮毛这样的巫婆神汉，虽然驱鬼时请他，但正式的场合，是绝对不请这样的人的。这样的人，在宗法社会，是下九流，根本上不了台面。陈忠实说，他写这些人，从来不在正式场合出现。唯一的例外，是"闹红"时白兴儿出现了。陈忠实说，不是改编忠不忠实于原著的问题，而是尊重常识的问题。他甚至不反对"戏说"，"戏说"他都能看下去。

7 月 2 日　去云南采风，前后共 10 天。

7 月 19 日　于雍村写成散文《黄帝陵，不可言说》。

7 月 29 日　与苏州大学王尧教授、邢小利共进晚餐。

7 月 30 日　于雍村写成言论《位卑位尊都躬行》。

本月　文学自述"我的文学生涯"与李遇春访谈录《走向生命体验的艺术探索》刊《小说评论》2003 年第 5 期"小说家档案"。

本月　《秦岭南边的世界——〈王蓬文集〉序》刊《小说评论》第 4 期。

8 月 1—3 日　去商洛丹凤县参加西北大学中国西部作家研究中心工作策划会。2 日下午丹江漂流，晚在月日滩参加篝火晚会。3 日游金丝大峡谷，当日晚回西安。

8月8日 于雍村写成言论《土豪、讲坛和稿纸上的舞蹈》。

8月18日 西安朝华管理教育学院院长单元庄在荞麦园请吃饭。单元庄正筹划建中国文化大学，请陈忠实支持。

8月24日 晚上，刘路请陈忠实吃饭，为陈忠实给其著作写序表示感谢，朱鸿出面邀请。出席者：陈忠实、刘路、朱鸿、王晓新、邢小利、杨毅、陕西师大新闻传播学院办公室主任。

8月25日 早上在省作协开会，推荐参评中国作协第六届茅盾文学奖作品。常智奇主持，许如珍会务。陈忠实开头和结尾讲了话，也是主持人。评委七人：李星、李国平、邢小利、刘炜评、畅广元、张国俊、王仲生。中国作协要求推荐三部为宜，陈忠实提议推荐四到五部，请大家定。畅广元建议就是三部，少矛盾。邢小利建议四部有效。最后大家议定为四部有效。投票结果：红柯《西去的骑手》七票，叶广芩《采桑子》七票，冯积岐《沉默的季节》五票。其他报选作品得票未过半数。

8月27日 于二府庄写成言论《民间关中》。

本月 以团长身份带领“中国作家三峡行采风团”从重庆乘游轮抵达湖北秭归，再转车到武汉。饱览长江两岸雄奇秀美的山光水色，畅美舒悦；沿途全迁或半迁的几座新县城一派新貌，让他感叹，流连不想离去。

本月 散文《我的树》刊《西部人》第8期。

9月9日 于二府庄写成散文《回嚼永恒的美好》。

9月12日 于二府庄写成言论《多重视角　独自体验》。

9月19日 著名文艺理论家胡采逝世，前往吊唁。

胡采，1913年8月15日出生，河北蠡县人。原名沈承立、沈超之，抗战开始后用胡采做笔名。自幼家贫，只读过小学，但终生学习不辍，最终以粗识文墨的小学生而成为名动文坛的大评论家。1947年加入中国共产党。1938年后历任山西第二战区文化抗敌协会《西线》《西线文艺》主编，延安《大众习作》主编，陕甘宁边区文化协会创作组组长，《群众文艺》主编，西北文学艺术界联合会副秘书长，《西北文艺》主编，西安市文化局局长，陕西省对外友好协会副会长，中国作家协会西安分会专职副主席兼《延河》《小说评论》主编，陕西省作家协会党组书记、主席，陕西省文学艺术界联合会党组书记、主席。中国作家协会第三、四届理事，中国文学艺术界联合会第四、五届委员。全国第六、七届人大代表。1933 年开始发表作品。1942 年参加“延安文艺座谈会”。1954 年加入中国作家协会。著有评论集《主题、思想和其他》《从生活到艺术》《新时期文艺论集》《胡采文学评论选》等八部。他的《从生活到艺术》一书不断再版，发行数十万册，在文学界影响深远。

9 月 25 日 凌晨于雍村写成散文《活着，只相信诚实——怀念胡采》。

本月 以中国作协三峡采风团团长身份采风三峡沿线地区，最后一站为武汉，23 日回到西安。

本月 《我的文学生涯——陈忠实自述》刊《小说评论》第 5 期（9 月 20 日出刊）。又刊《美文》（下半月）2007 年第 3 期。

10 月 7 日 与邢小利乘飞机抵杭州，应邀参加首届浙江作家节。浙江作协汪浙成到机场迎接。住环岛宾馆。下午至门耳茶坊品茶。

10 月 8 日 下午在宋城白宫参加各省文学交流座谈会。后参观宋城景区。晚上参加浙江作家节开幕式。后看《宋城千古情》。晚上 9 时参加“南宋风味小吃”品尝会。

10 月 9 日 上午参加“著名作家湖西大采风”活动。中午参加浙江日报社宴会。下午参加“风雅西湖 · 文学杨堤 · 无我茶会”。晚上参加中共浙江省委书记习近平的招待会。

晚上参加中国当代文学首届“西湖论剑”活动，为坛主之一。“西湖论剑”在一个很大的报告厅举行，华灯辉煌，参加作家节的嘉宾和杭州听众约二三百人坐在台下。论剑活动由高洪波主持，他提出一个问题：当前的中国文学缺少什么？请七位坛主依座位顺序分别回答。

陈忠实第一个“论剑”：

我觉得中国文学现在最缺乏的就是思想的力量。社会发展到了今天，各种矛盾都已经展示得非常清楚，一个普通的读者，都能在一定程度上看到这些问题，于是就有一个非常严峻的问题留给作家：如果作家的思想不能超越普通读者，具有穿透当代生活和历史的力量，那么，我们的作品就很难震撼读者、接近读者。这个思想力量的形成，要求作家在创作过程中，必须从生活体验进入生命体验的层面。生活体验的作品可能会有雷同，但进入生命体验的作品就很难雷同，这里有本质的区别。比如米兰·昆德拉，他前期的作品《玩笑》，应该是生活体验的作品，这样的作品在当代中国不难找到，而后期作品《生命中不能承受之轻》则是生命体验的作品，这是我们的文学所缺少的。写作就像化蝶，一次次蜕皮，蜕一次皮长一截，这是生活体验；而一旦蛹化成蝶，就变成了生命体验。我觉得应该有更多的作家和作品进入生命体验这个层次。

接下来分别论剑的是仲呈祥、铁凝、莫言、张平、张抗抗和鬼子。

10月10日 由杭州返回西安。晚上与参加“华山论剑”的金庸见面。

晚宴上，金庸向陪同领导提出：我想换个桌子坐。因为陈忠实在另一桌，我想和他坐。金庸对陈忠实说：我很喜欢《白鹿原》，你胆子大，敢给地主翻案，在50年代，这是要杀头的。陈忠实说：你看懂了。

陈忠实后来在由陕西电视台主办的作家、评论家谈金庸小说的活动中发言说：“尽管文学界对金庸小说有不同的看法，但一位健在的作家能拥有上亿读者，这种现象很值得研究。我个人对金庸先生十分敬佩。”

（金庸于2014年3月10日刊出的《南方人物周刊》答记者问：

记者：一百年来的中国作家，您比较喜欢的有哪些？

金庸：一百年有很多人啊。沈从文吧，文字好，路子好。

记者：好像您跟他的风格有接近的地方，古典式情感——

金庸：沈从文喜欢，巴金也喜欢。

记者：当代有吗？

金庸：当代喜欢陈忠实，《白鹿原》。）

10月14日 为邢小利散文集《种豆南山》写的序言《解读一种人生姿态》刊《文艺报》。

11月3—4日 参加高陵县文化馆文化活动。

11月18日 于二府庄写成散文《为城墙洗唾——关中辩证之一》。

11月19日 于二府庄写成散文《重新解读〈家〉，一个时代的标志——写在巴金百岁华诞》。

11月21日 于二府庄写成言论《你的句子已灿灿发亮》。

11月22日 于汉中写成言论《探索·归结·展示——在〈王蓬文集〉首发式上的讲话》。

11月23日 由王蓬等人陪同，拟去汉水源头，因路上车堵，改去方济众故居。

11月24日 于汉中写成散文《粘面的滑稽——关中辩证之二》。

本月 谈论谭旭东《当代儿童文学的重镇———李凤杰创作论》的文章《令人敬重的发现》刊《小说评论》第5期。

12月1日 写成散文《遥远的猜想——关中辩证之三》。

12月3日 晚上在东方大酒店参加《王蓬文集》新闻发布会。会后去小花茶秀，与邢小利商量召开畅广元《陈忠实论》研讨会事，议定由省评论家协会和西北大学中国西部作家研究中心主办。

12月4日 于二府庄写成言论《生活的脉象，我的脉象——小说自选集新版序》。

12月9日 于二府庄写成散文《孔雀该飞何处——关中辩证之四》。

12月10日 评论儿童诗作家王宜振的文章《你的句子已灿灿发亮》刊《中国新闻出版报》。又刊《诗刊》2004年第11期。

12月11日 写成散文《原下的日子》。

12月13日 晚上在桃园南路纽华金商谈畅广元《陈忠实论》研讨会事宜。参加者：陈忠实、李国平、朱鸿、邢小利等。

12月14日 写成言论《〈原下的日子〉后记》。

12月16日 于二府庄写成散文《乡谚一例——关中辩证之五》。

12月23日 于海口写成言论《背离共性，自成风景》。

12月30日 写成散文《也说乡土情结——关中辩证之六》。

2004年　62岁

1月2日 晚上与李思强聚餐，商量为畅广元著《陈忠实论》开研讨会事。餐后在竹园茶秀与邢小利、朱鸿、仵埂喝茶。讲了自己的一个故事：一两年前，海南一家电台有一个叫苏娅的女子，不知从哪里得到陈的手机号码，给在乡间的陈打电话，说要与陈聊。电话中聊了几次，苏又说她要乘飞机到西安，给陈送水果。陈说路途遥远，而各种水果西安又都有，拒绝了。过了两天，苏说她不来了，但让一来西安的人带水果给陈，陈说去一趟飞机场来回需要三小时，划不来送，亦拒绝了。此后再无苏的音信。陈想苏可能生气了。前两天陈去海南，在电话本上找到苏的电话，打过去，一个男子接了，陈问这部电话是不是苏的，那男子说他是两个月前从别人手里买来的。陈又托在海南的陕西乡党作家杜光辉找苏，杜两天后说，海南电台确有苏这个人，不过苏已于一年前死于自己房中，自杀、他杀未能确定。陈说，苏是有钱人，开了一个私人诊所，不缺钱花，为什么要自杀？陈还说，苏当时说她把陈的作品基本上全读了，感觉陈像一个“父亲”，所以要与陈聊。陈说，身在海南的湖南籍作家蒋子丹听了陈对这件事的讲述，说这是一个好散文。邢小利说，可取名叫《不该拒绝的水果》。陈说他听了苏死之事感觉有些歉疚，说如果苏真是自杀，当年让其来了，聊一聊，也许会救人一命。

1 月 6 日 写成散文《两个蒲城人——关中辩证之七》。

同日 为王宜振《21 世纪校园抒情诗》写的序文《沉浸在儿童的心灵世界》刊《人民日报》。

1 月 8 日 上午，参加畅广元《陈忠实论》暨陕西文学评论现状与发展研讨会。这个会由陕西省文艺评论家协会、西北大学中国西部作家研究中心、陕西思强新文化艺术传播有限公司共同主办，在西北大学宾馆召开，省内作家、评论家及有关媒体 50 余人参加了研讨会。

1 月 15 日 写成散文《舒悦里的亲情和友谊》。

1 月 19 日 于雍村写成言论《什么使我钦敬——读〈走近李焕政〉》。

本月 《原下的日子》（小说散文集）由太白文艺出版社出版。《陈忠实小说自选集》长篇卷、中篇卷由长江文艺出版社出版。

2 月 4 日 于长安写成言论《有剑铭为友》。

2 月 8 日 晚上请到西安参加樟叶散文研讨会活动的乡党评论家阎纲、周明、白烨等喝茶，同时请西安的畅广元、王仲生、邢小利、朱鸿等参加。约定晚 8 时在桃园南路纽华金喝茶。晚上 9 时，白烨等在桃园南路文豪杂粮食府由程群力请完客，到纽华金。同来者有阎纲、周明、程群力、韩杰应、刘辉、穆涛等。闲聊一阵，周明先走，回去见乡党访客；阎纲亦回去，说明天要回礼泉，要准备一下。白烨留下聊至 12 时多。关于当今社会，陈忠实说他有一篇小说概括的是对这个时代的认识：猫与鼠也缠绵。原来敌对关系的现在成了一家，有警匪一家现象，正义与邪恶融为一体了。畅广元讲了一个段子，白烨补充完整：三个老鼠在一起吹牛，第一个说，我常在老鼠夹子上跳舞；第二个说，我吃老鼠药跟吃糖豆一样；第三个说，你们看见房檐上的那只猫没有，它的肚子大了，咱搞的。陈忠实大笑说，我写了一万字的小说，你这一句话就概括了。邢小利说，一个时代有一个时代的文学，唐诗宋词明清小说，如今最精彩的可能要算段子，它充分反映了我们这个时代的特点。

2 月 16 日　晚上与文友在文豪杂粮食府吃饭说话，有邢小利、刘炜评、仵埂、阎建滨、朱鸿等参加。

2 月 19 日　回忆与汉中作家王蓬交往的文章《关于一座房子的记忆》刊《人民日报》。又刊《西部人》第 3 期。

2 月 21 日　于二府庄写成言论《你的发现，令我敬重》。

本月　《陈忠实小说自选集》短篇卷由长江文艺出版社出版。

3 月 13 日　于雍村写成言论《我的关中》。

本月　《白鹿原》（“中国文库”版）由中国出版集团、人民文学出版社出版。

本月　散文《原下的日子》刊《人民文学》。又刊《名作欣赏》2012 年第 1 期，《党建》杂志 2012 年第 6 期。

本月　写乡党陈军的文章《幽默与机智的魅力》刊《延河》第 3 期。

4 月 10 日　一红木家具店联系请去参加红木文化节，陈说商业活动他不参与。

4 月 13 日　写成言论《关于“开坛”》。

4 月 17 日　晚，应邀参加西安电视台制片人毛安秦召集的文友聚会。有茹桂、朱鸿、邢小利等参加。席间聊到近日网上盛传的一篇文章，邢说：这篇文章无疑会载入史册，其意义与价值不下于《白鹿原》这样的文学名著。

4 月 22 日　于雍村写成言论《天性与灵性》。

本月　评论刘凤梅纪实文学《走近李焕政》的文章《什么使我钦敬》和《有剑铭为友》刊《延河》第 4 期，前者又刊 11 月 12 日《陕西日报》。

5 月 1 日　晚与邢小利、仵埂、范华等去长安韦曲梅花弄堂吃糁糁面。饭罢去绿园度假村，与经理马宏伟闲聊，马讲长安逸事：野生动物园第一天开园，去了 20 万人，东西都踩坏，门票 80 元，人多大门进不去，园子周围的农民就在自家院墙前搭一梯子，给 5 元钱即可让游人进园，游人蜂拥而至，上下梯子翻墙而过，景象壮观。陈笑说这是中国特色。

5 月 9 日　下午与几位文友到白鹿原北坡万亩樱桃园摘樱桃。陈忠实讲，他村里有一樱桃树，很大，但不挂果。人民公社解体时，分树，别人分的都是挂果树，有一户人家分得了这棵不挂果的树。分到户后，却突然挂起果来。1980 年代一棵树结的果就能卖七八千元，供了两个娃娃上了大学。前两天，此树突然被风连根刮倒。两口子在树下痛哭。村里有人说，他妈死了都没有这样伤心过。

5 月 30 日　写成散文《永远的骡马市》。

5 月 31 日　晚，约邢小利在德福巷福宝阁喝茶，与邢商量其子海力结婚事。邢说，来辉武给我打电话请你去参加他的企业 15 周年庆贺活动，你明天能不能去。陈说，我现在还很同情来这个人，这个人还是给社会做了许多贡献的，我去。

本月　《陈忠实文集》（七卷）由广州出版社出版。

本月　《关中故事》（短篇小说集）由昆仑出版社出版。

6 月 1 日　与邢小利、仵埂、严建设去周至来辉武企业，参加 505 企业成立 15 周年庆典。陈早上没有吃早点，饿着肚子，坚持在大太阳下坐着，看完了两个多小时的职工演出。

6 月 6 日　为儿子陈海力举办婚宴。

6 月 7 日　中午在粤珍轩答谢作协执事，有子心、张艳茜、胡小海、姚逸仙、李国平、邢小利、王根成、杨毅、许如珍等参加。席间，陈说，农村有一句话：老子给儿子娶一个媳妇，儿子给老子置一口棺材，这是父亲和儿子各人的责任和义务。

本月　《你的句子已灿灿发亮——儿童诗作家王宜振》刊《诗刊》第 6 期。

7 月 5 日　于二府庄写成散文《皮鞋 · 鳝丝 · 花点衬衣》。

7 月 18 日　于雍村写成散文《从大理到泸沽湖》。

7 月 27 日　晚上赴人人居与文友吃饭聚会，朱鸿提议并做东。同席的有邢小利、刘炜评、杨立英、陈答才、严建设等。

饭前，邢小利、杨立英、严建设先去西安石油学院陈住处，严开车，准备接陈。邢见陈写字的房子里，堆了四大包写废的字，地下还堆了不少写废的字。邢问，装包干什么？陈说，他一直准备让杨毅用车拉上，去长安找一条河，他要烧掉，还未烧。陈送晚上聚会者一人一套新出版的文集。给邢和严建设都写名字，不写姓，以示亲近。写杨立英时，陈说他要连名带姓一起写，以示严肃。邢开玩笑说，“立”字也不要写，就写一个字。陈笑，杨立英也笑。陈最后说还是与大家一样吧，只写了名字，未写姓。晚餐时，刘炜评说，他喜欢风格一致的人，比如孙见喜的俗、方英文的“任诞”等。刘说他曾对一周姓同事评论陈忠实：深沉、端方、大气、朴厚。周是一女性，周说她就喜欢这样的男人，陈大笑。刘说周想请陈吃饭，陈问有啥事没有，刘说没有，就是想请吃饭。

聊到版本研究，《西安晚报》文艺部主任杨立英说她当年就学的是版本研究，专业是北京大学古文献专业。

同席的陈答才系朱鸿同学，是陕西师范大学政治经济学院副院长、教授、博导，大家跟他开了许多玩笑。陈答才研究中共党史，邢问他，听人说，上个世纪内部有一套关于党史的书，只印行了200套，那套书内容是什么，陈说是中央文献出版社出的，是关于“文革”的一些材料，后来这套书又被收回。

7月28日　于二府庄写成言论《心灵的狂欢和舞蹈》。

7月29日　陕西作协发生上班时间单位员工纠集外面人员殴打内部工作人员事件，被打人血染楼道，单位领导回避不管。陈忠实说他都想调离作协，说这是一个事件，但其中隐藏着单位很深的矛盾。

7月30日　参加在临潼华清池召开的陕西梨园学会成立大会。为华清池题词：华清水暖，梨园花香。

华清池后边的骊山上有一老母殿，据当地人说，阴历六月十三日前后这几天是临潼传统的“单子会”，为婚后无育的人到山上老母殿求子的会。山上每夜有四五万人，30日凌晨，邢小利、阎建滨等上山，看见老母殿周围到处都是随地而眠的人。陈忠实说这就是他《白鹿原》中所写的“棒槌会”。

8月5日　于雍村写成散文《在好山好水里领受沉重》。

8月12日 于西安写成散文《第三粒失球致使的摧毁——老陈看奥运之一》。

8月14日 于雍村写成散文《妩媚的回眸——老陈看奥运之二》。

8月16日 在陕西作协安排的见面会上，与战士作家崔八娃见面，并向崔八娃颁发了陕西省作协会员证书，圆了崔八娃几十年的梦想。由于8月1日的《西安晚报》以《深山寻访战士作家崔八娃》为题报道了战士作家崔八娃，崔八娃的事迹引起关注。参加见面会的还有贾平凹、杨韦昕、京夫、晓雷等作家，以及崔八娃当年在部队时的文化科长、老上级柳山朵。

崔八娃，1929年出生于安康市汉滨区沈坝镇沙沟村。小时候没念过书，1948年19岁时被国民党抓了壮丁。1949年年底，人民解放军挺进大西南，崔八娃离开国民党军队，参加了中国人民解放军。1952年随部队来到陕西凤翔。一字不识的崔八娃用很短的时间就达到会认、会背、会写2000个字的水平，写成自传故事《狗又咬起来了》，发表在《解放军报》上。崔八娃的《狗又咬起来了》《一把酒壶》《卖子还账》等自传体故事，当时广有影响，先后被译成多种文字。他与当时有名的战士作家、《半夜鸡叫》的作者高玉宝齐名，被称为"北高南崔"，曾轰动一时，受到毛泽东的接见。他的多部自传体小说被译成英文。此后，崔八娃主动申请转业，被分到长安县兵役局（现为人武部）工作。一时间，各种报告会邀请函像雪片一样飞来，这令崔八娃难以应付，产生了回乡的念头。1958年，他下决心写了一份申请，退伍回乡当了农民。40多年来，"隐居"深山，没有因生活和子女问题向组织提出任何要求。

8月17日 于雍村写成散文《失败，仍令我敬重——老陈看奥运之三》。

8月17日 于雍村写成散文《一把铁勺走天下》。

8月19日 于雍村写成散文《为女曲喝彩——老陈看奥运之四》。

8月20日 于雍村写成散文《话说梦游——老陈看奥运之五》。

8月22日 于雍村写成散文《胜者的平静与败者的微笑——老陈看奥运之六》。

本月 任陕西作协本年度参评鲁迅文学奖评奖主持人。评委：李星、李国平、李震、刘炜评、费秉勋、杨乐生、王仲生。推荐结果：中篇小说和短篇小说作家有贾平凹、叶广芩、红柯等。散文有贾平凹《贾平凹长篇散文精选》，内收商州初录、商州又录、商州再录，老西安，西路上等；朱鸿《夹缝中的历史》；方英文《燕雀云泥》；和谷《回乡札记》；高建群一部。评论有畅广元《陈忠实论》，邢小利《长安夜雨》，段建军《白鹿原论》，周艳芬《七月诗派史论》，赵德利一篇文章。

本月 应中国石油作协之邀，率领中国作家西气东输采风考察团到西气东输工程建设一线考察采风。8 月 25 日 8 时，熊召政、邓贤、赵瑜等中国作协作家，在中国石油作协主席、中国石油报社社长肖平（著名诗人肖三之子）和西气东输管道分公司党委副书记李伟等人陪同下，从北京出发。陈忠实在兰州一家宾馆等候与大家会合。团员还有作家、诗人尹汉胤、郭雪波、萧立军、张洪波、冉冉，《地火》主编杨绽英等。时任《中国石油报》驻青海记者站站长，跟随采风团在盆地活动的凌须斌讲：8 月 29 日下午，经过 9 个小时的跋涉，驱车 500 多公里，考察团一行从敦煌赶到了柴达木盆地西部，远远地便瞅见昆仑山脚下蓝悠悠的尕斯库勒湖。一路上的长途颠簸、高原反应、单调干枯的景色，让陈忠实感觉十分疲累，此时见了融雪汇聚成湖的纯净的水，十分高兴，说："远荒大漠中有这一潭好水，多么珍贵难得啊！"在尕斯库勒油田发现井跃参 1 井前，陈忠实戴着白色帽子，身着深蓝色中石油工作服，眺望高耸的祁曼塔格雪山，使劲儿地抽着雪茄，眯缝着眼睛，默默地伫立了许久，尔后缓缓地说："以前我光听说石油人工资高，待遇好，现在看来完全是片面的，也是错误的。在这样的不毛之地，长年累月，很多人可能一辈子都得待在这儿，把整个青春和生命贡献给了柴达木，我想任何人知道都会为之感动不已的。"得知采油一厂文学青年们想办一本刊物，他应邀欣然题写刊名"尕斯湖"。由于身体状况不好，围观者、索字者太多，他将"尕"误写成了"孕"。经人提醒，回到西安后，他马上再写一幅寄来，并再三致歉。现在青海油田内部网站上挂着的《尕斯湖》电子刊物，就是他重新题写的三个字。原在华北油田工作的张洪波，是继李季之后最著名的石油诗人，他讲，采风团走到甘肃敦煌，陈忠实拉稀拉得很厉害，但还是坚持走到了花土沟。到达花土沟次日上午，参观世界海拔最高的油井狮 20 井（3430.09 米），返回花土沟镇的途中，陈忠实的心情显得特别沉重。在那个一望无际的荒漠深处，他没有看到一片绿叶，深知水对于天、地、人的重要性。从那以后，他养成了一个习惯：喝完矿泉水，还要在嘴上再磕磕瓶子，把瓶壁上点点滴滴的水全都磕进嘴里。洗手时伸着一双手，迟迟不敢放入盆中，嘴里念叨着“多好的水啊！多好的水啊！”采购考察结束后写作散文《柴达木掠影》，载2004年12月28日《文艺报》，又刊《地火》本年第4期，刊《石油知识》2016年第3期。在《柴达木掠影》中，陈忠实说：“在柴达木一路走来，超绝想象的大自然的严酷，对我发生着连续的冲撞；传说的和墨写的开发柴达木的英雄业绩，对我也发生着令人由衷感动感叹的冲撞；眼见的正在掘进的钻机和悠然运动的抽油机，穿着溅有油痕制服的技术人员和工人，一张张自信而又鲜活的脸孔，有一种更富活力的冲撞。尽管我不可能加入这种环境下的这一群劳动者的行列，却乐意接受这种冲撞，增加精神和心理的钙质，更踏实更从容地面对生活。”（甘建华：《陈忠实的两次柴达木之行》，见《瀚海潮》2016年白露卷）

9月4日　于雍村写成言论《关中娃，岂止一个冷字——读〈立马中条〉》。

9月18日　为陕西师范大学文学院“长安大讲堂”做首场演讲，题为《陕西作家：传承与变异》，就文学陕军在新文学史上的成就和贡献、传承与变异、所形成的传统，以及目前面临的断代问题，做了长达三个小时的报告。

陈忠实从新文学史上最早的陕籍作家郑伯奇谈起，详细分析和评价了新中国成立后十七年在全国文坛处于领潮地位的陕西作家柳青、杜鹏程、王汶石、胡采、胡征、李若冰等，以及“文革”后在国内外形成较大影响的陕西作家路遥、贾平凹、红柯等。陈忠实以自己走向写作道路的亲身体会说明了陕西作家传承与变异、继承与发展的大量事实，并重新评价了曾经一度轰动全国文坛的“陕军东征”现象。陈忠实讲柳青，认为柳青的创作不仅完成了个人思想艺术的突破，也实现了一个阶段整个文坛所面临的某个难题性突破，乃至影响其后的文学流向；同时，柳青的语言也得到了突破，实现了语言本土化与通俗化的完美结合。讲王汶石，他说，真正的文学作品是来自心灵深处的东西，得之于田间地头、街头巷尾，而非流于语言雕琢，任何企图超越生活实际而拔高或有意迎合时势的东西必将有害于艺术的感染力，这是王汶石作品给读者的启示，也是文学作品的基点。讲路遥，他说，路遥解决了当时文坛急待突破的问题——人物脸谱化，《人生》中高加林的“复杂性和真实感”打破了以往小说中人物的“扁形”模式，实现了人物的立体化。

9月21日 于雍村写成散文《在河之洲》。

9月30日 于雍村写成散文《柴达木掠影》。

本月 散文《从大理到泸沽湖》刊《海燕》（都市美文）第9期。

本月 散文《皮鞋·鳝丝·花点衬衫》刊《中华散文》第9期。

10月7日 于雍村写成言论《令人惊喜的阅读》。

10月9日 西安市文物保护修复中心受省文物局委托，联合西安交通大学建筑系正式进驻灞河对隋唐灞桥遗址展开实地测量。当日下午，陈忠实抵达现场，看完整个古桥遗址后说：“隋代没有现代的技术，这座气势恢宏、精美绝伦的石拱桥是能工巧匠精打细磨出来的，这足以展示古代人的聪明才智和伟大。桥墩至今没有被破坏掉，经过千年河水冲刷还保存得这样完整，确实令人惊叹，这一定要看好、保护好。”并对记者说：“我的家乡就在这里，我对家乡发生的一切事情都很敏感，隋唐灞河桥遗址1994年被挖沙人挖出时，我就来过。当时只有三座桥墩，是当年全国考古十大重大发现文物之一。这次一下子出来这么多，让人高兴啊！”

10月14日 晚上与太白文艺出版社张继全、党晓绒、周瑄璞及邢小利、辛娟等在金帝酒楼晚餐，商讨太白社出版“西部女作家丛书”事宜。

10月20日 晚上在荞麦园与邢小利等商讨筹办白鹿书院事。

10月21日 参加重阳节黄陵祭祖新闻发布会，受邀请为民间主祭人。新闻发表会上讲：我几乎是在一瞬间答应了这事。一个不敬祖先的人，是一个不孝的人。讲完，掌声雷动。

同日 于雍村写成言论《 灿烂在创造里——感动葛玮》。

10月22日 以民间主祭人身份参加重阳节黄陵祭祖活动。该活动由陕西省公共关系协会主办。

10月25日 晚上与朱鸿、邢小利等在西安小寨的小花茶秀喝茶。朱鸿拿出香港版《文化大革命博物馆》（上下册）让大家看，陈说他对这些东西很熟悉。

10月26日 晚上以省作协名义在小贝壳宴请评论家雷达，京夫、晓雷、王观胜、冯积岐以及省作协两个编辑部与创联部的工作人员参加。

10 月 29 日 中午在荞麦园请回陕的李建军吃饭。席间，陈忠实请一位陕北歌手唱陕北民歌，陈点了《人生》主题曲《叫一声哥哥你快回来》。同时回忆说，1980 年去太白县参加文学研讨会，车上第一次听路遥唱这首歌，非常感动，心想天下居然有这么好的民歌，后来电影《人生》出来，这首歌是主题曲。李建军点了《三十里铺》。李建军与贺雄飞、黎鸣来西安，《西安晚报》28 日发消息说，“三只乌鸦飞临西安呱呱叫”。

11 月 5 日 于雍村写成言论《红烛泪　杜鹃血》。

11 月 7 日 下午打电话给邢小利，邀一起吃椮椮面。晚上去长安绿园度假村，吃椮椮面五小碗。绿园度假村经理马宏伟相陪，讲企业与政府各种人打交道奇事种种，可入新“三言二拍”。

11 月 11 日 由陕西作家与作品谈艺术精神的文章《背离共性 自成风景》刊《文艺报》。

11 月 19 日 《心灵的狂欢和舞蹈——有感于书家李珧其人其书》刊《中国艺术报》。

11 月 21 日 晚上与朋友喝茶。朱鸿在小花茶秀请朋友喝茶，有陈忠实、邢小利、仵埂、庞进、毛安秦、雨晨等。聊天中，陈讲了往事：上个世纪 80 年代时，他在乡下写作，住在老屋子里。这个老屋子是搭建的一个小房子，里边放着一张桌子，这张桌子是他和他哥上学时搬到学校去用的桌子——那时上学还得自己拿桌子。后来这张桌子被他用着，腿已经摇晃了，用麻绳绑着。他的生活条件比乡里人唯一好的，就是可以有一个蜂窝煤炉子，冬天可以取暖。他 80 年代那一批中短篇小说都是在那里写的。他说，当时的创作心态特别好，什么也不想。冬天的夜晚，雪如果下得很大，都能听见窗外落雪的声音。

11 月 24 日 于二府庄写成散文《借助巨人的肩膀——翻译小说阅读记忆》。

11 月 25 日 晚上在荞麦园听邢小利等谈筹建白鹿书院事。陕北民歌手王向荣在座。荞麦园老板薛莹巧说在“中国十大歌王赛”中，王向荣得“王中王”，请陈为王题词。陈写道：“天风地韵，尽出君喉。题歌王王向荣。”

陈说，他特别爱听陕北民歌《上河里的鸭子下河里的鹅》，听了特别感动。他第一次听这首歌，是去太白县参加陕西的一个小说研讨会（邢注：1980 年 7 月 10—20 日，《延河》编辑部在太白县召开的农村题材短篇小说创作座谈会），80 年代初吧，路遥在车上歪着头唱这首歌，声音不高，特别动听。后来，这首歌就成为电影《人生》的主题曲。

《上河里的鸭子下河里的鹅》又名《叫一声哥哥你快回来》。歌词如下：

上河里的鸭子，下河里的鹅
一对对毛眼眼找哥哥
煮了那个钱钱哟，下了那个米
大路上搂柴，瞭一瞭你

清水水的玻璃隔着窗子儿照
满口口白牙牙对着哥哥笑
双扇扇的门来哟，单扇扇的开
叫一声哥哥哟，你快回来。
啊……

（邢注：以后，几乎每次在荞麦园吃饭，或者接待外地客人，如点歌助兴，陈忠实都要点这首歌，而且听得很投入。）

12 月 6 日　上午，参加陕西作协中共事业支部会，讨论邢小利、姚逸仙入党。参加者除邢小利和姚逸仙两个被讨论者外，计有党员：业务组书记徐子心，副书记冯积岐，总支委员张艳茜，党员陈忠实、京夫、晓雷、赵熙、李星、李国平，共九人。业务组其他党员王愚因病未参加，刘成章在国外，李天芳请假，罗晓请假。

12 月 9 日　于二府庄写成言论《难以化解的灼痛——读陈行之新作〈危险的移动〉》。

12 月 20—22 日　陕西省文学艺术界联合会第四次代表大会在西安召开。大会选举产生了新一届文联领导班子。赵季平当选为省文联主席，刘斌、肖云儒、黄道峻、王西京、冯健雪、刘远、孙豹隐、延艺云、陈彦、胡树群、赵振川、贾平凹、高建群、雷珍民、翟志荣为副主席。新一届主席团聘请李若冰为名誉主席，聘请刘文西、陈忠实、钟明善、杨晓阳等12位作家、艺术家为顾问。

12月22日 陕西省文学艺术界联合会第四次代表大会闭幕。音乐家赵季平当选主席，画家赵振川为副主席，两人是画家赵望云之子。陈忠实见了赵振川说：“还是咱赵家厉害！”赵振川说：“不敢说，不敢说。”

本年 《原下的日子》（散文）获《人民文学》优秀作品奖。

2005年 63岁

1月25日 去西安思源培训学院，与周延波校长签订共办白鹿书院协议，并座谈。

本月 在海南三亚。蒋子丹陪同，见到在三亚度假的刘醒龙等。

本月 《借助巨人的肩膀——翻译小说阅读记忆》刊《长江文艺》第1期。又刊《西安石油大学学报（社会科学版）》第3期。

本月 散文《红烛泪 杜鹃血》刊《鸭绿江》（上半月版）第1期。

本月 《灿烂在创造里——感动葛玮》刊《当代戏剧》第1期。

2月23日 何西来回陕参加省电视台评选四大名旦活动，中午请何西来吃老鸹头饭，同聚的有刘建军、畅广元、王仲生、李星、李国平、邢小利、朱鸿、刘炜评。

3月3日 晚上与邢小利等在德福巷福宝阁茶坊商谈白鹿书院事宜。

3月5日 参加白鹿书院第一届一次理事会。白鹿书院开始启动筹创及注册登记、成立庆典等工作。

3月9日 于二府庄写成短篇小说《娃的心，娃的胆——三秦人物摹写之一》。

3月16日 陕西省民政厅副厅长郭青凡与民政厅民间组织管理局局长孔少青、副局长张波到西安石油学院陈忠实工作室看望陈忠实，中午在新三亚酒店吃工作餐，商谈成立白鹿书院事宜，邢小利等参加。

3月24日 下午，延安时期革命文艺老战士、陕西省文学艺术界联合会名誉主席李若冰因病逝世，当晚去李若冰家吊唁并看望李若冰夫人贺抒玉。挽词为：艺术之魂，文学之神。

李若冰，笔名沙驼铃，1926 年 10 月生，陕西泾阳人。中共党员。1945 年毕业于延安鲁迅艺术文学院文学系。1938 年参加延安抗战剧团，后历任中共中央宣传部助理秘书，西北军区政治部秘书，中央文学研究所学员，中国作家协会西安分会专业作家、副主席兼秘书长，陕西省文化局副局长，中共陕西省委宣传部副部长，陕西省文化文物厅厅长，陕西省作家协会党组书记，陕西省文学艺术界联合会主席。中国作家协会第四届理事，第五、六届名誉委员。陕西省第六届人大代表，陕西省第七届党代会代表、省委委员。1949 年开始发表作品。1956 年加入中国作家协会。著有散文集《在勘探的道路上》《柴达木手记》《旅途集》《山・湖・草原》《神泉日出》《爱的渴望》（合作）、《李若冰散文选》《高原语丝》《塔里木书简》《满目绿树鲜花》等。

3 月 26 日 于二府庄写成言论《文学的力量——与〈陕西日报〉记者张立的对话》。

3 月 28 日 早上去三兆公墓为李若冰送行。在追悼会上宣读各地唁电。刘斌主持，赵季平介绍生平。追悼大厅里有一副对联：云阳泾阳延安西安柴达木塔里木辉煌一生著作等身，战士诗人长者泰斗革命家文艺家高山仰止风范长存。

3 月 31 日 晚上听取邢小利等关于白鹿书院筹备工作汇报，安排有关事宜。说到布置他的办公室事，他说他不讲究，“鸡有蛋跑着路都能下蛋，没有蛋就是垒个金窝也下不下来”。

4 月 2 日 于二府庄写成言论《陈孝英，让我感到灿烂》。早上到长安县给柳青扫墓，下午会见台湾女作家陈若曦。

4 月 4 日 写成言论《关于〈白鹿原〉及其它——与〈时代人物〉周报记者徐海屏的谈话》。

4 月 10 日 于雍村写成言论《一种气质，鲜嫩和灿烂——罗贯生山水画印象》。

4 月 20 日 早上在陕西作协参加雷电长篇小说《容颜在昨夜老去》研讨会。晚上在雍村饭店请熊召政吃饭。省作协参加宴会的有：李星、晓雷、京夫、王观胜、李国平、冯积岐、邢小利和杨毅。席间，熊召政说他对今天《西安晚报》发的一条关于他的消息比较满意，这条消息为《熊召政难忘恩师姚雪垠徐迟》。席间有人问诗人叶文福情况，熊说，叶给他写了一首诗，是把宣纸铺在床上写的，其中有两句是：我本人间大英雄，生如沧海死如虹。陈忠实吟哦时，将原诗改为：我本天地大英雄，生如沧海死如虹。李星自嘲说：我本人间大狗熊，生如蚂蚁死如虫。熊说，叶问他诗人怎么能写小说？熊说：忘记诗歌。叶说他做不到。熊送陈一幅字，是他写的诗，共四句，首句是“莽莽苍苍白鹿原”。

4月23日 早上参加西安思源学院第三届运动会开幕式，接着到白鹿书院，后去高陵县参观梦虹画展。下午与同行的邢小利、雨晨等朋友回灞桥老家。

4月30日 陕西省文化厅批准白鹿书院在业务上挂靠该厅。白鹿书院现有业务范围是：进行文化交流、学术研究、教育培训，图书编辑、影视策划，举办各类文化活动、展览及收藏等。

5月6日 夜，于雍村写成言论《思辨的这一声——读朱鸿散文之感受》。

5月18日 给霍松林、陈少默、曹伯庸三位先生写信，请求支持白鹿书院。

5月21日 写成短篇小说《一个人的生命体验——三秦人物摹写之二》。这篇小说写于二府庄、雍村两地。

5月22日—6月3日 参加中国作协组织的重走长征路活动，从井冈山到遵义，6月3日下午2时乘飞机回到西安。

本月 短篇小说《娃的心 娃的胆——三秦人物摹写之一》刊《人民文学》第5期。

6月6日 下午去半坡湖度假村，与灞桥区一副书记、一副区长商谈关于北京人民艺术剧院话剧《白鹿原》剧组来深入生活一事。第一批来16人，是舞美，10号到，15号离开。要看：一、白鹿原的自然风貌及环境；二、原始村落，建筑结构（半边房、天井、窑、牲口棚）；三、当地民风民俗；四、老百姓家居陈设，院落植物；五、当地农作物；六、农民服饰（女孩袖筒）。商定由灞桥区文化馆馆长李君利和邢小利负责接待。第二批是演员，约有20人，濮存昕演白嘉轩，也来。

本日 陕西省民政厅批准白鹿书院成立并颁发民办非企业单位登记证书。

6月27日 夜，于雍村写成散文《完成一次心灵洗礼——感动长征之一》。

6 月 28 日 陈忠实和西安思源学院联手创办的白鹿书院在西安举行隆重的成立庆典。陈忠实为白鹿书院终身院长。发表《白鹿回到白鹿原》致辞。陕西省副省长张伟，陕西省政协原副主席孙天义，陕西省政协原副主席姜信真，中共陕西省委宣传部副部长白阿莹，陕西省政协原秘书长惠世武，中国音乐家协会副主席、陕西省文联主席赵季平，中国书法家协会副主席钟明善，陕西省文化厅厅长秦天行，陕西省民间组织管理局局长孔少青等；著名作家从维熙，宁夏文联主席、著名作家张贤亮，第六届茅盾文学奖获奖者熊召政，著名编辑家、作家张曰凯，著名作家莫伸、晓雷、京夫、叶广芩、朱鸿、方英文、黄建国、红柯等，著名文艺评论家、学者肖云儒、畅广元、刘建军、薛瑞生、费秉勋、李星、刘炜评、李震等，著名书画艺术家陈少默、刘文西、茹桂、苗重安、郭全忠、崔振宽、高峡等，以及社会各界知名人士 260 余人参加了庆典活动。

6 月 29 日 晨，于雍村写成言论《敬重宝成》。上午参加白鹿书院在曲江宾馆举行的中国传统文化精英论坛并致辞。下午陪同与会嘉宾参观了西安思源学院和白鹿书院。

7 月 12 日 于二府庄写成言论《天使或是蜻蜓，翅翼沉重——读〈午夜天使〉及其来由》。

7 月 14 日 《难以化解的灼痛——读陈行之新作〈危险的移动〉》刊《文学报》。

7 月 23 日 于雍村写成散文《太白山记》。

本月 《康家小院》（小说集）由中国社会出版社出版。

本月 散文《一段几乎湮没的史实：中条山八百壮士血祭黄河》刊《同舟共进》第 7 期。

8 月 7 日 于雍村写成散文《关山小记》。

8 月 11 日 傍晚应旅美华人李仲迟邀请，去杨凌水明园参观。李仲迟与西安几位文化人拟办一个书画方面的组织，想挂靠在白鹿书院下面。晚与杨凌国税局局长马锋钢、邢小利等闲谈，讲到旅居海外的一些作家如古华等人的境况。

陈忠实去过美国，也去过欧洲数国。说到海外作家情况，陈忠实说，据他的接触和了解，现在旅居海外的几位作家，境况都不很好。旅居海外作家的最大问题，一是不通外语，因而无法与当地居民进行语言交流，普遍感到很孤独；二是写的作品无人看，也找不到发表的地方，只好在台湾或香港找报刊发表或出版社出版；三是很难融入当地文化之中，有一种文化上的异己感和漂泊感。陈忠实说，《老井》作者郑义，因为完全不会说外语，在国外生存就很难。由于写纯粹的文学作品没有出路，经济和生存上也存在问题。在国外，报纸和出版方面的情况是，严肃一点的，政治评论较受欢迎；通俗一点的，政治幻想、科技幻想之类的受普通大众喜欢。所以旅居海外或流亡海外的很多作家，或写一些国内政治黑幕，或写政治幻想或科技幻想作品，借以谋生。

他讲到第一届茅盾文学奖获得者、《芙蓉镇》的作者古华的一些情况。他说，那本流传甚广的《毛泽东和他的女人们》就是古华写的，在台湾出版。毛泽东和他的女人们的故事，以古华的经历，怎么能知道，又能知道多少？基本上是凭一些资料加上想象写成的。稿费倒是挣了不少，古华用这笔稿费在加拿大买了一栋三层楼房，非常漂亮。陈忠实接着讲了一件趣事。

陈忠实笑着说：我去加拿大的时候，古华请我去他家。进了他家，握手问好之后，古华就跄蹴在他那豪华漂亮的沙发腿腿旁边。我一看笑了，说，要论跄蹴，我的功夫要比你深。我也就跄蹴下来，跄蹴在他的另一只沙发的腿腿旁边，与他拉话。这还是中国农民的习惯，放着沙发不坐，喜欢跄蹴。

陈忠实继续说：农民喜欢跄蹴，但中国北方的农民应该比南方的农民跄蹴功夫深。因为南方农民插秧是腰向前弯着撅着屁股插的，而北方的农民劳动，比如锄草、割麦，都是跄蹴着的。北方农民割麦也有走镰子的，但走镰子割得麦茬高，为了把麦茬割得低一些，相当多的人还是跄蹴着割。跄蹴是一种生活习惯，也是在劳动中训练出来的。跄蹴时间长了，筋也就拉开了。不会跄蹴或跄蹴不惯的人，更多是筋还没有拉开。所以我说，我的跄蹴功夫比古华的深。说到这里，陈忠实自豪地笑了笑。

讲到南方农民插秧的动作，陈忠实还站起来，弯腰撅臀地给大家学了学，给大家留下深刻的印象。

8月12日 上午参观西北农林科技大学及昆虫博物馆，下午回西安。

8 月 14 日 于雍村写成散文《也说中国人的感情》。

8 月下旬 在北京，与北京人民艺术剧院商谈话剧《白鹿原》事宜，8 月 30 日回西安。

本月 《敬重宝成》刊《延河》第 8 期。

9 月 8 日 于二府庄写成言论《吟诵关中》。

9 月 19 日 《用思辨的声音撞击读者心灵——读朱鸿散文之感受》刊《深圳特区报》。

9 月 23 日 参加腾讯网在白鹿书院现场转播的“黄河文明的变迁”座谈活动。陈忠实、侯甬坚、杨邦俊等参加。被聘为黄河万里行整个活动的形象大使，特邀赴北京参加活动启动仪式。

9 月 29 日 于二府庄写成言论《仰天俯地　无愧生者与亡灵——感动孔从洲将军》。

10 月 5 日 于雍村写成言论《诗性的婉转与徘徊》。

10 月 6 日 评论朱鸿散文的文章《思辨的这一声》刊《文学报》。

10 月 19 日 被西安工业学院聘为人文学院名誉院长、教授。同日，西安工业学院陈忠实当代文学研究中心成立。陈忠实任中心主任，李国平、冯希哲为副主任。

10 月 21 日 于二府庄写成言论《业已铸就无限——悼念巴金》。

本月 陕西省作协两个编辑部经过一段时间的酝酿、研究，调整、安排为：《延河》主编陈忠实，执行主编常智奇，常务副主编（正处待遇）张艳茜，副主编姚逸仙；《小说评论》主编李国平，副主编邢小利。

11 月 5 日 晚上，赴西安饮食集团总经理王一萌在西大街一酒店举行的联谊餐会，邀邢小利、张大卫同去。饭后与张大卫商谈白鹿书院工作。

11 月 9 日 晚与邢小利在荞麦园谈白鹿书院工作。

11 月 12 日 中午在顺峰山庄与白鹿书院理事长周延波商讨书院工作。

11 月 16 日 于二府庄写成言论《气象万千的艺术峡谷——高峡印象》。

11 月 22 日 于二府庄写成散文《黄洋界一炮——感动长征之二》。

11 月 28 日 晚上与邢小利在海云轩商谈白鹿书院工作。

11 月 29 日　于二府庄写成散文《再到凤凰山》。

本月　描写柳青的短篇小说《一个人的生命体验——三秦人物摹写之二》刊《人民文学》第 11 期。

本月　散文《吟诵关中》刊《延河》第 11 期。

12 月 9 日　晚上在福宝阁与邢小利等商谈白鹿书院事宜。

12 月 20 日　于二府庄写成言论《真实又真诚的叙写——毛安秦散文读记》。

本月　散文《仰天俯地 无愧生者与亡灵——感动孔从洲将军》刊《延河》第 12 期。

2006 年　　64 岁

1 月 8 日　下午参加白鹿书院理事会。

2 月 8 日　于二府庄写成散文《魅力亨利》。

本月　“世纪文学 60 家”《陈忠实精选集》由北京燕山出版社出版。

本月　为《和谷文集》写的序文《诗性的婉转与徘徊》刊《中华散文》第 2 期。

3 月 3 日　为《高峡书画集》写的序言《气象万千的艺术峡谷》刊《各界导报》。

3 月 7 日　于二府庄写成散文《陷入与沉浸——〈延河〉创刊 50 年感怀》。

3 月 23 日　在西安工业大学参加孙见喜长篇小说《山匪》研讨会。本日草，5 月 6 日修订，于雍村写成言论《中国乡村形态的智慧表达——我读〈山匪〉》。

3 月 24 日　写成言论《公安文化及其它》。

3 月 25 日　于二府庄写成言论《另一种情怀》。

3 月 30 日　下午去灞桥看秦腔艺人，北京人艺《白鹿原》剧组需要一个秦腔班子。晚上应西安市委统战部部长、市政协副主席陈振虎之请，去新城广场富凯大酒店，与中国国家武术散打队有关人员见面，与主教练张根学等谈 2008 年奥运会事，应邀给武术国家队队员鼓劲，鼓励他们争取冠军。

本月 散文《一次心灵的洗礼》刊《求是》第5期。

4月4日 与中华文学基金会张锲一行去长安县给柳青扫墓。严家炎祭扫柳青墓，深深一躬，在纪念册上题字：文坛巨星，人民赤子。与严家炎在柳青墓旁的神禾原畔合影留念。

4月5日 陪中华文学基金会张锲一行去延安。

4月12日 于二府庄写成散文《关于一条河的记忆和想象》。

4月17日 于二府庄写成散文《也说“抬杠”》。

4月18日 写成言论《心斋，一个海阔的文学空间》。

4月29日 在荞麦园召开白鹿书院文人书法论坛预备会，有10位作家、书法家和书画评论家参加。

4月30日 于二府庄写成言论《答〈解放日报〉记者姜小玲问》。

本月 在武汉参加文学活动。4月20日，游东湖，在汉口百步亭见刘醒龙。

本月 《陷入与沉浸——〈延河〉创刊50年感怀》刊《延河》第4期。

5月12日 参加半坡博物馆新遗址大厅落成仪式，被聘为半坡博物馆文化代言人。

5月14日 于雍村写成散文《陪一个人上原》。

5月22日 陕西评柳青文学奖，请他参评，他说不参评了，他获茅盾文学奖后就不参加任何评奖了。还说，有一年，他的散文集《告别白鸽》出版，让他参评鲁迅文学奖，他没有参加。

5月23日 评论孙见喜长篇小说《山匪》的文章《中国乡村形态的智慧表达》刊《文艺报》。

5月25日 于二府庄写成散文《走过武汉，匆草一笔》。

5月31日 北京人民艺术剧院根据同名小说改编的话剧《白鹿原》在北京首都剧场首演。这出话剧汇集了濮存昕、宋丹丹、郭达等众多明星。为体现原汁原味，导演林兆华要求所有演员都说陕西话。北京人艺以演出极具北京味的话剧著称，演员能否把陕西话讲好，演出之前，陈忠实毫不掩饰自己的担心。看完演出，陈忠实说：演员陕西话说得还不错，濮存昕说得挺顺溜。于北京写成散文《半坡猜想》。

本月 为李健彪文艺评论集《绿野心音》写的序文《耕耘在民族

文学的园地里》刊《回族研究》第2期。

本月 感怀马健翎的文章《遵循马老的足迹前进》刊《当代戏剧》第3期。

6月3日 于北京写成散文《五月，临近盛事的期待——2006足球世界杯观感之一》。

6月7日 《半坡猜想》刊《中国文物报》。

6月10日 于雍村写成散文《正确的坚定和无知的固执——2006足球世界杯观感之二》。

6月13日 于二府庄写成散文《最后才学会射门及其它——2006足球世界杯观感之三》。

6月15日 于二府庄写成散文《黑马尚未出现——2006足球世界杯观感之四》。

6月17日 参加白鹿书院举办的"首届中国文人书画邀请展览暨文人书法论坛"开幕式，以白鹿书院院长身份致欢迎词。白鹿书院"首届中国文人书画邀请展览暨首届书法论坛"在西安亮宝楼隆重举办。陕西省人大常委会副主任白云腾，陕西省政协副主席张保庆，陕西省决策咨询委员会主任徐山林，中共陕西省委宣传部副部长、省文联党组书记刘斌，陕西省作协党组书记、常务副主席雷涛，陕西省文联副主席肖云儒等有关方面领导；国际书法家协会主席、《中国书法全集》总主编刘正成，国际书法家协会副主席、暨南大学艺术学院院长张铁林，国际书法家协会副主席、北京大学书法文化研究所副所长、中文系教授王岳川，第六届茅盾文学奖得主、著名作家熊召政，浙江省作协创联部主任、浙江作家书画院院长陈源斌，湖南省作协副主席聂鑫森，国际书法家协会常务理事、《书法》杂志副主编胡传海，浙江作家书画院副院长斯舜威及陕西省内文化艺术界名流、企业界人士约300人参加了展览开幕式。白云腾、张保庆、徐山林、刘斌、雷涛、熊召政、刘正成、张铁林、陈忠实、李荣科、马民选、张文若等为开幕式剪彩。首届中国文人书画邀请展览展期为11天，从6月17日至6月27日。全国280余位作家、学者、书画家联袂献艺，有300余幅作品参加了展出，堪称当代艺坛盛事、古都文化大观。这次展览汇集了全国著名的文学家、学者和书画家，阵容强大，有小说家张贤亮、熊召政、马识途、孟伟哉等；有诗人兼剧作家邹静之等；有散文家周涛、赵丽宏、王充闾等；有文学评论家李国涛等；有文博专家郑欣淼等；有中国古典文学专家文怀沙、霍松林等；有书画艺术家江文淇、刘正成、吴善璋、钟明善、茹桂、高莽等；有表演艺术家张铁林等。

6月18日 于雍村写成散文《帅气和率性的转移之谜——2006足球世界杯观感之五》。

6月19日 于二府庄写成散文《绅士风度和心理赘肉——2006足球世界杯观感之六》。

6月21日 于二府庄写成散文《尽享盛宴——2006足球世界杯观感之七》。

6月22日 于二府庄写成散文《老陈与陈老》。

6月23日 于二府庄写成散文《又一次高潮式的盛宴——2006足球世界杯观感之八》。

6月25日 在北京中央电视台《艺术人生》栏目组录制节目。

6月30日 于二府庄写成散文《娲氏庄杏黄》。

7月1日 于雍村写成散文《太过的残酷和太过的轻松——2006足球世界杯观感之九》。

7月2日 于雍村写成散文《经典的防守也精彩——2006足球世界杯观感之十》。

7月5日 于雍村写成散文《谁都强，谁都强不起来——2006足球世界杯观感之十一》。

7月6日 于二府庄写成散文《再看亨利的魅力——2006足球世界杯观感之十二》。

7月10日 于二府庄写成散文《绝妙的与吓人的——2006足球世界杯观感之十三》。

7月13日 于二府庄写成言论《答〈南方周末〉记者张英问》。

7月16日 于雍村写成言论《和〈瞭望东方周刊〉记者的对话》。

7月26日 评论孙见喜长篇小说《山匪》的文章《耀眼的语言魅力》刊《中国文化报》。

7月29日 写成言论《我相信文学依然神圣——答〈延安文学〉特约编辑周瑄璞问》。

本月 《别一种情怀——我读张勃兴诗词》刊《金秋》第7期。

8月2日 中央电视台一套《艺术人生》栏目播出陈忠实专题。

8月3日 答记者张英、徐卓君问在《南方周末》刊出，题为《13年了，陈忠实还在“炼钢”》。

8月10日 于二府庄写成言论《筛选自己》。

8月12日 于雍村写成言论《少年已知情滋味——禹治夏诗文印象》。

8月下旬 到俄罗斯访问。

8月31日 于二府庄写成散文《父亲的树》。

本月 散文《走过武汉》刊《人民文学》第8期。

本月 散文《一次心灵的洗礼》，（刊《求是》杂志本年第5期，3月上半月出版）获求是杂志社“九旭杯·红色之旅”散文征文一等奖。

本月 中国作家协会酝酿主席人选。一日与邢小利闲谈，邢说，有传言说陈会当选。陈说他没有想过，也不适合，主席这个位子要能应付各种场面，京官最好，他认为王蒙最合适。

说到自己的情况，陈说，他能到今天，是没有想到的。他当年的最高人生理想是能当个专业作家。1985年4月选为陕西作协副主席，当时的情况是，路遥参加北京的一个会，提前回来，策划了向当时的陕西作协领导突然发难，联合一些作家签名要求增加副主席，因为当时不到换届时候。路遥把他从乡下召到作协，给他谈了一夜话，做他的工作，他同意了，在联名信上签了字。签字的还有邹志安等。邹志安后来没有当成副主席，为此还怪路遥，路遥当时承诺让其当副主席。陈说这个变化路遥可能也没有办法。后来在《西安晚报》上还发表了联合签名的文章，又在咸阳彩电宾馆开了一个会［邢注：1985年4月21—24日，中国作家协会陕西分会三届二次理事会（扩大）在咸阳召开。会议由胡采主持，王丕祥做会务报告。会议增补16位会员为理事，选举路遥、贾平凹、陈忠实、杨韦昕为副主席。详见年谱1985年4月21—24日条］，当副主席成功。

陈还说，第四届作协换届时，省上定的是路遥当作协主席，让陈到省文联当书记，王巨才当时是省委常委、宣传部部长，找陈谈话，陈说他不去文联。他只想当个专业作家。王以为他不高兴，在丈八沟宾馆开会，在一棵大松树下与陈相遇，又谈让他当书记事。陈说，他想留在作协，不想去文联，王不同意。陈问，不去会不会开除党籍？王说不会，陈说那他就不去。王看他坚决，就说让他留在作协，继续当他的副主席。陈说他很高兴，当不当副主席他都不抱期望，只要能留下当专业作家就行。他说他留在作协，绝不和路遥闹意见，因为路遥当时内定为主席，路遥和王巨才可能怕他有意见，与路遥不合作。后来路遥不幸早逝，陈当了主席。

9月1日 晚与邢小利、朱鸿在雍村饭店吃饭，给朋友讲述去俄罗斯访问情况，其中说到普京在“8·19”纪念日发表讲话，认为有两句话很是意味深长：认为“8·19”以后没有遗憾是没有良心的；但想回到过去是不可能的。

9月2日 接受韩国一家电视台的采访。这是一个关于“黄河”的摄制组，问的是黄土高原对中国文化的影响，中国人对“黄”的理解等。

9月6日 于二府庄写成言论《我看话剧〈白鹿原〉》。

9月9日 于雍村写成散文《地铁口脚步爆响的声浪——俄罗斯散记之一》。

9月12日 于二府庄写成言论《在现实的尘埃中思索与漫游——序远村诗集〈浮土与苍生〉》。

9月21日 评论李健彪文艺评论集《绿野心音》的文章《耕耘在民族文学的园地里》刊《文艺报》。

9月23日 夜，于雍村写成散文《回家折枣》。

9月29日 于二府庄写成言论《再读〈活动变人形〉》。

本月 《一个历史过程中的中国乡村形态——读孙见喜〈山匪〉》刊《商洛学院学报》第3期。

10月3日 晚上与几个朋友吃饭，有邢小利、方英文、仵埂、朱鸿、刘炜评等。餐前，邢到陈办公室，问他中国作协换届事。陈说：8月份全国作协开会，中组部、中宣部就民主征求过中国作协主席团关于中国作协主席人选的意见，这就是“海选”，大家意见比较集中的是两人，一是他，一是铁凝；9月份中组部一位副部长、中宣部一位副部长又找各省作协主席、书记谈话，让大家就他和铁凝之间推荐主席人选。邢问这两个人中最后哪个票多，陈说他不知道，只有上边汇总时知道。邢问现在的情况是谁定，陈说，这是中央政治局定的事，定这事比定一个省委书记要重要得多，因为作协主席只有一个，而省委书记很多。陈说，上边以年龄卡，卡到70岁以下，这就把左派刘白羽与右派王蒙都卡在了外边，避免了矛盾。但现在从30年代作家巴金一下子跳到他们这一茬——80年代登上文坛的作家，跨过了50年代这一代作家，跨度太大。邢问陈，你当时接受上级谈话时，在你和铁凝之间，你推荐的是谁，陈说他当然推荐的是铁凝，不能自我推荐。陈说这件事对他来说未必是好事，当上了将来要应酬许多事，不能像现在这样可以有时间写东西。现在大家都知道他在省作协被边缘化，干不了事，也乐得清闲；当了主席将来要应对世界各国的人物，他不擅长应对。陈说，现在这事已经没有秘密可言，谈话以后，全国都知道了，他就接到了很多电话说这事。

10月4日 于雍村写成散文《林中那块阳光明媚的草地——俄罗斯散记之二》。

10月15日 于雍村写成言论《长庆，鲜活的记忆与激情的书写》。

10月26日 为诗人远村诗集《浮土与苍生》写的序《在现实的尘埃中思索与漫游》刊《文艺报》。又刊本年11月30日《文学报》。

10月31日 有人对陈说，昨天晚上他梦见陈当选中国作协主席了。陈肯定地说：梦是反的，我的感觉很准，现在已经没有那个事了。

本月 “品读名家系列”《关于一条河的记忆》（陈忠实散文精选集）由中国社会出版社出版。

11月5日 于雍村写成言论《印在生命脚印里的诗——冯再才诗集〈曲江吟〉阅读印象》。

11月6日 去北京参加中国作家协会第七届全国代表大会。

11月12日 下午，中国作家协会第七次全国代表大会全国委员会举行第一次全体会议，选举铁凝为中国作家协会主席，选举（按姓氏笔画为序）王安忆、丹增、叶辛、刘恒、李存葆、张平、张抗抗、陈忠实、陈建功、金炳华、高洪波、蒋子龙、谭谈为副主席。王蒙、韦其麟、张炯、黄亚洲不再担任副主席。

由于作协在过去50多年时间里只有两位主席，分别是茅盾（1949—1981）和巴金（1984—2005），均为中国现代文学巨匠和领军人物，因此，年仅49岁的女作家铁凝继任新一届主席，格外引人注目。

中国作协全称中国作家协会，前身是中华全国文学工作者协会，于1949年7月23日在北平成立，简称全国文协。1953年10月，中华全国文学工作者协会更名为中国作家协会。近5年间，中国作协共吸收会员 1661 人，现有会员总数已达 7688 人。

11 月 16 日 从北京回到西安，晚与文友聚会，有王仲生、赵润民、畅广元、董颖夫、肖宝善、邢小利、仵埂、方英文、阎建滨等。

11 月 23 日 于二府庄写成散文《关中有螃蟹》。

11 月 29 日 于二府庄写成散文《1980 年夏天的一顿午餐》。

本月 谈王蒙长篇小说《活动变人形》的文章《再读〈活动变人形〉》刊《南方文坛》第 6 期。

本月 散文《父亲的树》刊《人民文学》第 11 期。

12 月 9 日 于雍村写成言论《人生笔记的笔记》。

12 月 13 日 于二府庄写成言论《难得一种真实》。

12 月 18 日 参加由白鹿书院设立、西安思源学院支持创建的陈忠实文学馆建馆启动仪式（陈忠实文学馆的建立由邢小利提议、策划，并主持建馆工作，该馆是收集、研究和展示关于陈忠实生活、工作和创作等方面内容的对外开放机构，本日已初具样态，实为开馆。陈忠实低调，加之时间仓促和某些客观原因，该馆虽初具样态，但还不完备，陈忠实主张不叫开馆而叫“建馆启动仪式”）。

上午，西安思源学院图书馆新馆揭牌暨陈忠实文学馆建馆启动仪式在西安思源学院新图书馆隆重举行。国务院稽查特派员刘吉，中国作家协会原党组副书记王巨才，陕西省作家协会党组书记、常务副主席雷涛，西北大学教授薛瑞生，陕西师范大学教授畅广元，西安文理学院教授王仲生，西北大学文学院副院长刘炜评，西安石油大学中文系主任王新建，陕西师范大学副教授朱鸿，文学评论家李建军，作家孙见喜，《各界导报》社长兼总编、书法家张魁，贾平凹文学艺术馆副馆长木南，灞桥区文化馆馆长李君利等 100 多位来自北京、陕西的领导和文化教育界人士参加此次活动。仪式结束后，在曲江宾馆举行了建馆座谈会和笔会。

中国作协原党组副书记王巨才说，《白鹿原》这部作品、陈忠实这个作家和西安思源学院所处的位置，构成了一个白鹿文化。白鹿书院成立一周年时，他曾挥笔题词“南洞北原两白鹿，往圣今贤鸣黄钟”以表庆贺。现在，陈忠实文学馆建馆，他非常赞赏，认为陈忠实文学馆馆藏之丰富，在他见到的文学家个人的文学馆中，是比较少见的。文学评论家李建军参观后称赞这个文学馆具有专业水准。

本月 散文《林中那块阳光明媚的草地——俄罗斯散记》刊《中华散文》第12期。

2007年 65岁

1月31日 20世纪50年代著名战士作家崔八娃在安康因病辞世，送花圈悼念。

本月 《凭什么活着——我的人生笔记》（散文随笔集）由时代文艺出版社出版。

本月 散文《我看话剧〈白鹿原〉》《回家折枣》刊《长江文艺》第1期。

3月31日—4月1日 参加在凤翔举行的由陕西省作家协会，凤翔县委、县政府联合主办的冯积岐长篇小说《村子》研讨会。《村子》是一部反映新时期农村改革和农民真实生存状态的作品。参加研讨会的还有贾平凹、肖云儒、李星、叶广芩、畅广元、王仲生、邢小利、刘炜评、周燕芬、段建军等40多位作家、评论家。大家认为《村子》是近年来陕西文坛描写中国农村现实生活的一部重要作品。

本月 谈论韦昕创作的文章《难得一种真实》刊《小说评论》第2期。

5月4日 参加在西安召开的由中国传记文学学会、陕西省作家协会、人民美术出版社、陕西省美术家协会共同主办的《耕耘人生——木刻家修军评传》出版座谈会。该书系忽培元在修军逝世后10余年间，研究修军先生及其创作的重要成果。雷涛、晓雷、肖云儒、李星、李天芳、李国平、邢小利、赵振川等陕西省文化界30余人参加座谈。

5月9日 于二府庄写成短篇小说《李十三推磨——三秦人物摹写之三》，刊于《人民文学》本年第7期，《小说月报》9月号转载。

5月20—21日 参加在延安召开的“坚持‘三贴近’、讴歌新时代”暨纪念毛泽东同志《在延安文艺座谈会上的讲话》发表65周年座谈会，此次会议由中国作家协会、中共陕西省委宣传部、陕西省作家协会联合主办。中共中央政治局常委李长春致信祝贺。全国人大常委会委员、中国作家协会党组书记、副主席、书记处书记金炳华，来自中国作家协会的领导和全国各地的近百名知名作家以及《人民日报》《光明日报》等新闻媒体代表共同参加了此次会议。

5月23日 晚上参加白鹿书院举办的“白鹿雅集·春之声”活动，活动在陈忠实文学馆举行。雅集以“青春、理想、人生”为主题，内容有诗人、作家、教授、电台电视台专业朗诵艺术家和大学生同台配乐诗朗诵，古琴名家演奏，古筝、笛子演奏等。同时举行笔会，邀请参加雅集的作家、艺术家现场挥毫泼墨。西安中国画院副院长、著名画家江文湛，徐州古琴学会会长徐永，徐永弟子陈华进行古琴演奏和琴歌表演。古琴演奏完毕，西安艺术品制作名家、古琴制作家魏庚虎将专家精心挑选的一把古琴现场赠给白鹿书院。西北大学文学院副院长刘炜评，西北大学播音与主持人系主任周东华，太白文艺出版社编审孙见喜，陕西电视台《都市快报》主笔渭水，西安人民广播电台主任播音员晓河，西安人民广播电台播音员何清等学者、作家、专业播音员与学生决赛代表现场朗诵诗歌。陈忠实以白鹿书院院长身份邀请正在陕西采风的上海作家竹林、辽宁作协副主席孙春平、青海作协副主席风马、上海《文学报》副总编辑徐春萍、中国环境文学研究会副主席郭雪波、西藏文联曲艺家协会副主席平措扎西、云南楚雄文联副主席张永祥、辽宁《营口日报》时事部主任薛涛，陕西地区的作家、艺术家莫伸、茹桂等嘉宾参加了“白鹿雅集”。

本月 《我的行走笔记》（散文随笔集）由时代文艺出版社出版。

本月 谈王蓬创作的文章《关于一个作家的理解》刊《吐鲁番》第2期（季刊）。

本月 画家范曾为陈忠实文学馆题写馆名。

6月2日 早上在汉唐书城参加高鸿长篇小说《沉重的房子》新闻发布会，发言谈陕北作家。

6月4日 晚上与邢小利在省作协办公室闲聊。说到杰克·伦敦对他的影响。“美国传记作家欧文·斯通的《马背上的水手》写杰克·伦敦，杰克原是一个海盗，后来写小说，一家出版社出版了，只给了20美元，杰克先是把寄卖的自行车赎回，继而买了很多面包，继续写作。咱至少不用愁吃的，蒸馍总是有的。”说到1988年夏在太白山开的长篇小说讨论会，陈说：“当时文坛一直热议作家下海，对当时的作家心理影响较大。畅广元在会上发言说，作家要耐得住寂寞。有作家不同意，在会上慷慨激昂地说，作家要生存，现在连放一张书桌都不可能了，这是把‘五四’运动时期的一句话套过来的。我在那个会上没有说啥，只是晚上在山中散步时，把创作《白鹿原》的事给蒙老师（蒙万夫）说了。我是4月份动笔写《白鹿原》的，这个会是8月份开的。专业作家写不出东西，应该自己感到愧疚，还怪这怪那，谈什么改革？改革触及自己的一点利益，甚至没有触及什么利益，就这样子，怎么能写出好作品？”

6月7日 晚上由首都师范大学音乐学院创演、根据陈忠实长篇小说《白鹿原》改编的同名舞剧在北京保利剧院隆重首演。应邀前往观看，并与主创人员一起登台谢幕。国务院新闻办主任蔡武、文化部副部长陈晓光、北京市副市长丁向阳等领导，金炳华（中国作协党组书记、副主席）、吴祖强（中国音协原副主席、舞剧《红色娘子军》作曲）、徐沛东（中国音协党组书记、常务副主席、作曲家）、濮存昕（北京人艺副院长、演员）、赵季平（中国音协副主席、陕西省文联主席）、黄道峻（陕西省文联专职副主席）等文化艺术界人士，编剧和谷（陕西省文联副秘书长、作家）与北京各界观众及部分在京陕西乡党观看了首场演出。

舞剧《白鹿原》总编导为夏广兴（中国歌剧舞剧院），艺术总监为杨青（首都师大音乐学院院长），音乐总监为张大龙，130多名首都师范大学的学生及北京舞蹈学院的3位青年演员共同演绎了这部舞剧。

6月8日 参加在北京首都师范大学举行的舞剧《白鹿原》艺术研讨会。国内音乐、舞蹈界专家吴祖强、罗斌、赵季平、汪曙云，特意从比利时皇家音乐学院赶来的音乐教授张豪夫，该剧主创人员及首都师范大学音乐学院教师参加了研讨。

陈忠实在研讨会上说，小说创作是与读者分享作家对生活、对历史的独特生命体验，舞剧《白鹿原》的创作、演出又增加了一条自己与读者相互沟通、交流心灵感受的渠道。看了演出，感到欣慰、兴奋又惊讶，一部复杂的、几十万字的小说也可以很成功地编排成舞剧，而且可圈可点之处不少。舞剧序曲中，100多个穿灯笼裤、拢着袖子的男女群舞的场景，意象化地表现出当年关中地区人们的生活状态，那种深沉、悲凉令人感到震撼。《白鹿原》在舞蹈这种肢体语言艺术的演绎下，充分表达出一种艺术创作的自由。他祝贺舞剧《白鹿原》的演出成功，并期待该剧在不断打磨中日臻完美。

编剧和谷说，舞剧《白鹿原》从筹划到排演前前后后用了三年时间，凝聚着很多陕西人的心血。原著作者陈忠实、编导夏广兴、舞剧作曲张大龙和许多剧务人员都是陕西人，大家做这个剧就是出于对小说《白鹿原》发自内心的喜爱和家乡情结，目的在于弘扬陕西文化。为了写好剧本，他把小说从头到尾看了四五遍，才决定选取小娥和黑娃、白孝文的感情故事做线索，来浓缩《白鹿原》这部巨著。和谷说："该剧的成功上演令很多陕西人梦想成真。"

中国音协副主席、陕西省文联主席赵季平说，把小说《白鹿原》改编成舞剧是个相当难的题目，作曲又是一南（杨青）一北（张大龙）两人合创，不能不说该舞剧是次伟大的实践。

6 月 23 日　白鹿书院邀请河南大学教授、《百家讲坛》主讲人王立群到白鹿论坛讲演，题目为《〈史记〉之汉武帝》。讲演前，会见王立群并发表讲话。

本月　《〈白鹿原〉创作散谈》刊《扬子江评论》第 3 期。

7 月 19 日　首都师范大学在西安人民剧院首场演出大型舞剧《白鹿原》，场上坐满了观众。副省长潘连生、省委宣传部副部长刘斌等出席。

7 月 20 日　法国波尔多第三大学副教授邵宝庆来西安，谈在法国翻译出版《白鹿原》事。陪同邵宝庆到白鹿书院参观。

本月　《寻找属于自己的句子——〈白鹿原〉写作手记》（连载之一）刊《小说评论》第 4 期（7 月 20 日出刊）。

本月　《李十三推磨——三秦人物摹写之三》刊《人民文学》第 7 期。

8 月 4 日　上午，参加在沁水新城举办的白鹿书院院士书画展开幕式活动。

同日　中午，回家与家人聚会，小范围过 65 周岁生日（此日为农历六月二十二日）。

8 月 7 日　去临潼看望何西来，祭奠何母逝世三周年。

8 月 16—18 日　去上海，参加《关中风月》签名售书活动。

8 月 23 日　晚上，与汉中人大常委会主任郭加水见面，邀邢小利参加。陈讲，中宣部把获"五个一工程奖"的部分作品和获"茅盾文学奖"的部分作品，作为中宣部的推荐作品，《白鹿原》列入其中。陈讲，看这个能不能对电视剧《白鹿原》的审批有所帮助，电视剧《白鹿原》一直在那里“搁拧着”。

8 月 27 日 《白鹿原》法文翻译邵宝庆致信邢小利：

邢老师，您好！

我们离开西安以后，到江浙一带旅游了半个多月，然后又在北京待了十几天，前两天刚回到法国，生活工作开始逐渐走入正轨。

我们在西安的几天，您和陈老师，以及其他几位老师，对我们的关心和照顾真是无微不至。我这里再次向您表示感谢，并请您向陈老师和其他几位老师转达我们的谢忱。

这两天我和色依出版社主管《白鹿原》的萨斯图涅女士又取得了联系，她说已经收到了陈老师签字的合同。并让我向陈老师表示感谢。

另外，她告诉我为了向陈老师支付稿酬订金，需要陈老师提供一份在中国的完税证明，主要是证明陈老师是中国居民，且 2007 年是在中国纳的税。据她说，如果没有这份证明，陈老师就要向法国支付 30% 的税。所以麻烦您向陈老师解释一下。至于证明的语言，最好是经过公证的英译本。

此外，关于《白鹿原》，碰到了几个难题，向您请教一下（页数依照人文 1998 年版）。

1. p21：踏破白云万千重，仰天池上水溶溶。横空大气排山去，砥柱人间是此峰。

这首诗的第二、三句不太明白。

2. p41：他在盘龙镇从东头到西头挨家挨户喝过去从来还没有出过丑。

这句话里“出丑”应该怎么理解？

3. p56：“土壕”指什么？

谢谢！

邵宝庆

2007 年 8 月 27 日　波尔多

8 月 29 日 早上，省作协召开新领导班子任命会。省委组织部副部长张迈曾、宣传部副部长晏朝来宣布，雷涛为党组书记，李文泰为副书记，陈忠实、贾平凹、李国平为新党组成员。陈表态发言：“这是一个很好的领导班子，老中青结合；迈曾部长发言很有水平，对陕西文学的概括很准确、很专业；自己过去不捣乱，现在和以后继续不捣乱，保持领导班子的团结和和谐。”李文泰做过丹凤县委书记，商洛市委常委、宣传部长，表态要好好学习。贾平凹表态，21 岁就来作协大院，对这里很熟悉。大量容人，小心做人。李国平表态，低调，“打好自己这一份工”。

本月 《关中风月》（中短篇小说集）由东方出版中心出版。《我的关中我的原》（散文随笔集）由学林出版社出版。

9 月 3 日 有熟人找邢小利，说一朋友写了一部长篇小说，想请陈忠实为其写一个序，两万元润笔，要邢给陈说。中午陈来西郊丰庆小区，邢见陈说了熟人所托。陈说，“十万也不写，谁的长篇都不写，只给陈泽顺写过，因为是老朋友，推辞不过”。又说，“因为长篇要经受社会和历史多方面的检验，我的一个序放在前面，不合适”。要邢给熟人和作者解释。

9 月 4 日 陕西省作家协会召开会议，通知于本月 16 日召开陕西省作家协会第五次会员代表大会（换届会）。

9 月 8 日 陕西省柳青文学研究会成立，被聘为名誉会长。

9 月 12 日 下午电话约邢小利晚上在和平门里的名典咖啡喝茶。晚上见邢，喝茶，说，“我这两天感觉人家可能让我下”，“我感觉上面的意思是那样。至今没有人找我谈话”。

9 月 16 日 在西安饭庄参加孙子满月亲友聚会。

9 月 17—18 日 陕西省作家协会第五次会员代表大会在西安召开，被聘为陕西省作家协会主席团名誉主席。本次大会选举产生了新一届省作家协会理事会和主席团成员。贾平凹当选为省作家协会第五届主席团主席。常务副主席：雷涛；副主席：王蓬、叶广芩、白阿莹、冯积岐、朱鸿、莫伸、李国平、李康美、冷梦、红柯、张虹、高建群、阎安；秘书长：王芳闻。王愚等 15 人被聘请为陕西省作家协会主席团顾问。

9 月 20 日 《日子》（短篇小说）获首届蒲松龄短篇小说奖（蒲松龄短篇小说奖组委会）。9 时 40 分乘飞机由西安抵达济南机场，然后赶往淄川，参加在蒲松龄故里山东省淄博市举行的颁奖盛典。

2004 年设立的蒲松龄短篇小说奖，每两年评选一次。首届组委会面向全国及海外征集短篇小说343篇，卢金地的《斗地主》、林斤澜的《去不回门》、陈忠实的《日子》、晓苏的《侯己的汇款单》、莫言的《月光斩》、叶弥的《天鹅绒》、苏童的《人民的鱼》、贾平凹的《饺子馆》获奖。中国作协党组成员、副主席陈建功等为获奖作者颁奖。本次活动由文艺报社、山东省作家协会、淄博市人民政府主办。

陈忠实发表的获奖感言：

望外的欣慰和感动

真是一种喜出望外的感觉。《文艺报》一位尚未谋面的编辑发来一则手机短信，告知我的《日子》获得首届“蒲松龄短篇小说奖”。其时我正在集中阅读柏杨先生即将出版的短篇小说集，沉浸在上世纪五六十年代台湾底层社会各种职业劳动者痛苦不堪的挣扎吁叹的氛围里，获得这个喜讯，竟然有一阵儿转换不过情绪来。许久，不由得“噢呀”一声自吟。

我确实很感动。最直接的第一心理反应是，这个短篇小说写作和发表至今整整七年了，在当今潮水一般一波迭过一波的文学节奏里，不足七千字的《日子》，能够不被淹没沉底，还能被推举到首届“蒲松龄短篇小说奖”评委们的案头（我至今尚不知推荐者是哪家团体或某个人），还能入得各个评委的法眼（同样至今不知一位评委的名字），作为作者是意料不及的欣悦和颇深的感动了。这来自我对创作的自始至终的坚持，无论篇幅或大或小的小说，抑或散文随笔，写作完成后的唯一心理企盼，是能得到读者的认可和呼应，认可的范围越大、呼应的声音越响，我的生命的意义就获得最踏实的自信了，完全不在乎吃什么好穿什么不好血脂高了低了或肥了瘦了的事项了。我很尊重“我的作品是写给自己看的”的话，包括记不得谁说的“我的小说是写给几十年一百年后的读者看的”。作家的写作心态和对创作的理解，各有不同，也不可能相同，这是常识。我却是写给读者看的（自我欣赏那是无需再说的事），而且是首先写给同时代的读者看。

这种写作心态，还是出于我对创作的理解，我对过去生活的不断回嚼，也对正在行进着的生活不断发生的新的感受，达到某种自以为是独自独有的体验的时候，就生发出一种创作和表述的欲望。而当一个或大或小的新作完成，我总是改变不了那种忐忑不安的心情，担心我的这种体验和对体验的表述形式，能否得到读者的呼应和认同？在我看来，读者对作品的冷漠，无非是这作品对生活开掘的深度尚不及读者的眼里功夫，或者是流于褊狭，自然还有艺术表述的新鲜感等等。当下乡村生活题材的各种艺术品不计其数，一个短篇小说《日子》能否引发读者的阅读兴趣，确凿是我刚刚写成时的心理疑虑。我在《日子》里所表述的那一点对乡村生活的感受和体验，在《人民文学》和《陕西日报》先后发表后，得到了颇为热烈的反响，尤其是《陕西日报》这种更易于接触各个社会层面读者的媒体。我看了《陕西日报》关于这篇小说的读者来信，回到原下的屋院，对着月亮痛快淋漓地喝了一通啤酒。

七年后的今天，在我的短篇小说里算是少数几篇篇幅最小的《日子》，能被首届“蒲松龄短篇小说奖”相中，又是另一番心理感动和鼓舞了，也激起我尤为喜欢的短篇小说的写作兴致和信心。

本月 《寻找属于自己的句子（连载二）——〈白鹿原〉写作手记》刊《小说评论》第5期（9月20日出刊）。

10月1日 邵宝庆致信邢小利：

邢老师，您好！

对不起又打搅您。

首先请您帮忙提醒一下陈老师的要办的在中国纳税的证明，看看是不是办好了。好了可以给我寄过来。

我的通信地址是：(略)

另外有一个问题要请教：93年版90页有这样一段话：“我只领受三条，一为剪辫子，一为放足，一为禁烟，我仍矢守白鹿书院，月里四十不曾下山，”这里面“月里四十”是什么意思？

谢谢。

祝好

邵宝庆

10月9日 邢小利致信邵宝庆。

邵宝庆先生：

好！

关于纳税证明事，陈老师正在办，办好即给你寄去。

所询“我仍矢守白鹿书院，月里四十不曾下山”中“月里四十”一语的意思，解释如下：“月里四十”为关中农民口语，“月里”即一个月里，“四十”即四十天，意为“一个月到四十天”或者是“一个月甚至四十天”，都“不曾下山”。

翻译总的还顺利吧？孩子们都好吧？

多联系。

邢小利

10 月 10 日 获首届陕西文艺大奖“艺术成就奖”（中共陕西省委办公厅、陕西省人民政府办公厅）。

同日，邢小利与邵宝庆电子邮件通信：

邵宝庆先生：好！关于陈老师完税证明，陈老师让我为他办理，这边税务部门已经说好，他们给办。但我们不知道这个证明应该怎样写。你能否根据你们那里的要求，给我们拟一个证明样本，包括英译，发过来，我去办。谢谢。

邢小利

邢老师，您好！

我问过出版社有什么格式，他们说没有什么特殊要求。我看最简单的就是写这样两句话就可以了：

兹证明陈忠实是中国居民，2007 年度在本税务机关缴纳全部税项。中华人民共和国陕西省税务局

我的英文不好，就直接让他们做成法语好了。就是这个样子：（法文略）

祝好。

邵宝庆

10 月 11 日 参加首届陕西文艺大奖举行颁奖晚会。该奖由中共陕西省委、陕西省人民政府设立，中共陕西省委宣传部组织实施。贾平凹的长篇小说《秦腔》、红柯的长篇小说《西去的骑手》获奖，分别获得 5 万元人民币奖金。陈忠实、贾平凹、肖云儒、刘文西、赵季平、吴天明、张克瑶七人获首届陕西文艺大奖艺术成就奖。

本月 《村子，乡村的浓缩和解构——读冯积岐长篇小说〈村子〉》刊《黄河文学》第 10 期。

本月 《再读阿莹》刊《延安文学》（双月刊）第 5 期。

11 月 5 日 陕西省作家协会党组研究决定：陈忠实、贾平凹为陕西文学院名誉院长，王观胜任陕西文学院院长，王维亚任陕西文学院副院长。

11月11日 在京领奖，短篇小说《李十三推磨》获2007年度人民文学奖短篇小说奖。评委会认为，该作沉郁、慷慨，简劲传神地刻画了中国民间人物的风骨与正义。

11月22日 晚上，马玉琛请李建军吃饭，受邀参加。

11月28日 舞剧《白鹿原》在北京大学百年讲堂演出。

本月 《寻找属于自己的句子（连载三）——〈白鹿原〉写作手记》刊《小说评论》第6期（11月20日出刊）。

12月7日 评论柏杨短篇小说的文章《阅读柏杨》刊《陕西日报》。

同日 评罗国士绘画艺术的文章《出神入化的艺境》刊《陕西日报》。

同日 评秦腔演员任小蕾戏剧艺术的文章《多姿多彩的绽放》刊《陕西日报》。

12月18日 陕西省作家协会召开新闻发布会，宣布采用全新管理模式的陕西文学院正式成立。来自全省各地的14位作家在协议书上签下自己的名字，成为陕西文学院首批签约作家。陕西文学院由陈忠实、贾平凹任名誉院长，王观胜任院长，王维亚任副院长。首批签约的14位作家中年龄最大的56岁，最年轻的29岁。这14位作家是：吴克敬、冷梦、贺绪林、弓保安、杨莹、杜文娟、鹤坪、唐卡、范怀智、李春平、寇挥、王晓云、庞文梓、周瑄璞。他们已向陕西文学院提交了自己的长篇小说创作选题。在为期三年的聘期内，他们不但要完成自己的创作选题，每年还要在全国核心文学期刊上发表一篇文学作品（主要是中短篇小说及长篇小说，下同），在省级文学期刊上发表两篇文学作品，在选刊上或丛书中转载一篇文学作品。如果在聘期内没有完成创作选题或规定发表篇数，则有可能被解聘。

12月23日 在甘肃天水参观伏羲庙。

12月25日 参加在西安财经学院召开的马玉琛长篇小说《金石记》研讨会。此次会议由陕西省作家协会、西安财经学院、人民文学出版社联合召开。

12月26日 陕西省作家协会召开《韦昕文集》研讨会，发贺信祝贺。

2008 年　66 岁

1 月 2 日　新年，请杨立英、朱鸿、马治权、邢小利、仵埂、张志春晚上聚餐。

1 月 10 日　晚上会见由西宁来西安的刘醒龙、朱小如一行。红柯、李国平、周燕芬、李清霞等陪同。

本月　《乡土关中》（散文随笔集）由中国旅游出版社出版。《四妹子》（中篇小说集）由时代文艺出版社出版。《白鹿原》评点本由文化艺术出版社出版，雷达评点。“中国当代著名作家自选集系列”《陈忠实自选集》由海南出版社出版。

本月　《寻找属于自己的句子（连载四）——〈白鹿原〉写作手记》刊《小说评论》第 1 期（1 月 20 日出刊）。

本月　散文《在原下感受关中》刊《红豆》第 1 期。

本月　评论薛保勤长诗《青春的备忘》的文章《蓄久的诗性释放，在备忘》刊《延河》第 1 期。

2 月 1 日　晚上请张大卫吃饭说事。

3 月　《吟诵关中——陈忠实最新作品集》由重庆出版集团、重庆出版社出版。

3 月 6 日　下午与邢小利在陕西经济广播电台直播“说话赢天下”节目。

3 月 21 日　晚上约见邢小利，闲谈，说了自己人生的三次重大失败：第一次，1962 年高考落榜；第二次，“文革”初期参加红卫兵组织，被选为学校红卫兵组织的政委，后被打倒被批；第三次，1976 年写短篇小说《无畏》，发《人民文学》当年第 3 期，因主题写反“走资派”，后被调查撤职。三次失败，都跌入人生低谷，死去活来。

3 月 26 日　出席在西安召开的纪念李若冰同志逝世三周年暨《李若冰纪念文集》首发式座谈会，座谈会由中共陕西省委宣传部、陕西省文学艺术界联合会、陕西省文化厅、陕西省作家协会联合举办。中共陕西省委宣传部副部长晏朝、陕西日报社社长杜耀峰、省文化厅厅长秦天行以及王愚、肖云儒、李星等 60 余人出席座谈会。陕西省文学艺术界联合会党组成员、副主席高建群主持会议。

3月29日 出席在西安召开的首届陕西女作家创作研讨会，研讨会由陕西省作家协会和西安工业大学联合主办。西安工业大学校长赛云秀，陕西作家协会副主席李国平、冷梦、张虹及评论家李星、畅广元、王仲生、段建军等出席了研讨会。

本月 评论陈希学纪实文学集《少年纪事》的文章《难得一种纯洁与鲜活——感动陈希学》刊《陕西广播电视大学学报》（双月刊）第2期。

本月 《阅读柏杨——〈柏杨短篇小说选〉读记》刊《当代文坛》第2期。

4月12日 早上参加在西安工业大学举行的方英文长篇小说《后花园》研讨会并发言。研讨会由西安工业大学、《小说评论》编辑部联合主办。

4月25日 乘火车去北京，随行有邢小利。

4月27日 上午，应邀在中国现代文学馆参加“在文学馆听讲座”活动，讲《我与〈白鹿原〉》，傅光明主持。下午，中国现代文学馆、北京出版社出版集团、北京十月文艺出版社在中国现代文学馆联合召开《白鹿原》创作20周年暨荣获第4届茅盾文学奖10周年纪念座谈会。北京出版社出版集团、北京十月文艺出版社同时推出精装4卷《陈忠实集》。陈忠实和来自北京、西安等地的知名评论家以及《白鹿原》的忠实读者齐聚一堂，谈作品，叙友情，气氛融洽而热烈。中国作协党组书记、副主席金炳华向座谈会发来了贺信，对会议的召开表示了衷心的祝贺。金炳华在贺信中高度评价了陈忠实的长篇小说代表作《白鹿原》。他说，《白鹿原》自创作到出版历经10年，小说以家族的兴衰反映民族与时代的风云变迁，艺术风格悲怆雄沉、开阔大气，以厚重的历史感、丰富的文化意蕴和复杂的人物形象，在同类作品中脱颖而出，成为当代文学杰作之一，受到读者和评论界的高度赞誉。自出版以来，已被改编成秦腔、连环画、话剧、舞剧等多种艺术形式，并为雕塑等艺术创作提供了蓝本，显示出卓越的艺术魅力和生命力，为社会主义文化的繁荣发展做出了重要贡献。与会的评论家中有多位都曾对《白鹿原》进行过深入的评论，可以说是这部作品的“知己老友”。他们认为，这20年来，中国文坛风云际会，在创作风格和观念上都有许多变化，但是最根本的东西没有变，那就是最有价值的创作一定是最真诚的写作。正是作家们的呕心沥血，使他们的作品获得了蓬勃的生命力，赢得了读者的信任和喜爱。陈忠实正是其中的佼佼者和优秀的表率。“一部作品经历20年，读者对它的热情不但没减，反而越来越受到欢迎，这正说明了这是一部经得起时间考验的有生命力的好作品。”雷达的一席话得到了与会者的响应。大家在发言中纷纷表达了自己对这部作品20年经久不衰的敬佩和喜爱之情。出席座谈会的评论家有范咏戈、何西来、阎纲、何启治、周明、张陵、胡平、李荣胜、白烨、彭学明、李建军、王干、邢小利等。

5月4日 《陷入的阅读及其它——〈骞国政文集〉阅读笔记》刊《陕西日报》，又刊《延河》第7期。

5月8日 人民文学出版社编辑刘稚电话说，中宣部、中国出版集团要联合出一部关于改革开放30年纪念的书，全国选了15位作家，每人搞一个访谈，最后出书。刘稚约邢小利采访陈忠实，陈建议邢先写问题，他答，这样准确。

5月10日 早上参加在西安工业大学举行的首届全国当代文学批评期刊建设与当代文学走向学术研讨会，研讨会由《小说评论》和西安工业大学人文学院联合举办。《文学评论》《文艺研究》《文艺争鸣》《当代作家评论》《文艺报》《文学报》《南方文坛》等18家文学评论期刊和报纸的负责人彭学明、孟繁华、栾梅健、施战军等和陕西作家协会的领导及评论家雷涛、李星、畅广元、李国平等40余人参加了研讨会。

5月11日 关于陈时宝将军《心语》读记的文章《钢枪马蹄溅落的诗句》刊《解放军报》。

5月13日 李陀来西安，早上由白鹿书院邢小利陪同参观西安博物院，下午在白鹿书院“白鹿论坛”讲《现代汉语与写作》。晚上，陈忠实在西安东门外老孙家羊肉泡馍宴请李陀，在座的有邢小利、朱鸿、仵埂等。李陀谈了几点：一、他在国外二十年，国外不如我们想象的那么好。美国生活不见得有国内这么好。中产阶级生活也很难。二、不能以西方为中心，要建立我们自己的价值评判体系。三、甘阳、刘小枫那些东西是一些意见，不是学术。汪晖半学术。建议搞小评论，不要那些大而空的东西，要谈一个作品的修辞、人物是如何转变的等。四、要重视语言。顾城曾说，中国的语言像人民币一样，很脏，要创造新鲜的东西。

5月17日 参加在陈忠实文学馆举办的“白鹿雅集”活动。

5月18日 早上参加西安思源学院成立十周年校庆。

5月25日 下午4时21分，四川青川发生6.4级余震，西安震感强烈。陈忠实把邢小利的提问答完，题为《三十年，感知与体验》，打电话让邢小利来取。陈先在省作协办公楼下避震，后来随邢上楼进办公室，说他震前正在看5月23日《今晚报》王成纲一篇关于文怀沙诗作的作者到底是谁的文章，文章说，“平生只有双行泪，半为苍生半美人”这首诗，原是清末民初一位叫王世鼐的诗人写的，后一直误为文作。王世鼐原作《笛怨辞》：“笛怨箫清听未真，江湖旧雨散成尘。平生只有双行泪，半为苍生半美人。”陈说他也喜欢这首诗，用毛笔抄了两张，送一张给邢。

5月26日 打电话给邢小利，征询对他的答问的意见。强调说，他对“集体化道路”的表白是真实的，而且在他看来，在国内作家中，大约还没有人像他这样，敢于真实地说自己当年是非常相信集体化的。

本月 《寻找属于自己的句子（连载五）——〈白鹿原〉写作手记》刊《小说评论》第3期（5月20日出刊）。

本月 《白鹿原》（“陈忠实集”之长篇小说卷，精装本）由北京出版社出版集团、北京十月文艺出版社出版。

6月8日 端午节，中央电视台体育部来两位记者给陈忠实做奥运会火炬手前期节目。

6月13日 陕西作协开全体人员会，有领导讲“作家协会”就是“要梅花三弄：弄人，弄事，弄钱”。

6月16日 应西安电子科技大学长安分校董事长张耀琪之请，在小寨国华酒店吃饭说话。董颖夫联络，邀邢小利同席，邢与仵埂、方光华等从蓝田游归，一同赴席聊天。

本月 散文《那边的世界静悄悄》刊《中学生阅读（高中版）》第6期。

本月 《柳青的警示》刊白鹿书院院刊《秦岭》夏之卷。

6月29日 晚上与来西安的王蒙见面。

6月30日 晚上，在荞麦园请《文艺报》记者任晶晶、评论家李建军。同席的有和谷、邢小利、仵埂、朱鸿、马玉琛。

饭后，和谷和陈忠实先走，余去仵埂家，聊至凌晨一点半。

讨论的问题有：

关于阎真的长篇小说《因为女人》。仵埂观点：这部作品浅和狭隘，只写了一类女人的困境，但无视男人也存在困境。而且缺乏宗教感。邢小利不同意仵的意见，说：一个作家在一部作品里，只能表现他要表现的主题和内容，不可能也没有必要十全十美，既写了这个又写那个。《因为女人》就是写一个有性格缺点（这才是真实的人）的女性，有知识，有追求，但没有那种宏大的理想和追求，她在我们这个时代遇到的爱情与婚姻的种种困难、困惑和困境。作者是从理解女性角度去写的，真实、深刻，单刀直入，击中要害就行了。作者恰恰没有从男权和男性角度去写女人，而是力图站在一个女性的视角去感受生活和看待问题。李建军认为：批评要用多个参照系去评断一部作品，小利是从一个作品自足的角度评价作品。邢说：用多个参照系去评断一部作品这种方法是对的，但不能要求一部作品特别是像《因为女人》这样的作品，既写女人的困境，也写男人的困境，它就是从女人的角度去写，才让读者有一种深刻的艺术感受——一个女人在这个时代所陷入的深刻的困境，让人思考，如果也写了男人的困境，——我认为那是另外一部作品所要表达的内容，那读者对女人也理解也同情，对男人也理解也同情，全面了，博大了，但这样写的结果，是主题互相消解，没有是非，不知所云。

关于陈忠实。

语言问题。朱鸿认为，陈的语言包括《白鹿原》的语言，都有些问题。文言文历时数千年，“五四”以后的白话文只有不到百年，而且很多作家受翻译语言影响，长句子，修饰语多，不合汉语的特点，读起来感觉不好。李建军说，有许多翻译语言也很好，很美。邢小利说，一个作家可以有一种自己的语言追求，并且认为这就是最好的，比如你朱鸿就喜欢用短句子。但我们面对整个文学的时候，不能说只有一种语言方式——比如说文言文或是短句子是最好的，而另外一种语言方式——比如说白话文或是长句子是不好的。关键要看具体作品的具体使用。我们只能面对一个个具体作品进行评判，在特定作品中，能根据表达内容而随物赋形的语言并且运用恰当的就是最好的。语言形式只有相对而言的好，没有绝对意义上的好。这样，才有艺术的百花齐放。

陈忠实《白鹿原》之后的写作。邢小利说，我最近认真地读了陈忠实新出的小说散文随笔集《吟诵关中》，重庆出版社出的，这是老陈近几年作品的编年集。问题有：错别字有些多，一些语言或用词不准，或不合语法规范，或逻辑不通，因此导致语义不明和含混的地方较多，这样就很难说什么艺术性；知识面还是有些窄，不少作品也看不出有什么高明的思想性；客观地说，总体上比较差。李建军认为，他在论陈忠实那部专著里，已经把陈忠实存在的问题都点出来了，但老陈对有些问题至今没有改。《白鹿原》以后的作品总体上确实有些差，有的作品让人不忍心看。

总体评价。邢小利说，我们要实事求是地看待陈忠实，不能有意神化，也不能故意贬低，要尽量客观地评价。我认为，陈忠实在创作上的长处，或者说是成功的两个关键点，一是有深厚的生活，即对生活的观察和掌握，同时又能耐下心认真地写；二是生活经验，这里也包括人生经验和体会。陈忠实经常讲作家要有思想性，而作家的思想性与思想家的思想——成一定体系的哲学性思考是不同的，有人说老陈是思想家，这个问题可以探讨。比如对于他所熟悉的农村、农民、农业来说，他实际更多的是从生活的经验的角度看问题。对一个思想家来说，思想这个东西，一是要深，要有穿透力；二是要高，要能俯瞰全景，把握全局；三是要有预见性或前瞻性，能够指引未来，还要成一定的体系，对世界、对人生，对时代、对历史，都有成一定体系的独到的理解、认识和阐发，才可能说是有思想或思想家。一点感悟，一些生活经验，甚至一些听起来也不乏精警的看法，只能说是思想的火花，很难说就是什么思想，更不敢说就是什么思想家。作家要用作家的标准去衡量和评论，乱戴高帽子有时反而不好。换个话题，老陈当年曾说，如果没有一部可以做枕头的作品，五十岁以后的日子没法活。现在看来，对一个大作家来说，从人们对大作家的要求来看，即使有了一部可以做枕头的作品，如果后来写的，一篇一篇都比较平庸，有的甚至还很差，那也有些不大好受。

7月4日 作为北京奥运会火炬手在西安进行火炬接力。

本月 《寻找属于自己的句子（连载六）——〈白鹿原〉写作手记》刊《小说评论》第4期（7月20日出刊）。

本月 《第一刀》（“陈忠实集”之短篇小说卷，精装本）由北京出版社出版集团、北京十月文艺出版社出版。

8月3日 作家京夫因病于下午去世，当日到医院送别。

8月5日 参加京夫追悼会。接受采访时说：我们几乎是同时走上陕西文坛的，从短篇写到中篇再写到长篇，不断完成着思想的深化和艺术的完美。京夫的谢世，是（陕西文坛的）巨大损失，我表示深沉的悲哀。晓雷撰联挽曰：商州道中一根手杖行天下，长安城内八里情仇憾人间。

京夫原名郭景富，陕西商州人，1942年生，中国作家协会会员，陕西省作家协会专业作家，文学创作一级。京夫从20世纪60年代开始写作，著有中短篇小说集《深深的脚印》《京夫小说精选》《天书》；散文集《海贝》；长篇小说《新女》《文化层》《八里情仇》《红娘》《鹿鸣》；当代白话本《西游记》（改写）。获奖情况：短篇小说《手杖》获1980年全国优秀短篇小说奖；《娘》获1981年“当代文学奖”。

8月30日 参加在西安音乐学院召开的“紫香槐散文丛书”暨当前散文创作研讨会，主办单位是白鹿书院、西北大学现代学院、中国散文研究所。出席的有：陈忠实、刘家全、畅广元、王仲生、田刚、仵埂、阎庆生、刘炜评、段建军、孙见喜、朱鸿、陈长吟等。邢小利主持。

本月 《蓝袍先生》（“陈忠实集”之中篇小说卷，精装本）、《原下的日子》（“陈忠实集”之散文卷，精装本）由北京出版社出版集团、北京十月文艺出版社出版。

9月9日 在吉林省长春市参加中国作家协会第七届主席团第六次会议。会议内容：学习贯彻党的十七大精神和全国宣传部长座谈会精神，以邓小平理论和“三个代表”重要思想为指导，深入贯彻落实科学发展观，分析文学界面临的形势和任务，回顾总结中国作协2008年前八个月的工作，研究部署文学界深入学习贯彻科学发展观和纪念改革开放30周年活动等工作，进一步动员全国文学界为推动社会主义文学大发展大繁荣而共同努力。

同日，晚饭后，由《长春日报》一编辑陪同，同赵本夫、黄济人和刘兆林等到东北风二人转剧场观看演出。《长春日报》编辑回忆，陈在看二人转的过程中，笑得前仰后合，完全沉浸在演出中。观后说，二人转非常富有东北民间特色，同陕西的秦腔一样，都是我们民族的文化瑰宝。

会后几天，与会作家到长春第一汽车制造厂、长春市雕塑公园、长影世纪城等地采风。

9 月 30 日 下午在省作协办公室，与邢小利聊天一小时左右。说到《小说评论》第 5 期发表的《寻找属于自己的句子》谈“剥离”的这一章，陈说，这个“剥离”对他很重要。王汶石的小说功力、技巧相当好，《风雪之夜》写人物、写农村一直令他佩服，但“文革”后坚持不写小说，就写一些随笔、序跋，因为他没有这个剥离；李准当年写的《不能走那条路》，影响很大，发表的第二年就收入中学课本，按理说他后来再应该写一个《应该走那条路》，也没有写，说明要在思想上转变，对一个作家来说，特别艰难，特别痛苦。农村干部也很简单，党叫干啥就干啥，不能有任何不乐意，本来就是党的驯服工具，你有自己的思想，就别想端这碗饭了。但咱是一个作家，思想上要想明白。陈说，他这一代转变比较容易，包括贵州作家何士光。他没有那些成名作的压力，转变了就转变了。邢小利问陈，后来写文章为什么没有用何士光这个例子。陈写文章的时候曾问邢小利，何士光写《乡场上》是什么时间，邢答是 1981 年发表，1982 年就得奖。陈说他犹豫了半天，还是没有写何士光这个例子。陈说，关于农村，土地是私有还是公有，人的思想转变有一个艰难的过程。当年他只是着眼于解决了粮食问题，认为好，现在农村的旧问题依然还很多，而许多新问题又出现了，如民工、城市化、教育，等等。邢向陈介绍了天益网史啸虎关于土地应该私有的文章，陈若有所思。

本月 《寻找属于自己的句子（连载七）——〈白鹿原〉写作手记》刊《小说评论》第 5 期（9 月 20 日出刊）。

本月 《陈忠实散文精选集》由新世界出版社出版。

本月 《生命里的书缘》刊《海燕》杂志第 9 期。

本月 观舞剧《长恨歌》有感文章《青山碧水复原历史悲剧》刊《延河》第 9 期。

10 月 16 日 与邢小利乘越野车经陕北去中国矿业大学银川学院。

10 月 17 日 早上参加西部民办教育论坛，下午在宁夏大学做报告，晚上乘火车回西安。

在宁夏大学对学生的讲演中谈道，政治是创作中不容回避的话题。

他讲道，他在创作《白鹿原》的时候反复考虑过政治这个问题。他强调，这个问题是他们那一代作家谁都不能回避的话题。过去在极左时期，文艺为政治服务，使文艺沦为政治的标语口号；到了新时期，文学与政治的问题成为当时文坛上一个重要的争论问题。他讲，在极左时期，政治往往是某一个时期带有政策性的明确口号，然后让作家根据这些政治口号和观点去创作，这种极左的政治对文艺造成的危害，不仅让普通人更让文学界有逆反心理。冷静地审视之后，他又发现，一部文学作品如果没有思想，没有深刻的政治，仅有风花雪月是不够的。他讲，要把真正的政治和极左的政治区分开，不能用给人造成极大伤害的极左政治来概括所有政治，同时排斥所有政治，不能因噎废食。作家感受生活，完成生活体验的一个很重要的因素就是思想，作家的思想也可以看作是作家的政治，政治是对人的关怀，是人道主义。作家在感受生活、感受生命的时候，决定感受深度和质量的往往就是作家的思想。就像对矿石的冶炼和提取，提炼的纯度决定于冶炼的手段，作家的思想就像冶炼手段，同样的矿石，冶炼手段粗糙只能炼出粗钢来，冶炼手段强就类似作家思想独特而有深度，就能炼出好钢来。在上个世纪五六十年代，写农业合作化的作家很多，甚至有很多作家的水平在柳青之上，但是在写农业合作化的作品中，评价最好的是柳青的《创业史》。除了语言、艺术上的差异之外，他认为差异最大的就是思想的差异，柳青的思想深刻，他深刻地体验了上个世纪50年代中国农民的命运，而别人的体验没有他深，艺术表现就达不到柳青那种深刻的程度。基于这样的认识，他认为，作家应该强化思想，只有形成自己独立的思想，才能在自己面对生活——无论是现实生活还是历史生活时，产生独特的理解和体验。而这种独特的理解和体验，如果再得到一种较为完美的艺术表述，作品就有了形成作家独立个性的基础。任何一个作家、任何一部作品的存留，决定于它独立的个性，而个性首先取决于思想的深度。

10月25日 《华商报》发表王锋等采写的消息，说贾平凹《秦腔》获本届茅盾文学奖，“夺魁”。早上看到消息，即打电话给贾平凹，表示祝贺，说贾为此努力了几年，现在终于圆了梦。

10月28日 《华商报》在有关贾平凹《秦腔》获茅盾文学奖名家采访稿中发了陈忠实的访谈，陈说贾得奖是贾不断探索的结果，是“水到渠成”。

10 月 29 日 短篇小说《李十三推磨》荣获《小说选刊》首届小说双年奖。颁奖典礼在辽宁省铁岭市隆重举行，陈忠实前往领奖。

11 月 4 日 晚上到西安国力仁和赴作家王蓬的文友聚会。

11 月 18 日 参加由西安半坡博物馆主办的“寻访‘半坡人’的邻居”文化活动，为期两天。参加这个活动的有考古学家石兴邦，文学评论家王仲生、邢小利等。先后寻访高陵杨官寨遗址、宝鸡北首岭遗址、蓝田猿人遗址、渭南史家寨遗址。

11 月 23 日 陕西省人民政府副省长郑小明、副秘书长孟建国到陕西省作家协会视察工作并看望了作家陈忠实和贾平凹。陕西省作家协会党组书记、常务副主席雷涛，副书记李文泰等陪同。

11 月 27 日 早上，与陕西省作协其他领导一起陪同中共陕西省委宣传部部长胡悦到陕西省作协视察。

11 月 29 日 晚上打电话给邢小利，说深圳评了一个 30 年来的 30 本书，包括文学方面的，其中有他的《白鹿原》。还有金庸和巴金的作品，大众和精英都考虑到的。主办方请他去参加颁奖会，他犹豫去不去，因为近年来医生嘱咐他不能坐飞机，坐火车需要几天。邢说估计得两天一夜（后查西安到广州需要两夜一天）。因为他近来一直投入精力为《小说评论》写连载文章（《寻找属于自己的句子》）。问邢的意见。邢说这个荣誉值得重视，它是南方办的，具有民间性和广泛的影响力。

11 月 30 日 早上，打电话给邢小利，说他和杨争光通了电话，争光说这个奖是民间奖，不受官方和有关方面左右，不是说谁应该得奖了就把奖给谁，比有些官方的奖含金量还高。评委有谢冕等。他已经决定去。

本月 《秦风》（“大雅中国风系列”，雒志俭等绘图）由华东师范大学出版社出版。《陈忠实小说》评点本由文化艺术出版社出版，何西来评点。

本月 《寻找属于自己的句子（连载八）——〈白鹿原〉写作手记》刊《小说评论》第 6 期（11 月 20 日出刊）。

12 月 5 日 参加由深圳读书月组委会、深圳报业集团主办的“影响中国人的 30 年 30 本书”文史类读物评选活动颁奖典礼。经过全国专家与读者的共同推选，《白鹿原》等 30 本影响中国人 30 年阅读生活的优秀文史书籍入选。“30 年 30 本书”文史类读物评选自 2008 年 9 月 10 日全面启动，经过一个月的公众自由推荐和出版社推荐、一个月的网络票选及手机短信投票，从 30 年来的文史类出版物中筛选出了 100 本候选书目，最终由来自中国内地、香港与台湾的读书界专家组成的评委进行终评，入选书目既考虑其“历史的重要性”也考量其“本身的价值”。

12 月 9 日 从深圳回来，打电话约邢小利坐坐。此前朱鸿和邢小利联系，说也请上邢的大学同学薛振虎，薛现在是西安市委组织部副部长，原任长安区委副书记，是学者型领导，一起聊聊。当天晚上，四人在西安雍村饭店吃饭聊天。散后，邢到陈办公室，请陈为邢在孔夫子网上买的陈旧版著作签名，陈随意说西安的媒体没见发关于他在深圳入选“30 年 30 本书”的消息。邢说可给《西安晚报》文化版负责人白重暄打个电话说一下，可能他们还不知道这个消息。晚上 10 时邢在回家路上给白打了电话，介绍了评选有关情况，白说他知道了。

12 月 10 日 早上，陈打电话给邢小利，说他在《西安晚报》看到消息。当日的《西安晚报》发表记者陈锋归纳有关报道写的消息如下：

“30 年 30 本书”评选揭晓

《白鹿原》上榜引关注

日前，第九届深圳读书月“30 年 30 本书”评选在深圳揭晓。经过全国专家与读者的共同推选，《白鹿原》《万历十五年》《第三帝国的兴亡》等 30 本影响中国人 30 年阅读生活的优秀文史书籍脱颖而出，成功入选“30 年 30 本书”榜单。

榜单上，既有米兰·昆德拉的《生命中不能承受之轻》、马尔克斯的《百年孤独》这样的外国文学名著，也不乏钱钟书《围城》、李泽厚《美的历程》、黄仁宇《万历十五年》等中国文史名著；既包括《金庸作品集》《傅雷家书》等家喻户晓、广泛传播的大众书籍，也有奥威尔《一九八四》、李锐《庐山会议实录》、吴思《潜规则：中国历史中的真实游戏》等曾经引发争议的著作。

榜单上的《白鹿原》格外引人注目，因为它是 30 本入选作品中唯一一部写于改革开放后的内地长篇小说。这是一部堪称传奇的小说，出版至今 15 年来，总印数达 150 多万册。从 1998 年获第四届茅盾文学奖以后，该书每年都以至少 3 万册的印数居文学排行榜前列。甚至一直到今年，仍然重印了 10 多万册，造就了当代严肃文学的一个奇迹。

颁奖典礼上，66 岁的陈忠实出现在读者面前，脸上深刻的皱纹犹如《白鹿原》中那深刻的历史年轮。人们用如潮的掌声表达着对他和他创造的那个厚重精神世界的崇敬。此外，主办方还特别邀请了著名书评人止庵和中华书局、商务印书馆、三联书店、广西师大出版社、上海译文出版社的代表出席了盛会。

12 月 17 日 作为特聘教授，到宝鸡文理学院中文系为学生举办讲座。报告会在宝鸡文理学院新校区音乐厅举行，该校陕西文学研究所所长冯肖华教授主持。报告会以答问形式举行。

12 月 19 日 参加《小说评论》接待晚宴，接待参加西北大学作家群现象活动的雷抒雁、于可训、牛宏宝、王山等人。

12 月 20 日 早上去西北大学长安新校区，参加西北大学文学院举办的“大学教育与西北大学作家群现象学术研讨会”开幕式。在多功能厅与学生对话时，讲道：“对我来说，没能考入西北大学读书真是不小的遗憾，但我也算是个西大的‘走读生’，因为第一个把我的作品推荐到北京的就是西大的教授，第一个撰写我个人评论的也是西大的教授。当年，我曾半夜起床，从灞桥乡下步行到市群艺馆听傅庚生先生讲唐诗，那情形还历历在目。可以说我受到了西大两代文学老师的辅导，这里的氛围很好。也许若干年后，在座的你们中，就会涌现雷抒雁、贾平凹和迟子建。”

12 月 25 日 早上去白鹿书院，与周延波、邢小利、曾文、王东红等谈书院工作。

本月 散文《龙湖游记》刊《人民文学》第 12 期。

本年 被西安石油大学续聘为驻校特聘教授、人文学院名誉院长。音乐家赵季平也被聘为该校特聘教授。

本年底 在陕西省作家协会月工资为 2900 元，由于是事业编制，津贴部分只发百分之四十，又由于这一部分由单位解决，单位没有钱发，只发百分之四十的百分之七十五，如此也没有保证，故陈每月到手工资加津贴不到 4000 元。与陈忠实同级别的参照公务员人员的工资是 5800 元，津贴是工资的二分之一强，这样每月可拿 9000 元左右人民币。

2009 年　67 岁

1 月 8 日　下午参加白鹿书院理事会。

1 月 11 日　晚上，太白文艺出版社社长李丽玮请吃饭商谈出书事宜。李说，省委宣传部把《创业史》《保卫延安》《平凡的世界》《白鹿原》《秦腔》版权都已办好，由太白文艺出版社出陕西礼品本。

本月　《陈忠实散文》评点本由文化艺术出版社出版，古耜评点。

本月　《寻找属于自己的句子（连载九）——〈白鹿原〉写作手记》刊《小说评论》第 1 期（1 月 20 日出刊）。

本月　言论《文学依然神圣》、散文《我的秦腔记忆》《我的文学生涯》和与邢小利的对话文章《三十年，感知与体验》以“陈忠实专辑 · 访谈”专栏形式刊《文学界（专辑版）》第 1 期。散文《我的秦腔记忆》又刊《散文》（海外版）本年第 3 期，《金秋》2010 年第 6 期，《法制资讯》2012 年第 1 期，《上海采风》2016 年第 7 期。

2 月 1 日　晚上应《女友》原编辑花清香之约，与众文友在雍村饭店聚餐说话。

2 月 21 日　上午参加省文艺评论家协会举办的首届陕西文艺评论奖颁奖会。

3 月　《寻找属于自己的句子（连载十）——〈白鹿原〉写作手记》刊《小说评论》第 2 期（3 月 20 日出刊）。

4 月 2 日　参加在西安常宁宫举行的首届柳青文学奖颁奖大会。陕西省作家协会党组书记、常务副主席雷涛，陕西省作家协会主席贾平凹，陕西省社会科学联合会党组书记、常务副主席周敏，陕西省工商联合会主席冯均平，西安市长安区、榆林市吴堡县等有关领导和文学界 200 多位嘉宾参加了颁奖会。获得首届柳青文学奖优秀长篇小说奖的是：红柯《天下无事》、方英文《落红》、孙见喜《山匪》、李春平《步步高》；获得优秀中篇小说奖的是：张虹《小芹的郎河》、吴克敬《五味什字》；获得优秀短篇小说奖的是：温亚军《硬雪》、李凤杰《拯救男生》、阎道勇《银子放光的故事》；获得文学新人奖的是：寇挥长篇小说《想象一个部落的湮灭》、王晓云中篇小说《海》。

4月13日 在白鹿书院陈忠实文学馆接待南京市人大常委会主任陈家宝一行参观并交流。

4月24日 下午参加白鹿书院与长庆油田分公司矿区服务事业部西仪综合服务处的文化交流活动，与企业员工互动交流，回答了大家有关文学方面的提问。

4月29日 上午参加青年书法家王红武在陈忠实文学馆举行的“小楷《白鹿原》长卷展”开幕式。王红武历时6年，用小楷将50万言的《白鹿原》抄为长卷，整件作品宽约0.6米，长约1000米，陈忠实为之写序称“整件作品没有一笔一画修改的痕迹，也不见补添遗漏的一字半句”。

本月 “世纪文学60家”《陈忠实精选集——轱辘子客》由北京燕山出版社出版。《白鹿原》（“共和国作家文库”）由作家出版社出版。《回首往事》（短篇小说集）、《默默此情》（散文集）由中国盲文出版社出版。

5月13日 上午到白鹿原参加灞桥区樱桃节开幕式。后在陈忠实文学馆接待台湾大学教师赖佩暄、陕西师范大学博士生刘宁参观并交流。

本月 《寻找属于自己的句子（连载十一）——〈白鹿原〉写作手记》刊《小说评论》第3期（5月20日出刊）。

本月 散文《我的秦腔记忆》刊《散文》（海外版）第3期。

6月17日 早上打电话给邢小利，说在今天的《西安晚报》看到邢写的《五十一岁感怀》，说能理解邢的心态，陪孩子、闲散一些是可以理解的，但邢现在正是成熟的时候，还要在事业上有进取心。

6月 短篇小说《李十三推磨》获《小说月报》2009年第13届百花奖。

7月 《寻找属于自己的句子（连载十二）——〈白鹿原〉写作手记》刊《小说评论》第4期（7月20日出刊）。

本月 散文《清茶伴我读美文》刊《现代审计与经济》第3期。

本月 散文《又见鹭鸶》刊《文苑（经典美文）》第7期。

本月 散文《一个人的声音——李星印象》刊《散文》（海外版）第4期。

8月4日 打电话给邢小利，说西安酒厂请他为其出产的酒题名，征求邢对此事的看法。邢说，酒与茶，与文人和文化都有关，可以写的。陈笑说，他怕人家一边喝酒一边骂他，连个这钱都挣，说他再考虑一下。

8 月 27 日 下午参加白鹿书院与西安碑林博物馆的文化联谊活动。联谊会在西安好世界大酒店二楼举行。西安碑林博物馆党委书记强跃，陕西白鹿书院常务副院长、《小说评论》杂志副主编邢小利，《当代陕西》副编审、副主任祁光来以及书法界、工商界 30 余人出席了联谊会。联谊会由原韩城市副市长邢建民主持。碑林博物馆党委书记强跃向白鹿书院赠送了碑林名拓《孔子画像》。陕西白鹿书院院长陈忠实向与会人员赠送了《白鹿原》。

本月 《寻找属于自己的句子——〈白鹿原〉创作手记》由上海文艺出版社出版发行。

9 月 9 日 晚上，在荞麦园会见万科集团杂志编辑记者吴应美并接受采访。

本月 《寻找属于自己的句子——〈白鹿原〉写作手记 · 后记（续完）》刊《小说评论》第 5 期（9 月 20 日出刊）。

10 月 25 日 上海文艺出版社副总编、《小说界》主编魏心宏来西安公干，晚上在荞麦园请其吃饭交流，有邢小利、仵埂、季风等参加。

魏心宏席间说：

官场看谁大，艺术界看谁高，教育界看谁对。（邢小利补充：商界看谁钱多。）

陈忠实早几年，晚几年，都写不出《白鹿原》。恰在那个时候写了，生命的巅峰时刻，把握住了。此后，体力、心力、精力都不支持了，就难以写出超越此作的作品。到英国，看到马尔克斯的自传《活着就是讲好故事》，觉得很好，眼前一亮。想到老陈，觉得老陈可以写一部自传，将是不同凡响的。其他人写，不一定有价值，老陈写，有价值。他这样的作家，只此一个。时代不可能倒退回去再创造这样一个作家。（邢小利补充：陈忠实只能是他所在的这个时代才能有，以前不会有，以后也不可能有。）

韩少功也是一个了不得的作家。他的《马桥词典》写语言，时代对语言的变更。这种意识在中国作家中是少有的。韩少功还会有大作品出来，他现在伏着。他是一头猛兽。

不是好的作品就能畅销，畅销的并不一定是好的作品。反常的现象很多。散文，怎么也轮不到余秋雨，但余秋雨最火；小说，怎么也轮不到海岩，海岩在文学上是要什么没什么，但海岩的小说卖得火；讲历史，也轮不到易中天，易中天是学中文的，但易中天火了。易中天的版费拿了2100万元。余华的《兄弟》销了110万册，拿了400万稿费。

现在的书，也像电影一样，卖的是档期，档期一过，也有人看，但过气了。

书的销售，首先是看作者的名气，名气排第一，第二是写什么，第三是怎么写，第四是出版社，第五是宣传，第六是出版社的营销手段。

我拿一本书，主要看有什么卖点：有无媒体关心的热点，有无政治上的热点。

张艺谋让新画面董事长张伟平在北京遍请电影评论家，开了一个张艺谋电影作品研讨会，这些评论家在会上大骂、大批张作，不拍电影的批评拍电影的。临走时，给每人一个大红包，里边装了一两万现金。这些批评家从此再不批评张艺谋了。

10月27日 魏心宏致信邢小利，谈及陈忠实说：

陈老师是我多年的朋友，也是我敬佩的中国作家之一。

陈老师在五十岁的年纪，在中国改革进入到关键时期的时刻，一举写出了旷世之作《白鹿原》，现在时过境迁，我们更能看清楚这件事情的意义，那就是，陈老师作为独具才华和魄力的作家，在那个时代转变的关键时刻，感受到了时代对文学的召唤，抓住了犹如白驹过隙般的闪烁机会，写下了这样一部可以留存下去的伟大杰作，将时代对历史对现实的思考相对固定在这个版本上，这是老陈的功劳，也是当代中国文学的功劳。

11月3日 早上，打电话给邢小利，讲北京的评论家雷达最近多次给他打电话，有时一天打几个，说北京有一家公司，要把《白鹿原》拍成电影和电视剧，请张艺谋做导演，张已答应。陈说《白鹿原》拍电影和电视剧这个事，电影西安电影制片厂弄了个半截子，据说剧本芦苇写好了，但又搁到那里了；电视剧赵安的公司（光中影视公司）一直要拍，以前把剧本都写好了，还讨论过，但几年下来，项目上边还没有批。后来他干脆给提这事的人说，我可以给人家写一个认可书，谁把准拍证拿下了谁拍，前后给几个人都这样说了。赵安前一阵子还找他，想继续弄这事，还让他给李长春写信。他说，他写信不好，李长春同意了万事皆好，万一不同意了，反而把路都堵死了，以后谁都弄不成了。现在雷达催得很紧，昨天晚上还急电，要他今天表态。他还说，张艺谋中早期的电影作品还好，后来形式主义的东西太多，特别是《满城尽带黄金甲》，没有内容。雷达说张艺谋已给这家公司答应做导演，以前由于为奥运会工作，没有时间，最近刚拍了一个电影（《三枪拍案惊奇》），有空档。陈忠实说他犹豫不决，问邢的意见。

此前几天，西北大学的张阿利打电话给邢小利，说北京一家公司要拍电影《白鹿原》，问相关情况。邢当时打电影给陈，陈说，国庆前芦苇急着要见他，说厂里（西安电影制片厂）决心再弄这事，陈说他当时有事，芦苇当时也只有当天有时间，就和芦苇说好国庆节后再说，但现在也没有音信。

陈说，他觉得赵安为这事前后费了好多力气，现在给别人觉得有所亏欠赵安。还有省财政厅一个小伙子，说有一家公司能弄成准拍证，他也写了认可书，但这都没有约束力，现在那个小伙子也是一点儿音信都没有，他想给小伙子打电话问问情况因未存电话也没有办法。

邢边听边思考，后来说：我觉得这是一个比较好的机会。张艺谋能导演，最好不过，对《白鹿原》的推广极为有利。因为，张目前还是中国最有影响力的导演，世界级的大导演。而且，张艺谋经过艺术追求和票房追求两个阶段以后，特别是后一时期所拍电影，有不少争议，张艺谋应该有所反思。何况，张还是一个有追求的导演，他应该知道《白鹿原》的价值和分量，也许在创作思路上有所调整。退一步说，一个经典作品，还可以由不同的导演进行不同的阐释，以后也还有机会再拍。再说，雷达是朋友，对作品又有精到的把握，由他做文学顾问，应该不会有太大的问题。所以，我觉得这是一个很好的时机，可以做这事。雷达提出要签合同，这是一般规律，没有合同，公司不好运作。

陈说那他就同意把《白鹿原》电影拍摄权给雷达说的公司。

下午，打电话给邢小利，说《西安晚报》记者让他给《西安晚报》题词，问“眼观六路”的下句，邢说是“耳听八方”，他说“六路”已经把“八方”概括了，就改成“耳听天地”吧。

11 月 9 日　雷达将拟拍《白鹿原》电影的美锦公司情况简介以电子邮件发邢小利，邢打印出来，下午送陈忠实。

11 月 23 日 晚上应邢小利之请，与高艳国等一起在荞麦园吃饭交流。高是山东德州一企业家兼文学作者。席间，高请陈为其所编《鲁北文学》题字，陈题：既随物以婉转，亦与心而徘徊。解说用的是刘勰《文心雕龙》中的话，认为前一句讲的是生活体验，后一句讲的是生命体验。

本月 与李遇春访谈录《关于〈白鹿原〉中的人物形象塑造问题——陈忠实访谈录》刊《语文教学与研究》第 31 期。

本月 散文《父亲的树》刊《人民文学》第 11 期。

12 月 2 日 晚上在朱雀门外的黄鹤楼酒店参加文友举行的欢迎《小小说选刊》主编杨晓敏聚会，有钟法权、黄建国、秦巴子、芦芙荭、刘立勤、陈毓、陈敏、邢小利等参加，陈、邢除外，其他作家都是写小小说或兼写小小说的作者。席间，陈忠实对陈毓说，你的小小说写得很不错了，可以写点儿长的。杨晓敏听了有些激动，谈小小说的价值，说文坛对小小说读的少，没有发言权。陈说他说的是文坛的现实，现实是大家都重视长的，要获得重视，就得写长的。黄、秦站在杨的立场说话。争论中，邢一直没有说话，后来说，你们各说各的，其实不矛盾，但论题不在一个焦点上，一个是说小小说的价值，这个谁都不能否认，一个是说现在的文坛，掌握话语权的和专家学者重视的是长一些的，觉得有分量。多元社会，多元价值，各有各的道理。

12 月 3 日 晚上，同邢小利在西安小寨的小花茶秀喝茶，谈一些事。

邢谈的事是：一、陈著《寻找属于自己的句子——〈白鹿原〉创作手记》要不要开一个研讨会。陈说，人多了成了打哄哄，谈不好，人少了，请谁不请谁得罪人，难弄，所以先不开。二、陕西人民出版社孔明约邢写陈的“评传”，孔明和出版社领导曾同陈谈了一次，陈不赞成，陈不赞成所有为他写传和写评传的事。陈认为传要真实，但现在谁都做不到真实，那么写出来的必然是片面的陈忠实。邢谈了三点，一是传和评传有区别，传属史的范畴，越翔实越丰富越好，评传还属于文学研究，是把作家的作品与作家生平、地域历史文化和社会时代背景结合起来的一种全观照层面上的研究。二是研究者可以根据现有已经正式发表的资料写评传，陈本人无法阻止。评传也好，传也好，自传也好，都可以写，可能会各有特色。这是正常的。三是出版社对这本书很重视。

邢本来也早有此计划，六七年前对就陈说过，一晃六七年过去了，有紧迫感。但这些仅供陈参考，不希望对陈造成压力，请他酌情考虑。陈说他考虑两天。

陈说的是：某人对某作家说，陈忠实对你某一部作品的评价过高，实际上是想通过高扬你来压某某某；又说，陈给你指的这条创作道路（邢注：指正面描写现实社会）是错误的、过时的、行不通的。陈说他为此很憋气，喝点儿酒，和邢聊聊，散散心，同时嘱邢不必言及他人。

12 月 12 日 拟定会议主题并参加白鹿书院举行的“新世纪第一个十年的文化状况与文学状况”研讨会。研讨会由邢小利主持。参加研讨会的还有周延波、邢小利、段建军、田刚、张志春、畅广元、朱鸿、杨明琪等，会议纪要于 2010 年 3 月 26 日以《新世纪第一个十年的文化与文学状况》为题刊《各界导报》。最后总结发言说：

下午听了各位的发言，各抒己见，很有启发。当初和小利商量好的设想，达到了目的。当初为什么要提这个题目？我意识到，新世纪的十年又过完了，应该有一个基本的认识。媒体对当代文学的言论，可谓百家争鸣，百花齐放。之所以用双百，是说明文化经历了健康发展的一个过程。像我这样经历的人，面对现在文学杂志表达的各种理论，在过去是不可想象的。有些东西不能写，但实际很多作品都写了，比如“文革”。能达到文学创作和言论的自由，应该说，是我所经历的最好阶段。尽管我们还有更广泛的要求。

即将开始新十年的时候，我们文化经历了什么，文学经历了什么，文化文学呈现什么状态，我很想听不同的观点。通过今天的交流，我也是受益者。文化取得的成绩，文学取得的成绩，各位谈到的现象、意义和感受，和我有很多相同的感受。把这十年，在我们心中留个底，就好看后来了。《白鹿原》不属于这十年。刚才有人提及时，我就想说。田刚总结的三句话：“神的文学，人的文学，兽的文学”，还真的概括了近几十年来文学的表象。你举例说，红色电影里枪毙英雄人物，拿枪毙人的人反倒被英雄人物吓得倒退，我看惯了，都麻木没有感觉，我接受神的文学已经习惯，从心理到生理的，的确，那个镜头不合理。包括段老师讲的大家都认可。没想到朱鸿是富于理性的人，原来认为写散文的人是感性的。他确实是在思考文化文学，思考社会。畅老师不用说，谈严峻的忧虑。张老师是民俗专家，角度新奇。所以，觉得今天会开得好，为新世纪十年提供了理论支撑，很多信息，填补了我的空白。咱们是民间文化平台，可以自由讨论，唯一可以确保的是不寻后账。以后要有机会，对有普遍性的话题，多交流。这种交流很有必要。谢谢大家的发言。

12 月 17 日 下午，打电话给邢小利，说同意让邢写他的评传，强调了两点：一、“多写与创作有关的，不要关注那些尿的多了还是尿的少了那些琐碎事”；二、“放开写，大胆写”。邢同时打电话把此消息转告孔明，孔明很高兴，说找时间请陈吃饭。

12 月 19 日 晚上在西安大唐芙蓉园参加肖云儒 70 华诞活动。会上发言（2010 年 8 月 31 日于二府庄据发言记录稿重写。刊《秦岭》杂志 2010 年夏之卷）：

说给云儒三句话

云儒过 70 岁生日，各界人士拥集，场面庞大而又热烈。对于一个大半生都从事原本属于冷寂的文学评论工作的人来说，足以见得社会影响的广泛，远远超越了文学界。云儒约我说话，正中我表现欲念，连任何客套都不曾发生，我便踊跃而出，瞬即形成三句话，说给云儒。

第一句话，云儒是我的老师。这话不是客套，更不是恭维，而是真实的事实。

上世纪 60 年代初，西安市群众艺术馆为文学爱好者搞文学讲座，我是虔诚的一个听众。周六下午走到纺织城东边的水沟村，花两角钱在农民的家庭客店歇脚，天不明起身赶到西安聆听各种选题的讲座。约略记得是那年春末夏初的一个周日，我在讲堂里看到了走上讲台的肖云儒，竟然由惊诧而瞬间浮出悲哀沮丧的情绪来，概出于他那一张脸孔。不单是那张脸的俊气，关键在那张脸所标示的太过年轻的年龄，看去好像比我还要小几岁，我的沮丧以至悲哀便发生了，这样年轻的人登上讲台作讲座，而自我感觉比他还长过几岁的我坐在台下接受他的文学启蒙，还梦想搞文学创作，未免太晚了……

我还是耐心听讲。他的讲题是《散文散谈》。就是在这次讲座上，我亲耳聆听到他对散文这种文体的概括，“形散而神不散”。这句堪称精湛的概括，在我一遍成记。我那时正学习散文写作，这句话便悬在心中。几十年后的今天，云儒关于散文的“形散而神不散”的概括，不仅随处被人引用，业已成为学界公认的关于散文写作最精到也最传神的概括，似可称为肖氏语录。而这样精准的概括，是他在20出头的年纪作出的，足见其学养之不俗，以及横溢的才气。

我视他为老师，源出于此。尽管见面握手时直呼其名，老师的印记一直悬在心中。

新时期文艺复兴潮头伊始，陕西应运而出一茬青年作家，作品引起整个文坛的关注。几乎与此同时，陕西的中青年评论家组成一个纯民间性质的“笔耕”评论组，紧盯着刚刚跃上新时期文坛的这一茬陕西青年作家创作的变化和发展，对他们的作品进行品评，对他们的创作起到了促进作用。云儒是“笔耕”评论组年龄偏轻却最敏锐的评家，他的笔锋触及每一个作家的作品，赢得了作家们的钦服和珍重。我也是受益者之一，不仅在他肯定意见所给予的鼓励，更在对作品弱点的严肃的批评。记得我的《信任》获1979年全国短篇小说奖时，得到的几乎是一口腔的称赞，猛乍听到他毫不掩遮的批评，而且是甚为致命的否定性批评。他既不管你获什么全国奖的影响，而且是在一个小型创作座谈会上正对着我说的。我虽然没有申辩，却基本不予接受。直到几年又几年之后，自我感觉实现了一次又一次创作突破之后，我才一次又一次更深地理解了他的批评。确实说来，是一个生活真实与艺术真实的老话题，也是创作的一个大命题。我在上世纪70年代末，对于创作的理解和感知，尚不能理解他的批评；反之，他对文学创作的理念和审美，超出了我当时的接受的可能性；当我后来的创作有所突破，大约才一步一步接近了他的那个文学理念和审美准则，钦佩便发生了，敬重也就是很自然的事。

听到也看到一些看人看脸却不看作品甚至掂红包轻重的评论的传闻，常会想起仁兄云儒直对着我面的毫不口软的批评，愈觉难能可贵。隐藏在心中30年的这第二句话，在仁兄庆贺70华诞的场合说出，在我算得是一个最恰当的机遇。

第三句话，是我刚刚意识到的，即云儒已经进入人生的又一个新的境界，达观。

生日庆典仪式的同时，云儒的散文随笔集《雩山》首发。我先读《雩山》自序，直感便是云儒已进入达观这种人生的高境界。我觉得尤为难得，人活七十现在并不难，难得的是进入生命体验里的达观境界。

我约略可以看到抵达达观境界的一条途径，从文学评论形成广泛影响之后，即到新的世纪伊始，他的言论已经不再局限于文学作品，而是涉及社会、政治、经济、文化、历史和现实，完全成为一个视野宽泛且有独立见解的学者。说来有趣，每当有机缘听他发言，或在报刊上看到他的文章，还有电视上听他侃侃而谈某个话题，都是一种新颖的理念，敏锐的思维；甚至刚刚流行的新鲜词汇，在他说来如道家常。在我这个受众的感觉里，既有对新理念的启蒙，也有新鲜语汇的普及……这种情景里，我突然会意识到，我还是近50年前坐在《文学讲座》讲堂里的听众，是学生；他依然是登上讲台讲演的先生，老师。差别仅仅在于——

云儒已是进入达观境界的人了。

本月 《中国新文学大系》五辑100卷于2009年6月由上海文艺出版社出齐。《白鹿原》完整入选“大系”第五辑（1976—2000）。

本月 《在陕西省图书馆建馆一百周年馆庆典礼上的讲话》刊《当代图书馆》第4期。

2010年 68岁

1月2日 上午参加白鹿原“西园生态”开园仪式。路上，对同行的邢小利讲，他最近接受《南方周末》记者采访，谈作家思想问题，认为作家的思想与体验的深度有关。

1月9日 出席陕西省作家协会在西安丰庆公园举办的女作家辛娟长篇小说《月亮背面》研讨会。雷涛、贾平凹、肖云儒、冯积岐、李星、畅广元等参加了研讨会。

1月23日 参加在西安市长安区举行的纪念《创业史》发表50周年座谈会，座谈会由陕西省作家协会和陕西省柳青文学研究会联合主办，会上谈了读《创业史》的回忆和感想。畅广元、董颖夫、邢小利等百余位作家以及各界人士出席会议，共同缅怀柳青这位中国当代作家，并对《创业史》的文学价值和社会价值进行了深入研讨。

同日 晚上，打电话给邢小利，问他今天会上的发言合不合适，有没有不妥之处。然后说，他只说了他读《创业史》的过程，对《创业史》如何喜爱，没有对柳青和《创业史》进行评价。邢小利说没有感到不妥，大家反响很好，认为很真诚，也很恰切。陈忠实说：

在柳青面前，我不敢胡张。(笑了笑)

前边有畅（广元）老师对柳青和《创业史》的很有理论深度的分析评价，我不好再说其他的话，就只谈了我读《创业史》的过程和感受。虽然这些话我在不同的文章中都涉及过，但这一次比较集中。

现在文坛上对《创业史》有争议，我也看过一些，有的是部分否定的，有的甚至是全部否定的。我觉得，我读《创业史》的理解和感受，《创业史》对当时中国农村社会和农民的反映，基本上是真实的。它写出了那个时代的真实。我读《创业史》的时候，已经上初三了，对世事基本上有了自己的感知。50 年代初，农民对于合作化，基本上是真诚地拥护，积极地加入。我家里很穷，家里最值钱的东西，就是养了一头大黄牛。入社的时候，我父亲就把那头大黄牛拉到社里去了，是心甘情愿的。农业合作化的最初几年，农民的积极性很高，农业也连续几年普遍丰收。这是真实的情况。我那时已经记事了。现在有些人说，毛泽东和共产党一开始就是想害农民，这不是真实的情况。毛泽东当年，对农村，对农民，对合作化，是认真地关心的。毛泽东关于合作化的许多批示，有的几十字，有的长达几百字，都是毛泽东在有关文件上的批示，后来收入《中国农村的社会主义高潮》一书。合作化发展到后来的人民公社，它的最后失败，有两个运动极具破坏性，一个是“大跃进”，一个是农村四清运动。“大跃进”胡整，吃食堂，大大损害了刚刚发展起来的一点经济；四清运动则把一大批农村基层干部整垮了，最后到了“文化大革命”，一发不可收拾。我觉得，合作化运动应该说是一个在实践过程中因种种原因失败了的运动。如果像现在某些人说的，是毛泽东和当时的一大批共产党人主观上要故意地坑害农民，这不是历史事实。对《创业史》不管怎样评价，我认为，柳青当时是写出了那个时代农民和农村的真实状况。它首先不是虚假的，或者说不是有意地要搞假大空。

2 月 6 日 由中央和省内主流媒体联袂推出的 2009 年度“陕西最具文化影响力人物”评选活动在西安揭晓。陈忠实等五人被推选为“功勋人物”。

同日 晚上应董颖夫之约吃饭，同席的有省工商联主席冯钧平，长安区的兰喜吉、郭育民、董颖夫，西安的邢小利、阎建滨。

2月12日 腊月二十九，北京《中华英才》编辑刘冬梅回西安，晚上应约一起吃饭。同席的有邢小利、仵埂、方英文、朱鸿、谢强等。

本月 《少年笔下有雅韵——〈胡雪诗集〉读后》刊《延河》第2期。

本月 《聆听耿翔》《诗性和谷，婉转与徘徊》刊《文学界》（专辑版）第2期。

本月 散文《陪一个人上原》刊《太湖》第1期。

3月13日 早上打电话给邢小利，讲电影导演王全安的一个公司昨天找他，说电影《白鹿原》的拍摄许可（拍摄许可权在西安电影制片厂，由于各种原因，未能拍成）已获国家广电总局同意延期至明年。此前，邢小利于本月10号在省广电局参加全省影视工作会议，局领导任贤良等说，《白鹿原》影视剧题材不能流失，要求省内有关公司抓紧筹拍，邢小利打电话给陈忠实，曾询问《白鹿原》电影拍摄情况。陈忠实回答说北京即评论家雷达介绍的公司想拍《白鹿原》电影，找他，没有弄成，因为陕西省委宣传部不同意外地公司做。陈说他是第一个知道此事，邢是第二个知道此事，让邢对王全安的剧本把一下关（邢为省广电局影视剧专家审查组成员），原来的剧本粗话太多。

3月15日 打电话让邢小利与在法国的《白鹿原》法文翻译邵宝庆联系，问翻译进展如何。

邢小利与邵宝庆以电子邮件联系。

邵宝庆先生：新年好！陈忠实老师让我问您，您翻译的《白鹿原》进展如何，今年能否出版？有关方面让他填一个表，他要给人家一个较为准确的说法。谢谢。邢小利

邢老师：

您好！

对不起，早该联系，但是总是想给陈老师一个惊喜，所以拖下来了。

我的第一稿已经完成，现在正在检查，同时不断传给出版社，只剩下最后的两三章了。

出版社审过以后，还要打回给我再审，然后再送回给他们再审，最后送技术部门定稿。他们还没定下肯定的出版时间，但还是明年比较

保险。

我过几天给陈老师打电话。请先代我向陈老师问好。谢谢。邵宝庆

邵宝庆先生：好！信收到了，我明天给陈忠实老师回复。谢谢你，辛苦了！请多保重身体。邢小利

3月18日 晚上应朱鸿约去长安吃包谷糁面。同席的有：邢小利、刘路、田措施、强沫等。强沫带了一瓶茅台酒，各人都喝了一点儿。

3月26日 中共陕西省委宣传部、陕西省作家协会在西安雍村饭店举行隆重仪式，为陕西从事文学创作60年的老作家颁发荣誉证章、证书，全省共有杨韦昕、贺抒玉、毛锜等18位老作家获此殊荣。中共陕西省委常委、宣传部部长胡悦，中共陕西省委宣传部副部长刘斌，陕西省作家协会领导陈忠实、雷涛、李文泰等出席了会议。

3月27日 出席在西安举行的陕西省重大文化精品项目《西风烈——陕西百名作家集体出征》新闻发布会。该项目由中共陕西省委宣传部、陕西省新闻出版局、陕西省作家协会、太白文艺出版社共同组织实施。中共陕西省委宣传部副部长刘斌，陕西省新闻出版局局长薛保勤，陕西省作家协会党组书记、常务副主席雷涛以及肖云儒、李星等30多位作家出席会议。

本月 《钟山》杂志在第2期上刊出“30年10部最佳长篇小说”投票结果，为盘点30年（1979—2009年）长篇小说创作的成就，《钟山》杂志邀约12位知名评论家，从纯粹的文学标准出发，投票（公开）选出他们认为最好的10部作品并简述理由，排名第一位的是《白鹿原》。

本月 《我读〈创业史〉》刊白鹿书院院刊《秦岭》2009年冬之卷（延期出版）。

4月9日 早上到三兆公墓送别于4月5日逝世的陕西省作家协会原副主席、文学评论家王愚。

王愚，又名王倍愚，1931年生于陕西省西安市，祖籍陕西省旬阳县。中共党员。1949年在西北军政大学军政学院、艺术学院学习。1950年，西北军政大学艺术学院改为西北艺术学院，王愚在该院文学部学习。1950年10月，由于工作需要，王愚被提前调出，到西安市文

学艺术界联合会工作，从事曲艺改革，并开始写作，写宣传破除迷信和歌颂抗美援朝的唱词，也写影剧评论。1956 年任中国作家协会西安分会《延河》杂志理论编辑。“反右”时遭受不公正待遇，被流放、判刑。1979 年彻底平反，重回《延河》月刊，历任理论编辑、评论组组长。1984 年起创办并历任陕西作家协会《小说评论》副主编、主编。1993 年在陕西省作家协会第四届会员代表大会上，当选为陕西省作家协会副主席。1955 年开始发表文学评论文章，先后出版文艺评论集《王愚文学评论选》《人·生活·文学》《新时期小说论》（合著）、《当代文学述林》以及评论、散文合集《也无风雨也无晴》《心斋絮谈》《落难人生》等。

同日　《文艺争鸣》编辑朱竞来西安开会，晚，邢小利在荞麦园请朱竞吃饭，陈忠实应邢之邀与朱竞见面吃饭。同席有作家朱鸿、评论家仵埂和陕西师大美术学院院长胡玉康等。

4 月 15 日　西安市作家协会召开第四次会员代表大会。吴克敬当选为西安市作家协会主席。杜爱民、张长怀、穆涛、陈长吟（兼任秘书长）、何群仓、商子秦、杨乐生、郭兴文、马其昌（炳煌）、杨莹当选为副主席，贾平凹、叶广芩为名誉主席。

4 月 21 日　因青海玉树地震，国务院公告，为表达全国各族人民对青海玉树地震遇难同胞的深切哀悼，国务院决定，2010 年 4 月 21 日举行全国哀悼活动，全国和驻外使领馆下半旗志哀，停止公共娱乐活动。中午，打电话给邢小利，说灞桥有几个老朋友晚上想约他一起吃饭，但他想起这一天是举国哀悼日，不让搞娱乐活动，问邢吃饭能不能去，他不想惹事。邢说，吃饭应该是可以的，娱乐活动指唱歌、看演出一类。陈说，就吃个饭。听了邢的解释，陈说“我知道了”。

5 月 7 日　中共陕西省委宣传部批复，《延河》文学月刊社领导班子组成人员如下：顾问陈忠实，社长雷涛，主编贾平凹，执行主编阎延安，常务副主编张艳茜，副主编姚逸仙。

5 月 9 日　《〈创业史〉对我的影响》刊《中国文化报》。

5 月 14 日　晚上与众朋友在荞麦园吃饭聚会，提议，一是给从美国回来的王仲生先生接风，二是和朋友热闹热闹。有王仲生、畅广元、邢小利、董颖夫、仵埂、方英文、刘炜评、段建军、马玉琛、朱鸿、吕刚等参加。

5 月 25 日　上午陪中国作协萧惊鸿、李东来，中央电视台《大家》栏目周文福上白鹿原，参观陈忠实文学馆和白鹿书院，后到西蒋村老家。

5 月 28 日　悼念文学评论家王愚的文章《王愚：热情率性与悄没声息》刊《文艺报》。

5 月 29 日　下午，陕西省新闻出版局举办的读书月活动期间，应太白文艺出版社之邀请，和叶广芩到西安小寨万邦书城与读者见面互动。主持人提了一个问题，请陈忠实和叶广芩分别回答。问题是：对你影响最大的是哪一本书？陈忠实先回答，他想了想说，是柳青的《创业史》。《创业史》他前后买了读、读了丢一共有九本。到后来对内容已经烂熟于心，再读，只是随便翻到任一页，就很有兴味地读下去。

6 月 26 日　白鹿书院举办“中国书院与当代中国社会”学术论坛。因病未能与会。

会议主持人邢小利在论坛开始致辞说：

各位专家、各位嘉宾：

大家早上好！首先，我代表陕西白鹿书院，代表我们书院院长、中国作家协会副主席陈忠实先生，向莅临今天会议的各位专家、各位嘉宾、各位媒体朋友，表示热烈欢迎和衷心的感谢！

需要特别解释的是，我们书院院长陈忠实先生，本来是要到会并主持会议的，这次会议的召开和这次会议的议题都是他亲自拟定的，参加这次论坛的各位专家和嘉宾，也都是他提名和出面邀请的，但非常不凑巧的是，他这两天因住医院做手术，这个手术今年年初就开始与医院方面协调预约，原计划上个月底做，但因院方原因，不迟不早，就卡在了这两天。所以，陈忠实先生委托我，让我代他，向德高望重的尊敬的张岂之先生、尊敬的畅广元先生、尊敬的方光华先生，向远道而来的尊敬的邓洪波先生、闵正国先生、金绍菊先生、马力华先生，向在座的各位尊敬的新老朋友，第一表示诚挚的感谢！第二表示深深的歉意！第三向各位做个解释，陈忠实先生特别嘱咐，请大家不用担心，这个手术是个小手术，他眼睛旁边长了些小赘物，我们觉得蛮有魅力的，他觉得有碍观瞻，所以这个“面子工程”一直成了他的心病，不做不行，关键是时间不巧卡在了这两天，请大家谅解！第四是再三叮嘱我们工作人员，一定接待好各位专家、各位嘉宾和各位媒体朋友。

国内思想文化专家、学者和书院文化专家、学者，国内各大书院及陕西一些著名书院的山长或负责人云集白鹿原，参加由陕西白鹿书院举办的“中国书院与当代中国社会”学术论坛。文化思想史学家、清华大学教授张岂之，陕西省教育厅副厅长、西北大学中国思想文化史教授方光华，西安思源学院院长翟轰，陕西白鹿书院副院长邢小利，岳麓书院教授、湖南大学中国书院研究中心主任邓洪波，江西白鹿洞书院管委会主任闵正国，江西白鹿洞书院国学院研究员金绍菊，北京七宝阁书院院长马力华，横渠书院负责人、张载纪念馆馆长张世敏，以及畅广元、耿占军、刘炜评、段建军、仵埂、朱鸿、张志春、杨明琪、韩鲁华、陈长吟、柏峰、赵德利等近50位专家、学者参加了此次论坛。与会专家、学者和书院负责人就书院与当代中国社会这个议题进行了广泛而深入的学术研讨，纵论古今，比较中西，从历史、文化、思想以及现代学术的创新和发展诸方面对书院进行了全方位的分析和探讨。会议发言踊跃，且有争论，迟至下午6时50分才结束。传统书院在当代社会兴起的历史、时代和文化的深层原因，传统书院怎样与现代社会接轨并焕发新的生机，书院在当代中国社会有着什么样的价值和意义，如何继承和发扬书院的特有功能，是与会专家、学者议论的焦点。自主办学、各有特色，学者治校、学术自由，有教无类、启发学生，注重修德和向社会开放，这些中国书院的历史经验，都很有现实意义。

主持人邢小利在会议简短结语中说：

谈点会后感受，不是总结。一、是感动。原想天热，会长，大家可能难以坚持，今天天凉，天助我也，但没有想到大家都坚持到了现在，而且不刹车这个会还完不了。特别是张岂之先生，83岁高龄，原想着可能只参加半天，没有想到张先生参加了全天，而且还一再坚持让大家都发表意见。真是感动。谢谢！谢谢大家！二、今天有争论，非常好。大家争论激烈的程度，到了后来，连我这个主持人都插不上话了，你来我往，抢着发言。刚才畅广元先生讲了朱熹与陆九渊鹅湖之辩的美谈，古有鹅湖之辩，今有白鹿原之争，各位朱熹和陆九渊们回去，重温今天的争论，想必会有更上层楼的收获。三、现代书院，是每一个文化人的文化想象。现代书院的路怎么走，走了之后才知道。但，有目标，这个目标就是我、你、他，我们白鹿书院，你们岳麓书院，他们七宝阁书院，在听了各位的高见之后更加坚定了自己的关于书院的文化想象。

四、白鹿书院，只是搭建一个平台，它不仅仅是陈忠实的，也不仅仅是我邢小利的，也是大家的，是每一位在座发表高见的院士的，是天下每一个文化人的。天下兴亡，匹夫有责，书院兴亡，院士有责，文化人有责。

本月 在肖云儒七十寿辰庆贺活动上的讲话《说给云儒三句话》刊《秦岭》夏之卷。

7 月 23 日 下午在西安思源学院做关于人文教育的录像，西安思源学院用于招生宣传，题目是“文学大家陈忠实畅谈大学人文教育”，邢小利、杨明琪参加。晚上在丰庆公园北门一侧的飘香酒楼与文友聚餐，有刘建军、段建军、邢小利和日本访问学者盐旗伸一郎参加。段和盐下午去白鹿书院和陈忠实文学馆参观。

从白鹿原下来时，同乘一车的邢小利问陈忠实家族情况，陈把曾祖父和祖父名字一时想不起来。晚饭时想起来了，席间告诉邢说：曾祖父陈嘉谟，祖父陈步盈，父亲陈广禄。上有一姐、一哥，下有一妹，他排行为三。还说，他之后，母亲还生了五六个弟妹，但都夭亡了。其中多亡于当地乡村所言的“四六风”，即出生后第四天生病抽风，第六天夭亡。今天看这个病，其实就是破伤风，因为那时农村接生，是用没有消过毒的剪刀剪断脐带，如果剪刀上带有破伤风菌，就会感染破伤风，第四天发病，第六天死亡。另有一弟是五六岁时夭亡的，应该是亡于肝炎，他说他记得很清楚，弟弟那时浑身发黄，甚至黄到透明的程度。还有一个妹妹也是五六岁时因病死的。母亲说他“克性”大，一连克死了他五六个弟妹。

7 月 26 日 近日参加陕西省文联的换届会，晚上约渭南作家李康美在荞麦园吃饭，电话约邢小利也去。席间对邢小利说，陕西省文联的换届会上，省委宣传部部长胡悦对他说要看看白鹿书院和文学馆。

本月 《热情率性与悄没声息——王愚印象》刊《美文》第 7 期。

本月 散文《我经历的狼》刊《江南》第 7 期。

8 月 12 日 晚上在白鹿书院参加白鹿雅集。此次白鹿雅集，由白鹿书院常务副院长邢小利主持，学者畅广元、王仲生、张志春、仵埂、刘炜平、段建军，作家和谷、渭水、周养俊、史飞翔、高亚平、王向力，以及画家巨石，《各界导报》主编张魁，太白文艺出版社社长党靖，太白文艺出版社副总编辑韩霁虹等文化界、教育界、艺术界的 30

多人和西安思源学院的300余名师生参加。

8月26日 接受英文《中国日报》记者采访。

本月 散文选集《在河之洲》由广东出版集团、广东教育出版社出版，何启治点评。

9月2日 打电话给邢小利，说他的一个灞桥朋友认识一位大学教授，有藏书，拟与书院交易，要邢接洽。3日邢见陈说的二位，一位是陈的当年同事，叫寇连锁，曾与陈忠实在农业中学同过事；一位姓杨，说有藏书15000种，20000多册，拟与白鹿书院合作，办一个藏书楼，搞文化商业活动。

9月3日 下午打电话给邢小利，说告邢一好消息，《白鹿原》电视剧被批准可以拍了，是赵安的公司（西安光中影视有限公司）办的。

9月22日 中秋节，晚上到白鹿原上参加西安思源学院新学期开学典礼。

9月26日 接受中央电视台《大家》栏目组周文福一行三人采访。早上去白鹿原，在北坡边上接受采访。中午到白鹿书院，书写1992年夏词作《青玉案·滋水》，录像后将词作送周文福。中午去蓝田县，去档案馆看牛兆濂撰《蓝田县志》，录像后在茂盛饭馆吃蓝田小吃。蓝田县委书记、县长等作陪。下午去灞桥区郭李村李君利家录像，陈忠实1989年8月曾在此写《白鹿原》之第十二章。

9月27日 随《大家》栏目组回西蒋村。傍晚到西安石油大学住处，拍《白鹿原》手稿。

9月28日 《大家》栏目组采访王翠英、李下叔、李星。李星说，《白鹿原》完稿后陈忠实请他看，陈忠实后来“咋只记住了‘咋叫咱把事弄成了’这一句，我还说了三个预言。这三个预言后来都实现了。第一个是，你不用找评论家，评论家会来找你；第二个是，十年之内没有人能超过你；第三个是，《白鹿原》能得茅盾文学奖”。栏目组周文福第二天即29日把这话说给陈忠实，陈忠实呵呵笑着，说，好像说过，但当时只深刻地记住了“事情咋叫咱给弄成了”这一句。

9月29日 下午去白鹿原，请华阴县老腔剧组一行十人，在田野里录像。晚上，在雍村饭店为《大家》一行三人送行。

10月3日 晚上与邢小利乘西安至北京T42次火车，次日抵北京。

10月4日 抵天津。天津文联副秘书长、《文学自由谈》主编任芙康到车站迎接。

10月5—7日 在天津参加文友和文化活动。一行人有蒋子龙、赵玫、任芙康、胡平、胡殷红、舒婷、邢小利等。

本月 《〈白鹿原〉小说叙述语言的自觉实践》刊《商洛学院学报》第5期。

本月 散文《我经历的“鬼”事》刊《海燕》第10期。

本月 “当代陕西文艺精品”之《白鹿原》由人民文学出版社、太白文艺出版社联合出版，此版本为1993年6月北京第1版，2010年10月第1次印刷。印数：2000册。定价：65.00元。责任编辑：刘稚、邓积仓、陈昕。

11月6日 到泾阳安吴堡与电影《白鹿原》剧组人员见面。导演王全安全程陪同。与饰演白嘉轩的张丰毅、饰演鹿子霖的吴刚等以及群众演员见面。

11月20日 参加西安工业大学人文学院举办的“陈忠实文艺创作思想研讨会”。晚上与电影《白鹿原》田小娥扮演者张雨绮见面。

11月21日 参加“陈忠实文艺创作思想研讨会”的全国各地代表40余人到陈忠实文学馆参观，在文学馆接待，后陪同代表们到老家西蒋村参观。

11月22日 在国力仁和为中央电视台《大家》栏目组周文福、曹鹤饯行。席间，说到处女作问题，说他1965年初在《西安晚报》发表了一个写老贫农忆苦思甜的快板书，更早一些，1958年在《西安日报》发表了一首新民歌：“粮食堆如山，钢铁入云端。兵强马又壮，收复我台湾。”至今记得，但题目忘记了。但他把这些都不算处女作，觉得散文《夜过流沙沟》比较“正经”“像样”，一直称之为“处女作”。又聊到读书，谈对《水浒传》的印象是：前边写鲁智深、武松、林冲等人的情节觉得还好看，后面主要写怎么把一些有本事的人“日弄”上梁山，给人“挖坑”，不是逼上梁山了，就觉得没有意思，没有好好看。

本月 散文《毛乌素沙漠的月亮》刊《文学教育（上）》第11期。又刊《西部大开发》2016年第5期。

12月4日 参加在西安举办的关中大儒牛兆濂生平暨遗世墨宝展。牛兆濂系《白鹿原》中“朱先生”的历史原型。中共陕西省委宣传部副部长晏朝，陕西省作家协会主席、西安市文联主席贾平凹等出席了开幕式。

牛兆濂（1867—1937），字梦周，号蓝川，蓝田新街镇人。清末民初名满关中的一代大儒，理学家、教育家和社会活动家，被誉为继北宋张载之后的“关学第一人”。有关他的种种事迹广泛流传于蓝田以及关中民间。陈忠实曾说过：“小说是虚构的艺术，《白鹿原》中其他人物都是虚构的，但唯有白鹿书院的朱先生是有原型的，其原型是人称‘牛才子’的牛兆濂。”小说《白鹿原》中，关于朱先生为劝退升允八旗军、赈灾济民、主持禁烟、规劝军阀刘镇华等事迹，都取材于牛兆濂的生平事迹。牛兆濂逝世后，陕西各界进行了隆重悼念，遗体安葬在蓝田县城郊外的五里头村芸阁学舍后边的山坡上。

题为“一代儒宗，百世楷模”的展览为期三天，内容由三个部分组成，分别为：牛蓝川先生生平展；牛蓝川先生遗世墨宝展；“关学”人物展。内容汇集了牛蓝川先生生平事迹、书法作品、历史资料、传世著作以及多种遗物，生动形象地表现出这位陕西近代史上的传奇人物充实而丰沛的一生。“关学”人物展是对“关学”这一传统学术流派的全景式回顾。

遗世墨宝展展出的60余件手札中，基本为牛兆濂在成为举人后30年间与家人的家信，虽然纸页已经泛黄，但保存完好。同时，还有首次面世的牛兆濂当年参加科举考试的试卷，这份试卷并非“手写体”，而是印刷体。西安文理学院文学院教授蔡光澜讲，这是当时科举考试后的一种普遍做法——将每届考试最优秀者的文章挑选出来，以印刷体印刷后的试卷（朱卷）留给后届考生作为“复习材料”，“只有很少考生的试卷能享受到这种待遇，地位有点儿类似于如今的全国优秀范文”。

12月8日 参加在西安举行的第二届柳青文学奖颁奖会，柳青文学奖由陕西省作家协会主办、陕西省柳青文学研究会承办。获得本届柳青文学奖的优秀长篇小说奖：叶广芩《青木川》、冯积岐《村子》、马玉琛《金石记》、张兴海《圣哲老子》、党益民《石羊里的西夏》、高鸿《农民父亲》；优秀中篇小说奖：吴克敬《状元羊》；优秀散文奖：和谷《还乡札记》、高建群《西地平线》、王蓬《中国蜀道》、刘亚丽《一地花影》、杜爱民《马语》；优秀诗歌奖：成路《雪·火焰以外》、薛宝勤《青春的备忘——一个知青的往事追怀》、远村《浮土与苍生》；优秀文学理论评论奖：沈奇《沈奇诗学论集》、梁向阳《当代散文流变研究》、仵埂《小说的伦理精神》、赵德利《陕西文学苦质精神的遗落与重铸》；荣誉奖：徐剑铭、喊雷、王峰；文学新人奖：范超、梦野、吴文莉、王春、丁小村、杨则纬。

12 月 19 日 参加安黎长篇小说《时间的面孔》研讨会并发言。

12 月 29 日 评论山村教师董淑珍长篇回忆录《槲叶山路六十年》的文章《精彩到堪为经典的细节》刊《文艺报》。

本月 创作谈《性与秘史》刊《商洛学院学报》第 6 期。

2011 年 69 岁

1 月 6 日 去陕西合阳县看望电影《白鹿原》剧组。看了电影场景“白鹿村”和“白嘉轩家”，两者不在一处。见到张丰毅、张雨绮、段奕宏等和扮演白灵的演员李梦。这一天，合阳的农村特别冷。

同日，评论柏峰散文的文章《简说柏峰》刊《文学报》。

1 月 8 日 中央电视台 10 频道播出《陈忠实——寻找白鹿原》上集。

1 月 15 日 中央电视台 10 频道播出《陈忠实——寻找白鹿原》下集。

本月 《寻找属于自己的句子——〈白鹿原〉写作自述》（“大家自述史”系列之一），由北京大学出版社出版。

本月 “语文新课标必读丛书”《白鹿原》（节选本，24 万字）由吉林出版集团、时代文艺出版社出版。

本月 创作谈《从感性体验出发的生命飞升旅程》刊《商洛学院学报》第 1 期。

本月 与章学锋访谈录《寻找属于自己的句子——陈忠实访谈录》刊《语文教学与研究》第 1 期。

2 月 26 日 晚上 7 时半至 9 时半，应中共中央政治局委员、国务院副总理王岐山之邀，在丈八沟陕西宾馆交流思想与文化。

本月 散文《陪一个人上原（外一篇）》刊《太湖》第 1 期。

3 月 5 日 晚上，应西北大学校长方光华之请与张岂之先生、西北大学一些领导和老师聚餐并交流。方光华提出拟与陈合作在西北大学建书院，陈委婉地说，弄那么多没有什么意思；杨乐生教授说他们办的档次高，陈说此事以后再议。

本月 《朱先生和他的“鳌子说”》刊《唐都学刊》第2期。

4月14日 在陈忠实文学馆接受凤凰卫视许戈辉采访。

5月1日 晚上8时半凤凰卫视播放了由许戈辉主持的《名人面对面：陈忠实，文学是一生无法摆脱的“魔鬼”》。

5月12日 下午接诗人舒婷上白鹿原，先在白鹿书院交流，后到原上参观，晚上在樱桃沟吃农家乐。吃农家乐时，与来西安参加活动的山东作家张炜电话相约，次日早上请他到白鹿书院一叙。

5月13日 早上，本想亲自去接张炜，因山西作家葛水平与张炜同车来，小车坐不下，就先去书院等候，让邢小利带车去大雁塔东边的唐华宾馆接张炜。张炜、葛水平到白鹿书院，高兴迎出，热情握手，然后在院子里喝茶聊天。白鹿书院请仵埂、王春、张瑜娟等评论家和作家一起交流。邢小利介绍了白鹿书院。张炜讲了万松浦书院，请大家有时间去万松浦看看。闲谈中，张炜和陈忠实共同忆起了路遥，说到了1984年3月，他们参加中国作协在河北涿县召开的“全国农村题材创作座谈会”，在那个会上，路遥的发言给他们的深刻印象。张炜说，路遥在大会发言中说，“万元户中也有坏人”，写万元户，可以写他们的好，也可以写他们的坏，这个话给他印象很深，因为当时的“万元户”还很少，全国正在宣传“万元户”，路遥这么讲，与舆论宣传是唱不同的调子。张炜说，在下来的场合中，比如在饭桌上，他就听到好几个领导对路遥的这个讲话大为不满。陈忠实说，他当年对路遥大会发言印象最深的，是路遥讲，“我不相信全世界都要养澳大利亚长毛羊”。因为澳大利亚有一种长毛羊，品种好，正在推广，路遥借“澳大利亚毛长羊”这个比喻，来说当年文学上的现代派主张，认为现代派可以搞，但现实主义也应该有自己的立足之地，不能“全世界都要养澳大利亚长毛羊”，让“澳大利亚长毛羊”一个品种独行，而扼杀世界上一切羊的品种，在当时文学上的现代派呼声甚高、行情看好的时候，这个说法，一方面给人提供了关于文学走向上的别一种思考，另一方面也显示了路遥独立思考、敢于发言、不怕别人说他“土”的艺术勇气。

喝茶闲聊了两个多小时，接着陪张炜和葛水平到书院各处参观。张炜看到白鹿书院编辑出版的书和杂志，很感兴趣，一边翻看一边称赞很有意义。到了书房，请张炜给白鹿书院题字。张炜略一沉吟，用毛笔在宣纸上写道："来到白鹿书院，心里非常激动。我回到万松浦，将努力学习之，争取更上一层楼。其志向固有，今朝又得催发之。不到原上，不知天之阔，地之厚。与忠实文兄谈，真人生之大妙也。张炜。"

中午，在家乡白鹿原北坡的樱桃沟请张炜、葛水平吃农家乐、关中饭。

6月11日 上午在白鹿书院陈忠实文学馆接待全国政协专题考察组一行。

6月17日 评孟建国诗集的文章《精神高蹈之履痕 坚实行走的伴唱》刊《文艺报》。

7月15日 《白鹿原》法文翻译邵宝庆来信：

陈老师您好！

很久没有联系，实在抱歉。因为相当长一段时间，关于《白鹿原》法语版，出版社没有消息，所以不知道怎么向您汇报。现在比较明朗了，可以向您通报一下进展。

现在出版社已经找到了一个人对我的法文译本进行加工。按照目前的情况，到今年秋天有希望完成，然后明年五月出书，这样法国暑假的时候，人们可以看上。

现在估计法文版将在800页左右。

出版社也注意到了《白鹿原》改编的电影正在完成，但估计可能不会马上发行到欧洲，否则他们也许会尽力加速吧（不过我觉得如果在秋季能改完已经不容易了）。如果电影方面有新的情况，希望您也能通知我。

另外，我去年三四月份给您寄去了一份译稿，请您帮我向人民文学出版社打听一下。现在我的看法是，如果他们不愿意出，有没有其他的出版社会感兴趣。前两年曾有一位西北大学的老师在我们这里，我请她看过我的译稿，她认为还比较流畅。所以斗胆提出这个想法。请您为我参考一下。

祝您身体健康，工作顺心！

邵宝庆

7月18日 此前与邢小利商定，由邢小利写《陈忠实评传》。让邢提出一些问题他回答。邢小利书面提了以下问题：

1. 陈老师，再过不到一个月的时间，也就是8月3日，就是您整69岁的生日了。按中国人的传统习惯，70岁大寿一般提前一年庆贺。孔子说："七十而从心所欲，不逾矩。"这个话说，人到了七十岁的时候，随心行事也可以不逾越规矩了，这说明自己的内心有了坚定的尺度。这个尺度的确立和坚守，想来并非一日之功，而应该是生命长期历练的结果。您的人生经验非常丰富，您在"从心所欲"之年，关于生命，关于人生，有什么样的体会或者是概括？

2. 陈老师，有一个问题，我一直想问您。多年以来，关于作家的品质，有人强调生活，有人强调想象，有人强调技艺，也有人强调耐心，我注意到，在许多公开的场合或谈话中，您都强调，对于一个作家来说，人格非常重要，思想非常重要。我现在想问的是，您的"思想"是什么？

为了把我的这个提问表达清楚，我想展开来说一下。我这里所说的"思想"，指的是一个人对于个人、对于社会和对于世界的基本态度和看法。您谈文学、谈文学中涉及某些思想时，有一些与思想有关的发言，这些发言是有意义的，但感觉不是那么完整和系统。在您人到七十"不逾矩"的时候，您能不能反思、归纳一下您的"思想"状况，给我们一个较为清晰的回答或者说法。这个"思想"的状况，对于您这样一个历经70年人生沧桑和时代风云的人来说，应该不是一个"静止"的状态，而可能是一个"动态"的过程，但"动"中也会有"静"，所谓万变不离其宗。您能不能描述一下您的思想轨迹，人生各个重要阶段的基本观点，以及今天的想法。这对您也是一个定位，我们也便于更深入地了解您。

我想再扯开一点，以便把问题说清楚。在我看来，影响我们中国人的，包括当下的影响，似乎可以归纳为五种思想资源。这五种思想资源，来自中国传统的，是儒、道、佛（禅）三种。历朝历代都有一些时期或一些人，对儒、道、佛泼以污泥浊水，从而使之在一些人眼里，形象斑驳难辨，但其基本要义，还是清晰的。根据我的理解和体会，儒家主要探讨的是人与自己、人与他人和人与社会的关系问题。人与自己，强调的是个人道德修养，比如"仁"，比如"学为好人"。人与他人，就是我们常说的伦理，比如"孝"。中国传统社会主要是专制制度下的人治社会，因此非常强调人的因素，强调个人的道德境界，认为只有好人才能有好的政治，人民也才能有好的生活。人与社会的关系，强调的是人的承担精神和责任意识。道家主要探讨的是人与自然的关系。认为“人法地，地法天，天法道，道法自然”，因此，人应该“顺其自然”。道家所言的“自然”，不是我们今天所指称的那个人与社会之外的物质世界，“自”是自身，或言自在的本身，“然”是如此，或言当然如此，换句话说，“自然”就是“本来的样子”。“自然”包括天与地，也包括人的内心。道家强调人要“顺其自然”，自然而然，不要刻意地人为，所以道家也主张“清静无为”。有人概括说儒家主张“入世”，是“积极”的人生态度，道家主张“出世”，是“消极”的人生态度，这个说法，只有片面的正确性。佛（禅）家主要探讨的是人与自己内心的关系。佛家主张人要放下一些杂念和尘累，获得智慧，成为“觉悟”的人。道家与佛家的思想，与作为道教与佛教的宗教活动，有一定的联系，也有区别，我们这里只说作为思想的道家和佛家，不谈宗教。19 世纪末 20 世纪以来，传统的中国社会在风雨飘摇中日渐解体，人们在呼唤一个现代性的中国的诞生。在这期间，来自外国的主要是西方的两种思想，被引进和传播，也被不同的人所接受。其中一种思想主张以斗争和革命的方式，铲除社会不公，取得政权，实行无产阶级的专政。这种思想关于个人的要求是，服从以至献身，服从统一的意志，献身伟大的事业。另一种思想是强调人道情怀，尊重自由价值，认同民主政治。这五种思想资源有的互相对立，也有的互相补充，有的互相渗透。这些思想相互激荡，相互碰撞，此消彼长，或显或隐，但都共同存在着，一方面，在不同的历史时期各自发挥着不同程度的影响力，另一方面，对不同的人群产生着不同的影响力或者说号召力。当然，不同的时代和个人也在历史的进程中，不断地丰富着和进一步“塑造”着这些思想资源。

我想问的是，您的思想观念，您的文化立场，归属于或者说倾向于哪一个或哪几个思想资源？或者，您有自己的另外的表述？

3. 作家作品研讨会是文学活动的一个重要方式，曾被人大加赞赏，也曾被人诟病。您的创作活动贯穿了整个新时期，您及您的作品也曾或集体性的或单独的被研讨会研讨，请您介绍一些对您和您的作品较为重要的研讨会，并谈谈您的感受和评价。

4. 从您的一些自述中，可以看到您对文学的认识有一个变化的过程，最初是兴趣，接着是企图以之改变个人的命运，其后是改变或影响当下社会现实的工具，再后是对“民族秘史”的探寻，50岁以后您又说文学只是一种个人的兴趣，您对文学的追求和理解都经历了哪些阶段和变化？这些变化与时代精神和个人心理有着怎样的关系？

5. 在您的文学生涯中，最痛心和最难以超越的创作障碍（个人心理的、个人艺术素养的、意识形态调控的知识系统、生活本身的局限等等）是什么？您是如何面对的（请结合具体创作详述）？

6. 70年来，您的生活中肯定曾经遇到过人们常说的那种“坎儿”，您当时是如何认识这些“坎儿”的，如何迈过？如今再回首这些“坎儿”，您的认识又是怎样的？

7. 您是从新中国成立前过来的人（尽管在新中国成立前您还年幼），然后历经了整个新中国的60余年变化和发展，您能否描述一下您所观察到的和感受到的中国人的精神历程？您认为当下中国人精神中存在的最大问题是什么？您的创作历程包括具体创作是如何与中国人的精神状况产生互动关系的？

8. 您对70岁以后的生活有什么打算？您打算以什么样的心态和姿态面对未来的生活？

7月28日 晚上在雍村饭店与陕西人民出版社编辑韦禾毅等商谈出版文集事，在座的有朱鸿、邢小利。

8月4日 应制片方邀请，看电影《白鹿原》样片。

8月25日 于二府庄完成散文《饭事记趣》，刊《中国作家》2011年第11期。

8月27日 到西安市三兆参加王观胜追悼会。

9月8日 上午参加西安思源学院人文学院开学典礼并发表讲话。他说，当年在写《白鹿原》时，他查过白鹿原上的历史资料，关于教育方面，白鹿原上在1920年代，始有第一个小学，1960年代，始有第一个初级中学，到了1990年代，西安思源学院首先在白鹿原开现代大学教育的先河，如今原上已经有好几所大学，形成了一个高等教育区域。

同日 下午，由制片方安排，铁凝等在北京观看电影《白鹿原》样片。

9 月 17 日 赴北京参加中国作协有关会议和文学活动。

9 月 19 日 参加中国作家协会第七届主席团第十二次会议。晚上参加在国家大剧院小剧场举行的第八届茅盾文学奖颁奖典礼。

本月 散文《敲响城门的远方乡党》刊《人民文学》第 9 期。

本月 《看陈彦的三部现代戏》刊《四川戏剧》第 5 期。

本月 《白鹿原》线装本三卷由作家出版社出版。印数 2000 册。定价 480 元。责任编辑：王宝生。

10 月 9 日 写了一幅六尺字送邢小利，说内容是他喜欢的李清照的《渔家傲》：

天接云涛连晓雾，星河欲转千帆舞；仿佛梦魂归帝所，闻天语，殷勤问我归何处。　我报路长嗟日暮，学诗漫有惊人句；九万里风鹏正举，风休住，篷舟吹取三山去。

又说最喜欢其中“九万里风鹏正举”这一句。

说他最近看了两部书稿，是写他的评传性著作，认为写个人经历意思不大，他这样的经历和比他更苦经历的人很多，只是因了他写作成功才被书写，他不理解。他认为应该写与文学有关的事。邢说：“历史写人，只选择一个典型代表，你就是那个典型代表。你代表了一代人，所以写你的经历是对一代人的反映。你创作道路的典型性，前无古人，可能也后无来者。”

10 月 18 日 晚上到咸阳与参加王海长篇小说《城市门》研讨会的王蒙会面。

10 月 19 日 散文《我们村的关老爷》刊《光明日报》。

10 月 20 日 下午到省作协参加省作协党组副书记齐雅丽就任欢迎会。晚与陕西人民出版社编辑韦禾毅等再次商谈文集出版事宜。

10 月 21 日 下午到陕西师范大学老校区启夏苑参加由陕西师范大学文学院、陕西作协文学院、陕西作协散文创作专业委员会共同举办的“首届中国当代散文写作研讨会”开幕式。

10 月 22 日 陪原云南作协副主席汤世杰到白鹿书院和白鹿原参观。

本月 《陈忠实集外集》印行。此书由白鹿书院、陈忠实文学馆编，邢小利主编。印数 3000 册。《陈忠实集外集》收入了陈忠实在报纸和杂志上公开发表（其中一篇在内部刊物发表）而从未编入其个人文集的作品。这些作品基本上是陈忠实早期的作品，大多发表于“文革”前或“文革”中后期，包括小说、故事、散文、报告文学、村史、诗歌、快板、电影文学剧本、电视文学剧本以及与文学有关的言论。

本月 《精神“剥离”引发的创作新机》刊《商洛学院学报》第5期。

本月 谈论安黎长篇小说《时间的面孔》的文章《一方独特的艺术风景》刊《创作与评论》第5期。

11月4日 下午，参加灞桥区关于建陈忠实文学馆等的签字仪式。

11月12日 上午，在西安唐府花园酒店参加骞国政的《国政文选》首发式。

11月17日 按中共陕西省作家协会党组文件中关于党组成员分工的安排，陕西省作协名誉主席、党组成员陈忠实分工主管省作协创作组和文学院。

11月18日 下午，乘火车去北京参加中国作协第八次全国代表大会。

11月21—24日 中国作家协会第八次全国代表大会在北京召开。出席会议的陕西作家代表有23人：刘斌、雷涛、王蓬、王芳闻、冯积岐、叶广芩、白阿莹、朱鸿、红柯、齐雅丽、冷梦、吴克敬、张虹、李星、李国平、李康美、陈忠实、莫伸、贾平凹、阎安、梁向阳、穆涛、霍竹山。

11月25日 中国作家协会第八次全国代表大会闭幕，陈忠实连任中国作协副主席。贾平凹为主席团委员，叶广芩、雷涛为全委会委员。

同日 《文学报》以《何为文学的“大用”?》为题刊发了第八次全国作代会部分代表关于这个话题的“畅谈”。陈忠实的谈话题为《不同的文学都有属于自己的作者和读者》：

在我的理解中，读者读书是一种兴趣，试图去了解一些自己所不了解的事物。而作家们对世界的体验有独特之处，这些体验往往是读者感受不到的。写作者把自己独特的艺术体验表达出来，读者通过阅读，就能得到启示。他们有过的相同经历，或朦胧感觉，被文学点通了。

无论哪种艺术形式的文学作品，都会落在善与恶、美与丑的审视上。颂扬美和善，批评丑与恶，是绝大部分人的共同审美，也是沟通作家与读者之间体验和心灵的最基本要素。这是读者阅读文学作品的最基本期待。就我个人而言，当然希望读到一些揭示纷繁复杂的现状、对生活有一些新的深刻理解的、能振聋发聩的作品，阅读之后能得到启示。这些作品应是中流砥柱。现在有很大一批作家在面向生活进行思考，我们期待他们能写出此类作品。

当然，我们不能要求所有的读者都阅读深奥的、富有文学意味的作品，我们的文坛不能仅有对生活有比较深刻体验的纯文学作品，读者会按照自己的兴趣选择阅读。趣味性的阅读，比如说武侠小说，更多以人物、情节的离奇取胜，其中也有关于美丑善恶的基本审美。这些作品的存在也是有极大必要的。实际上，我们读者的兴趣是多种多样的，作家的表达也是多种多样的。这些不同体验、不同艺术追求、不同表现形式的文学作品，都有属于自己的作者和读者。

11 月 27 日 与人民文学出版社签订出版《白鹿原》手稿本协议。

11 月 28 日 从北京归来。晚上与文学朋友相聚。刘炜评于 25 日获悉陈忠实连任后，即赋诗一首，题为《贺陈公连任作协主席》："廿年灞上仰陈公，椽笔远承太史风。为有剥离臻大造，不教心帜愧苍穹。"曾发数位文友。应主持邢小利之请，刘炜评即席吟诵此诗。朋友有和谷、邢小利、仵埂、段建军、刘炜评、冯希哲、董颖夫等 20 多人。

答谢时讲道，这次到北京，本来没有想到连任副主席，也想辞。觉得第一次还有新鲜感，自己能当副主席还是荣耀的，现在已连续当了 10 年，再当，没有特别的感觉了。但是有人告诫他说，中国作协章程规定年满 70 才可退，你现在不能提不当的事，因为还有人像你一样，年龄未到，你开一个请辞的头，弄得别人处境尴尬，会惹人讨厌。听了这个告诫，他就告诉自己，让当也行，让不当也行，反正自己不要多说话。现在已经如此，只好先硬撑着。

本月 散文《饭事记趣》刊《中国作家》（半月刊）第 21 期。

12 月 4 日 全国人大常委会副委员长、九三学社中央主席韩启德向九三学社委员推荐陈忠实的《白鹿原》。韩启德主席在九三学社第十二届中央委员会第五次全体委员扩大会议闭幕会上的讲话中说："我在这里向大家推荐两本优秀小说。一本是陈忠实的《白鹿原》。我相信在座的好多人看过这本书。这本小说的故事发生在距离西安不远的白鹿原，那里是最典型的中国农村，描述从清末一直到新中国建立白姓和鹿姓两个家庭的经历。看完这部小说，我对中国的社会结构和治理，对近代中国农村的变迁，对中国传统文化，都有了更深的体会。另一本是几个月前刚出版的王安忆的新作《天香》。……我认为这两部小说都是传世之作，大家值得一读。”

12 月 7 日 在《文化艺术报》发表怀念小说家王观胜的散文《依然品尝你的咖啡》。

12 月 29 日 参加陕西省文艺评论家协会、《小说评论》等单位举办的“纪念笔耕组成立 30 周年座谈会”。在发言中回忆笔耕组成员蒙万夫，说蒙万夫当年对他写《白鹿原》的构想只谈过一个意见：长篇小说要重视结构艺术。长篇小说如果没有好的结构，就像剔了骨头的肉一样，提起来是一串子，放下来是一摊子。原笔耕组成员及评论家肖云儒、李星、畅广元、陈孝英、薛迪之、薛瑞生、费秉勋、王仲生、李国平、邢小利等以及作家贾平凹、叶广芩、红柯、冯积岐等参加。刘斌、雷涛、齐雅丽等陕西省文学艺术界联合会和陕西省作家协会领导与会。

2012 年　70 岁

1 月 22 日 辛卯除夕，回祖居老屋放鞭炮，祭祖。

2 月 1 日 被聘为西安美术学院客座教授并参加西安美术学院客座教授迎新春茶话会。

同日 长篇小说《白鹿原》法文本译者邵宝庆译自法新社 2012 年 2 月 1 日报道：

柏林电影节主办方宣布，中国导演王全安的史诗性电影《白鹿原》最终加入参赛名单。至此，包括十八部电影的名单已经准备就绪。

《白鹿原》这部史诗叙述的是中国几代农民在共产主义中国成立前一个半世纪中（原文如此）所经历的动荡。导演王全安于 2007 年已经凭其《图雅的婚事》夺得金熊奖。

《白鹿原》这部电影改编自陈忠实的同名畅销书。电影节组委会主席迪埃特·考斯里克（Dieter Kosslick）在向媒体介绍电影节情况时说，这部书是“中国现代文学史上最受争议的小说之一”。电影节的举办时间是 2 月 9 日至 19 日。

考斯里克诙谐地说：“鉴于中国历史之恢宏，这部电影还是比较短的”。然后说影片约长三个半小时。

王全安2007年获奖的《图雅的婚事》，讲述的是在中国当代农民大批离开农村的背景下，一个牧羊女和其两个丈夫的非同一般的爱情故事。

2月4日 接受凤凰网娱乐版记者采访。

2月9日 接受《长江日报》记者采访。

2月18日 第62届柏林国际电影节闭幕式的柏林时间是2月18日晚，而北京时间则是2月19日凌晨。北京时间2月18日晚上9时刚过，打电话给邢小利，开口第一句话就是：“电影《白鹿原》完了。”他讲，“制片人刚才给我发来了短信，估计是从参赛地柏林发来的，说，最后审查通过的电影《白鹿原》片长两小时四十分，故事时间终止于1938年抗日战争开始，这样一来，所有的人物都没有了结局，故事情节也不完整了。”对邢小利强调说，“故事时间终止于1938年，那怎么看？后边还有那么多内容！”小说《白鹿原》时间止于1949年。对邢说，制片人讲，“审查了很长时间，今天找这拨人看，明天让那拨人看，提了意见都得改。几个左派审查人员看了两遍，每次都提出不同意见。七改八删，影片已经不能反映导演的艺术构想，现在变成了人物‘群像表现’，‘群像表现’是媒体评论的话语，因为没有了主要人物，也没有了突出的人物，故事也没有了结尾。男一号是演白嘉轩的张丰毅，张丰毅看了气得先走了，也拒绝接受记者采访。”最后说，“电影《白鹿原》砸锅了！”邢说，“凤凰网有一些关于电影《白鹿原》参赛的采访和报道，我下载了，你看看。”陈勉强笑笑说，“不看了不看了，现在还有啥看的。”说完挂了电话，显得很丧气。

2月19日 柏林时间2月18日晚，第62届柏林国际电影节举行颁奖礼，电影《白鹿原》获艺术贡献（摄影）银熊奖。

2月21日 晚上与莫伸、商子雍、商子秦、朱文杰等文友在曲江生态园聚餐。

2月29日 陕西省残疾人作家协会在西安成立。陈忠实任顾问。

本月 随笔《主编长啥脸杂志长啥脸》刊《时代人物》第2期。文中说：“今天站在这里，我好生感慨！由《时代人物》杂志推出的十个中国绅士，九个都是很切合实际的绅士。只有一个人不像绅士，这一个就是我。我的准确定位，就是一个进了城的灞桥农民，或者说，一个进城的老农民工就是我。一个老农民工跟绅士相差十万八千里，马川硬把绅士这个名号安给我，我姑且领受。但下了这个台子，回到家里，我其实仍然还是一个进城的老农民工。”又说：“我常说，一个杂志的主编，他的脸，他的精神，就是他的那本杂志的脸。打开杂志，你就可以看到主编的思维方式，他的精神面貌。或者更形象地说，看一本杂志就看见了主编的那一张脸。”

3月10日 评论家朱寨于3月7日在北京逝世，发悼念朱寨唁电：

沉痛哀悼我国杰出的文学评论家朱寨同志

评论新文学从生活出发感悟与深思

思辨新时期由历史聚焦新潮与思潮

《白鹿原》出版后，朱寨对这部作品写过评论文章，并有较高评价，题为《评〈白鹿原〉》，刊《文艺争鸣》1994年第3期。

3月18日 于二府庄写就《有关〈白鹿原〉手稿的话》，后刊《江南》（双月刊）本年第4期（7月出刊）。

3月20日 上午，在咸阳参加由中国作家杂志社、中共咸阳市委宣传部、深圳宇宏集团主办的《中国作家》咸阳创作基地暨《中国作家》书画院咸阳分院的揭牌活动。

3月28日 晚上应邀在曲江吃饭，陕西师范大学出版社与一些陈忠实研究作者签订出版合同。在座的有邢小利（《陈忠实画传》）、王向力（同时代表王仲生，与王合著《陈忠实的文学人生》）等。陕西师范大学出版社一方有冯晓立、傅功振等。

席间，讲到《白鹿原》参评茅盾文学奖前后的一些事：

《白鹿原》写完后，观察形势不利于出版，也就不着急拿出来。还在写作过程中，他已经感觉自己写的这个东西是个啥东西，在当时政治氛围里根本不可能出版，所以改写第二稿，就是慢悠悠的。

1992年一天早上，听广播播邓小平南方谈话，“胆子再大一些，步子再快一些”，感觉形势变了，可以拿出来了。

参评茅盾文学奖。据说中宣部丁关根部长对《白鹿原》有指示，有批评。1995年10月，茅盾文学奖初评，在参评的100多部长篇中，最后筛选出20余部，进行投票选择。中国作协党组书记翟泰丰坐在办公室等消息，不是等评出，而是等着《白鹿原》没有被评上。后来，《白鹿原》全票通过，评奖办公室主任陈建功向翟汇报，翟气得拍了桌子，又在办公室转着喊：“《白鹿原》有什么好的，你们要评上？”陈建功说，这是评委的意志，又不能说不让评。

本来到了下一年，即1996年，终评就要开始，但因担心《白鹿原》被评上，就压着不评。到了1997年，实在不能再压了，又听了一些人的建议，让多请一些老左派当评委，让《白鹿原》自然流产。没有想到，老马克思主义评论家陈涌第一个发言，先全面肯定了《白鹿原》，一下子定了调子，扭转了形势。

陈涌意见：一、政治上没有问题。关于两党斗争的态度，是站在中共立场上的，是反对国民党政权的。二、艺术上好。结构、人物、语言都很出色。三、关于性描写，都是与人物和情节有关的，个别一两句，可以从不同角度理解。

终评前一天晚上，何启治来电话宽慰：书很好，但鉴于形势，不抱希望，心态要好。接着评委会主任（邢注：似应该是评奖办公室主任）来电话，也是宽慰。

评奖第三天，评委会主任（邢注：似应该是评奖办公室主任陈建功。据人民文学出版社副总编何启治谈，是评委会副主任陈昌本）高兴地打来电话，说与他商量：看来《白鹿原》评上是没有问题了，现在是，个别地方可不可以修改，不勉强。他说，你先说是什么地方？主任说，就一两处，一是朱先生说鹿兆鹏和白孝文在白鹿书院相遇，朱说：看来都不是君子。二是关于翻鏊子的说法。他说这可以。但这两句话后来都没有动，他只是把当时的氛围做了部分修改。

陈涌后来专门跑到东单书店买了陈忠实的两本书，准备读了写评论。他后来把自己的集子给陈涌寄了几本。陈涌后来写了两三万字的评论发在《文学评论》。

他借到北京开会之机，与白烨一起去看陈涌。买了一些水果，陈涌开门，说这个东西坚决不要，不让水果进门，就放在门外。然后进去喝茶。茶几上摆着他的小说集。再一次去北京看陈涌，陈涌刚做完手术，已经站在楼下等。看完陈涌，陈涌送下楼，说，订了饭，吃罢饭再走。陈忠实说，晚上中国作协还有主席团会，晚宴，不能吃。又说，我送水果你都不收，怎么好吃你的饭。

后来有人说，他陈某为了得奖，妥协，修改。其实不是那么回事。

还讲：上高中时，读的《子夜》，这个时期基本读完了茅盾的小说代表作和巴金的小说代表作。

讲：他写《白鹿原》，写了国共两党人物，读者有误读。他其实是把人物当人写，当正常人写。过去的文学作品写共产党人，不是写成神就是写成英雄人物，写国民党人，特别是军人，不是泼皮无赖就是小丑，他要把这两种人都还原成人，当成正常人来说，优点缺点都写。

陕西师大出版社冯晓立与陈忠实谈，欲出文集。

3 月 30 日 晚上接待来西安考察访学的沈阳师大教授季红真及其弟子一行。季说她组织人写当代作家传记，其中有一本《陈忠实传》，陈不同意写。

本月 《我的秦腔记忆》刊《法制资讯》第 1 期。

本月 评论陈彦《说戏》的文章《说者与被说者，相通着的境界和操守——读〈说戏〉》刊《新文学评论》第 1 期。

4 月 5 日 下午在白鹿书院陈忠实文学馆接待全国政协副主席陈宗兴一行参观考察。

4 月 6 日 下午参加白鹿书院在白鹿原上西安思源学院樱花大道举行的“白鹿雅集”活动。

4 月 7 日 晚上乘火车去北京参加中国作协全委会。

5 月 5 日 下午，见邢小利，谈邢著《陈忠实画传》看后个别修改意见。将法文本《白鹿原》两本交邢，一本给陈忠实文学馆，一本给邢。说：法文本，自己的书，一个字都不认得。

谈到关于 1968 年清理阶级队伍问题。说：他当时是做清理阶级队伍后期的落实政策工作。当时农村一个公社揪出来一二百个历史上有问题的人，他被抽调搞落实。公社有一两个正式干部负责，公社各学校抽调了七八人搞文字。最后没有一个人被打成敌我矛盾，成为阶级敌人。只有一个女的，记不清是蒲城还是白水人，当年非常漂亮，连嫁五六个人，丈夫都死于非命，最后一个男人是灞桥人，新中国成立前在安康一个县当县长，那个县解放，要他回原籍报到当农民，结果回来后被关押，后来被送到新疆劳改。那时婚姻不像后来这样严格，女的看丈夫没有了希望，就与邻村一个人结了婚。这当然不是什么特务，只是历史背景有些复杂。他给这个女的写了结论，如实写了历史背景，没有打成敌我矛盾。后来，他当十三大代表，陕西作协（陈说他知道是谁，但不告诉邢）有人给陕西省委以至中央写信，告他，说他在清理阶级队伍中整人。陕西省委组织部和陕西作协联合到毛西公社查这件事，结果就找到了这个女的。女的说：陈忠实好，给她落实了政策，她才没有因为历史问题而受累。情况正好与告发者说的相反。

说到灞桥区委给他1976年在《人民文学》发表短篇小说《无畏》事件的结论。他说他记得是1980年左右就做了结论，怎么会是1982、1983年（邢在文中根据陈的档案记录）写的结论。邢说是看的他的档案记录。邢说在中共陕西省委组织部看了陈的档案，1982、1983年关于《无畏》事件的结论，是关于陈的考察报告时间，可能与《无畏》事件当时做结论的时间不同。

5月10日 《白鹿原》法文本《Au Pays du Cerf blanc》在巴黎举行首发新闻发布会。《白鹿原》法文本由法国色依出版社（Editions du Seuil）出版。译者：邵宝庆、Solange CRUVEILLE。2012年5月第一版。定价：25欧元。

5月15日 晚上，和邢小利吃饭商量接待陈世旭、刘兆林、何启治事。谈到邢著《陈忠实画传》中所附年谱，说邢给他编写的年谱太细，几岁干啥都写上，他不是大人物。邢说，你就是大人物，年谱就应该是这样的。

5月16日 早前约人民文学出版社编辑何启治、辽宁作家刘兆林、江西作家陈世旭三个朋友来西安，晚上在雍村饭店为三人接风。

5月17日 早晨上白鹿原，先到白鹿书院，与何启治、刘兆林、陈世旭、白烨（来西安公干）等在书院聊天，后去一道原顶看原上风景，到樱桃沟观灞河形势，购樱桃。下午何启治、刘兆林、陈世旭、白烨会讲“白鹿论坛”。晚上请何启治、刘兆林、陈世旭等在东门外老孙家吃羊肉泡馍。何启治、刘兆林、陈世旭18号去法门寺、楼观台；19号上午陈世旭、刘兆林离开西安。

5月21日 早上到雍村饭店送别何启治，何启治去延安。

5月30日 下午到西安思源学院参加白鹿书院理事会，同时与到“白鹿论坛”讲演的雷抒雁见面。

6月 散文《难忘一种鸟叫声》刊《意林文汇》第6期。又刊《文苑（经典美文）》2014年第2期，《语文教学与研究》2014年第6期。

本月 散文集《接通地脉》由作家出版社出版。

7 月 6 日　托邢小利问邵宝庆法文本《白鹿原》在法国销售和反响情况，邵宝庆回答说：

关于销售情况，我问了出版社，他们说到目前售出了三千册，已经见到的舆论反响也不错。

我个人感觉，这个数字对于一个中国小说已经相当不错，尤其是这样的大部头。因为许多中国小说一共也不过售出几千到万把册。同时，真正有力量的介绍文章恐怕还要过一阵子才能出来，现在见到的还只是一些极其笼统的介绍。大概是记者和评论家们还都没来得及看完。

但是出版社的宣传力度还是蛮大的，一流的报纸和杂志都做了介绍。不过因为假期马上就要开始，所以恐怕这一个小说销售高峰可能要错过去了。

7 月 20 日　中国作家协会公布陈忠实为中国作协专门委员会之小说委员会主任。

7 月 22 日　早上在雍村饭店参加由陕西省文化厅和陕西省作协共同举办的冷梦长篇小说《西榴城》研讨会，称赞该作是“横空出世，不同凡响”。

同日　下午参加王锋、范樵父、王松、魏杰合著的诗书画印合集《坐卧终南》研讨会。发言说：“四位都算得上才气横溢的艺术家，虽然追求的艺术门类不同，精神操守和人格修养的境界却趋同一致，便是坐卧终南。有这样的精神和人格，可以相信在各自的艺术领域，不断攀升和开拓新的艺术境界，把自己的艺术天才发挥到极致。面对终南的坐姿或卧姿，当属最坚实最可靠的人生姿态。”

同日　晚，在西安天锡楼宴请回陕的评论家李建军和《文学报》主编陈歆耕。

7 月 26 日　晚上应《小说评论》之邀在雍村饭店与来自山西的评论家王春林和《名作欣赏》主编续小强等见面。餐间，聊到网民议论“百名作家抄《讲话》”一事，陈忠实不理解，问续小强这是怎么回事，续说“认为《讲话》过时了”。陈忠实说，纪念《讲话》，很多地方每年都搞，今年也是这样，中宣部，还有很多地方的宣传部、作协、文联都搞，要批评，怎么不批评这些，而只批评作家？他回忆了他抄写《讲话》的情况，说是作家出版社给他寄了一函，其中有指定的让抄写的一段《讲话》文字，他不知放哪里去了，后来出版社又来电话催问，他说找不见那段文字了，出版社又寄了一份，他才抄了寄去。

本月 散文《有关〈白鹿原〉手稿的话》刊《江南》第4期。

8月3日 早上在陕西省作协参加省委宣传部部长景俊海的调研与座谈活动。发言称雷涛的汇报是“实情”，称赞陕西省作协近年工作作风好。

出席座谈会的领导、嘉宾有：中国作家协会副主席、陕西省作家协会名誉主席陈忠实，陕西省作家协会党组书记、常务副主席雷涛，陕西省作家协会主席贾平凹，陕西省作家协会党组副书记齐雅丽，陕西省作家协会副巡视员王根成，陕西省作家协会副主席高建群、冯积岐、冷梦、张虹、李康美、红柯、朱鸿，陕西省作家协会秘书长王芳闻、副秘书长李锁成，陕西省作家协会杂文委员会主任商子雍、诗歌委员会主任沈奇，西安市作家协会主席吴克敬，《小说评论》杂志副主编邢小利，中国电力作家协会副主席、省电力作家协会主席潘飞，《文化艺术报》总编辑、作家陈若星，《新叶》杂志主编、作家高鸿，西安市作家协会副主席、作家吴文莉、杨莹，作家杜文娟、李媛彬等。

同日 因这一天是陈忠实生日，何启治给他发了一条祝贺短信：

忠实七十华诞志庆：坚忍不拔陈忠实成就伟业，风光无限白鹿原再造辉煌。启治敬贺。

同日 《白鹿原上奏响一支老腔》刊《光明日报》。

8月13日 《〈白鹿原〉与我》演讲稿刊《人民政协报》。

本月 评论王锋、范樵父、王松、魏杰合著诗书画印合集《坐卧终南》的文章《共舞心灵绿地》刊《文学界》第8期。

本月 《白鹿原》“20周年纪念版”（有插图，为电影《白鹿原》布景画稿）由人民文学出版社出版，版本为1993年6月北京第1版。印数50000册。

本月 短篇小说集《失重》由湖北长江出版集团、长江文艺出版社出版。

本月 中篇小说集《夭折》由湖北长江出版集团、长江文艺出版社出版。

9月4日 在《人民日报》发表“创作心语”《接通地脉，只因乡村情感》。

9月11日 晚，邀邢小利和雷电一起去北京，参加人民文学出版社和中国人民大学文学院联合举办的《白鹿原》出版20周年纪念会。乘火车，软卧，晚上睡不着，闲聊。话题扯到了“文革”，也记不清说到了“文革”中的什么，陈忠实突然激动了，说：“那个时代就是那个样子，当时谁都不觉得那是不正常。‘文革’中人都疯了，我也疯了！”说到这里，他把头猛地一摆并向后一仰，双眼怒睁，显出激烈状。然后喃喃地说，“我现在也想不通，我当时怎么会写出一篇与‘走资派’做斗争的小说！我就没有与‘走资派’做斗争的生活么……”

9月12日 下午，在北京参加由人民文学出版社和中国人民大学文学院共同举办的“《白鹿原》出版20周年庆典暨纪念版、手稿版揭幕仪式”。该仪式在中国人民大学逸夫会议中心第一报告厅举行。电影《白鹿原》导演王全安，舞剧《白鹿原》导演夏广兴，人民文学出版社前副总编辑何启治（《白鹿原》首版编辑），中国出版集团副总裁、人民文学出版社社长潘凯雄，人民文学出版社总编辑管士光等出席了本次庆典活动。现场嘉宾围绕《白鹿原》的独特魅力与价值，以及本书在中国当代文化史上的意义展开深入交流。管士光认为：“《白鹿原》历经20年长盛不衰的客观现实告诉我们：创作精品、推出精品和传播精品是一个国家、一个民族的文化生生不息、长盛不衰的灵魂和根基之所在。创作精品需要作家扎实的生活积累、深邃的精神思考和独特的艺术表现；推出精品需要出版人对精品的准确理解、慧眼独具和高水准的专业能力；而传播精品则需要全社会的共同参与。”陈忠实在回忆自己当初创作经历时说：“我在自己对艺术的感受，包括我的经历、我的创造欲望最为充沛的一段时期写成了这本书，基本没有留下什么遗憾。”同时，各位名家一起为人民文学出版社全新推出的“《白鹿原》出版20周年珍藏纪念版”“《白鹿原》手稿限量珍藏版”揭开了神秘的面纱，随后，主办方宣布其图书将于近期与全国读者见面。此次人民文学出版社隆重推出的“《白鹿原》出版20周年珍藏纪念版”以1993年初版本为底本，首次增补了陈忠实写作的《〈白鹿原〉创作手记》，并附有作者创作时期的珍贵照片和手稿图片，此外电影《白鹿原》美术设计还为本书提供了多幅精美插图。同时推出的“《白鹿原》手稿限量珍藏版”带有原始编辑痕迹，具有极高的文献价值和收藏价值。

晚上，中国人民大学领导及文学院领导孙郁等请吃饭。同席的有阎连科、张悦然等中国人民大学驻校作家及文学院学者。

9月13日 上午，在北京华侨大厦住处接受有关媒体的集体采访。下午，在中央电视台参加《小崔说事》栏目的对话节目录制。晚上，与白烨、李建军在所住宾馆见面。

9月14日 上午，在北京华侨大厦住处接受有关媒体的集体采访。晚乘火车，次日回到西安。

9月26日 评论冷梦长篇小说《西榴城》的文章《横空出世 非同凡响》刊《文艺报》。

本月 《〈白鹿原〉手稿本》（全四册）由人民文学出版社出版。印数3000册。

本月 冯希哲编的《陈忠实解读陕西人》由陕西师范大学出版总社有限公司出版。

10月9日 参加邢小利女儿邢之美婚礼并致贺词。

10月11日 北京时间晚上，得知莫言获2012年诺贝尔文学奖，接受各方记者采访时说："我刚才一听到这个消息就给莫言拨了电话，不过一直没有拨通，所以也希望通过你们对莫言表示最真诚的祝贺！莫言获奖不仅是他的光荣，也是中国当代文学的光荣，标志着中国当代作家的作品已经进入世界诺贝尔文学光环的系列。它不仅是对莫言创作成就的褒奖，也是对中国文学的褒奖，更能唤起中国整个社会对文学关注度的提高。多年以来，总看到报纸上说中国人有'诺贝尔奖焦虑症'，中国籍人士在化学、医学、物理等方面没有获奖，这下最起码在文学领域的焦虑应该得到了缓解。"（据2012年10月12日《文艺报》）

10月15日 参加由中共陕西省委宣传部召开的陕西文学创作座谈会。会议围绕莫言荣获诺贝尔文学奖发言，谈启示，并联系陕西当前的文学创作现状，为陕西文学事业的繁荣发展建言献策。省委常委、省委宣传部部长景俊海出席并讲话。

本月 与《中华读书报》记者舒晋瑜访谈录《我早就走出了白鹿原——陈忠实访谈录》刊《中国图书评论》第10期。

11月16日 下午在西安思源学院参加白鹿书院理事会。

11月17日 下午在大唐西市的嘉汇汉唐书城参加由书城和陕西师范大学出版总社有限公司联合举办的"陈忠实的文学世界"套书首发式。由陕师大出版社出版的"陈忠实的文学世界"共分4册，分别为《陈忠实解读陕西人》（陈忠实）、《陈忠实的文学人生》（王仲生、王向力）、

《陈忠实画传》（邢小利）、《〈白鹿原〉文学原型考释》（卞寿堂）。

11 月 21 日 上午陪陕籍在京评论家李炳银上白鹿原，先看陈忠实文学馆，后去白鹿书院叙旧谈天，中午在原上的狄寨印象农庄吃农家饭。

12 月 11 日 上午到陈忠实文学馆，接待省教育厅副厅长李谦一行参观。晚上与铜川市文体广电局副局长唐云岗晚餐，唐云岗提出在铜川设立“陈忠实文学奖”，征询意见，未同意。

12 月 16 日 上午在陈忠实文学馆接待人民文学出版社总编助理、古典部主任周绚隆，《白鹿原》责任编辑刘稚，当代室赵萍一行并亲自讲解有关图片。周绚隆等此行与陈忠实主要谈两项事务：一是尽快落实由陈忠实出资的在人民文学出版社设立的“白鹿当代文学编辑奖”一事，此事年初由陈忠实与何启治动议，9 月份在北京中国人民大学举行《白鹿原》出版 20 周年纪念活动时，人民文学出版社领导与陈忠实签订了意向性合同；二是人民文学出版社拟出版多卷本的《陈忠实文集》，陈忠实当时欣然同意，说“人文社当然规格高”，又说陕西人民出版社想出但还要他找省上有关部门要钱资助，比较费事。晚上在七贤庄七号院参加省新闻出版局局长薛保勤宴请人文社诸位客人的活动。

12 月 17 日 应《大家》杂志李巍之约，写完 1 万余字的散文《儿时的原》。

本月 创作谈《根在乡村》刊《求是》第 24 期。

本月 《漕渠三月三》由线装书局出版，该书列入“当代大家散文”丛书，王必胜主编。

自本年 12 月至 2015 年 12 月，受聘于兰州大学，担任该校兼职教授。

2013 年　71 岁

1 月 陕西省政协十一届一次会议于 1 月 26 日至 31 日在西安召开，陈忠实以特邀代表身份参加。

本月 “当代著名作家美文书系”《拥有一方绿荫》由中国文史出版社出版。

本月 中短篇小说集《霞光灿烂的早晨》由重庆出版集团、重庆出版社出版。

本月 “茅盾文学奖获奖者小说丛书”《蓝袍先生》由江苏文艺出版社出版。

本月 小说散文集《释疑者》以“茅盾文学奖获奖作家的短经典”书系由人民文学出版社出版。

2月5日 在白鹿书院接待人民文学出版社社长管士光及总编助理周绚隆，商谈在人民文学出版社设立“白鹿当代文学编辑奖”事宜。中午在半坡湖度假村接待管士光一行。

2月27日 中共陕西省委在陕西省作家协会召开全体干部职工大会，宣布关于蒋惠莉任陕西省作家协会党组书记、常务副主席和雷涛不再担任以上职务的决定。

2月28日 晚上约请邢小利、雷电到西安市长安路唐乐宫与阳光红岩集团吴征等见面谈《白鹿原》电影事。主要人员来自三个方面：陈忠实，邢小利，雷电；陕西旅游集团老总张小可，《白鹿原》制片人王乐；阳光红岩集团老总吴征，七星媒体集团总经理朱芸等。

吴征讲了他们对于电影《白鹿原》的构想后，陈忠实说他请来了两位“高参”。陈忠实介绍邢小利是作家和评论家，让邢小利先说。

邢小利说：历史上，古今中外，一些有影响的小说被续写、补写，被其他艺术形式重新改写，是常有的事，这是正常的艺术再创作，有的续写和改写也很有意义，在思想和艺术上对人都有启发。吴总这个团队集合各方重要力量，现在来重新打造电影《白鹿原》，此前看过有关介绍，刚又听了吴总的构想，觉得这个事，无论是对原著，还是对在座各方，包括对社会，都是好事。我最感兴趣的，是关于《白鹿原》电影主题的重新定位和构想，其他的电影艺术方面的制作，有世界知名演员参与，有好莱坞的制作背景，我相信会做得很好。

小说《白鹿原》写的是清末以来，主要是民国时期，以至共和国建国之初这一段历史，这一段人的命运和生活。小说中所写的主要人物的命运，到了新中国成立，也就是1949年就中止了。但是，历史是一个长长的进程，一些历史的要求，并不是随着朝代的更替、政权的变化就突然停止了。从中国历史看，清末，也就是近代以来，历经民国和共和国，这一二百年的历史，可以看作是一个整体，是一个历史阶段，是中国从所谓的“封建社会”（西周和春秋战国时代，才是真正的封建社会，封侯建国；秦以至清，是中央集权官僚统治的皇帝家天下时代，是极权专制社会）——极权专制社会向现代民主社会转型的大历史时期。这一二百年的历史主题是中国要从传统的两千年的专制极权社会走向民主政治社会，完成现代化的历史转型。如何实现转型，历经清末的康梁变法“改良”和推翻帝制的辛亥革命，再历经国共两党的几次联合与斗争，包括所谓的革命与反革命的战争，对外的如抗日战争我们且不说，再经历了共和国时期的持续不断的激烈的阶级斗争，镇压反革命，反右，“文化大革命”，“六四”政治风波，人们对如何向现代化国家转型，特别是对暴力革命的方式，对理性的温和的改良的方式，都有了一个逐渐认识的过程，也就是反思的过程。

我最近读了几本书，对我启发很大。一本是金雁（西安人，中国政法大学教授、秦晖夫人）写的《倒转“红轮”》，这是一部追溯俄国知识分子心灵历程的厚书。书中介绍，俄国知识界、思想界，包括普通民众，现在相当多的人都对100多年前俄国贵族知识分子的思想重新认识，并有相当普遍的认同感。这些知识分子以近年在我国也引起重视的别尔嘉也夫、以赛亚·伯林等人为代表。书中说，100多年前的1909年，经历了1905年革命的俄国，有七位思想者共同出版了一本小册子，叫《路标文集》，该书的作者们被称为“路标派”，《路标》出版后在当年曾引起左派阵营和自由主义阵营共同的激烈批判。此后100多年，关于此书的争论和思考一直没有停止。随着时移世变，接受《路标》思想的人在俄罗斯文化界越来越多。苏联解体以后，《路标文集》在俄国好评如潮，民众如同发现“先知教诲”一样争相阅读。“路标派”提出的“三自我”原则：“自我反思、自我深化、自我批判是这个机体未来的种子”被当代俄罗斯人广为传颂。“路标派”被奉为具有历史责任感的、探寻俄国前进道路上的“灯塔”。《路标》的主要思想是什么呢？概括地说，就是在对暴力革命反思的基础上，提出“告别革命，回归文化”的思想，强调个性自由，反对激进主义。俄国的近现代历史与中国近现代历史有很多相同的地方，他们面临的问题也曾是甚至也正是我们面临的问题，他们思考的问题也是我们需要认真思考的问题。

我国的学者和思想者李泽厚和刘再复，在“六四”政治风波之后，他们以对话的形式也提出了“告别革命”这个命题，并以之作为书名在香港天地图书公司出版过一本书，应该说，这是中国知识界和思想者对中国这 100 多年来历史进行深刻反思之后的一个结果。这个命题在中国知识界广有影响。我读过该书的复印本。前年，刘再复在该书第六版序中说过这样一段话，似乎可以概括该书的主要意旨："革命，这是辛亥革命的主题，也是中国二十世纪的历史主题。李泽厚先生和我讨论这一主题并通过《告别革命》一书表达一种期待：期待二十一世纪的时代内容应当有一次历史性的'主题转换'，中华民族的生活重心应从革命转换为改革，从暴力转换为维新，从战争转换为建设，从'你死我活'转换为'你活我亦活'。我们期待：'革命'这一大理念在新世纪只是一种学术讨论的'话题'，不再是历史实践的'主题'。时代的基调、时代的主旋律如果能从'阶级斗争'（二十世纪基调）转向'阶级调和'，那将是中国人民的巨大幸运。"序中还说，"'改良'并非投降，它同样需要各种必要的甚至是激烈的斗争，但绝不是那种大规模的、群众性的、流血的'革命'。实际上，'改良'比'革命'更艰难、更复杂，也更需要坚忍不拔的韧性。"

我最近还读了余英时写的《重寻胡适历程》，该书有一个副题叫"胡适生平与思想再认识"，书中有两部分重要内容，一是依据胡适的《日记》，一是依据胡适《年谱》，对胡适的生平和思想进行了切实深入的介绍、分析和研究。从这本书中可以看到，其实早在民国时期，无论是前期还是后期，胡适的思想都是反对暴力革命，反对包括学生示威游行这样的激进行为，面对国民党将介石的一党独裁，他虽然也是极力反对，但主张以和平理性的方式进行渐进式改良，他更是重视教育和启蒙的作用。

所以说，反思暴力革命，反对历史激进主义，重视教育启蒙的作用，提倡个性自由，是专制国家在当今为解决诸多社会问题应该而且可能具有的一个时代共识。

电影《白鹿原》国际版在重新改编构想中，提出白灵临死前托黑娃给哥哥白孝文转交一封劝其后代从事教育的信，白孝文等人在经历了诸多革命运动后有所反思，这个主题思想是很有现实和历史意义的，西方人可以接受，包括中国人在内，都会有所启发。我觉得这个主题好。

小说《白鹿原》主要内容包括人物的命运只写到 1949 年，写到中国共产党建立政权这个时间，但其中的许多人物命运还没有结束，他们活到了当代，活到了共和国时期，像白孝文就是一个。这样看来，这部小说其实就具有了一个开放性的结构，那就是人物的命运没有完结，人们有理由对他们后来的命运和结局依据历史的理解进行不同角度的猜测，包括续写。这是很有意义的。其实，小说《白鹿原》中就有一个重要人物，他基于对历史和现实的观察，对未来中国有一个预言式的警告“折腾到何日为止”？小说写道，“文革”中朱先生的墓被红卫兵挖开，里面唯一的一块砖，一面刻着“天作孽犹可违”，另一面刻着“人作孽不可活”，摔开后，里面还刻着字：“折腾到何日为止”。这也可以看作是朱先生对中国持续不断的激进主义和暴力革命的一种批判态度。这说明，小说《白鹿原》通过朱先生对暴力革命已经进行了反思。

《教师报》副刊主编雷电接着发言。他说：关于主题思想方面，小利前边已经说了，我这里不多说。我想谈一个问题，就是引起“反思”的人物，现在构想的是白孝文，但白孝文这个人物一是出身地主，二是“底子潮”（邢注：指历史上有污点），他在新中国成立后，历经各种运动，能不能活到现在？我看现在构想电影《白鹿原》的人物故事一直延伸到了今天，也就是改革开放后的今天，白孝文这样的人能不能活到今天？我建议，用失踪的鹿兆鹏可能更好，此人在小说中是一个坚定的共产党人，一个老革命，他后来的反思，也许会更能说服人，也更有意义和深度。

吴征对助理说：这个可以考虑，记上。

关于《白鹿原》电影重新改编事，陈忠实说：

《白鹿原》出版后，有不少人建议他续写《白鹿原》中人物后来的故事，写新中国成立后的故事。他没有写。现在，新的电影《白鹿原》打算把历史时间延长，续写人物后来的命运主要是人物的历史思考，他谈一些看法。

《白鹿原》中所写的国共两党斗争史，是历史的真实，是历史上已经真实地发生了的事，这可能是无可奈何的，但却是无法更改的。现在不能改，将来也改不了，因为它是历史事实。关于曾经发生的暴力革命，特别是国共两党之间的“革命”斗争，它是当时历史条件下以及认识水平指导下的一种历史选择。对暴力革命的历史功过，黑娃不会反思，白孝文不可能反思，白孝文后来已经变成了一个只顾自己利益的“坏人”，白灵也不可能反思，白灵当时就是一个热衷于革命，而且革命热情很高的年轻女性，她不安心过正常人的生活，就是向往革命，要投奔革命，她是死于自己人手里，不是死于敌人手里的，她不可能对“革命”有新的反思性认识。让白灵反思革命这样一个重大的历史问题，给哥哥写信让后代教书育人，这样的认识，这样的思想，不符合这个人物的性格特点和逻辑。《白鹿原》中对暴力革命唯一有不同理解和认识的人，就是刚才小利讲的，是白鹿书院的山长朱先生。朱先生是站在儒家文化的立场上，看待革命斗争的。

陈忠实在这里延伸了一下话题范围，他讲：

当年（中宣部）对《白鹿原》提出的批评意见主要有两点：一是朱先生把国共两党的斗争说成是“翻鏊子”，二是共产党的鹿兆鹏和国民党的白孝文后来不期在白鹿书院相遇，朱先生让两人坐下说，结果两人一逃一追，朱先生感慨着说了一句：“看来都不是君子。”茅盾文学奖评奖时，也提出了这两点，主持评奖的有关领导让改，他没有改。陈忠实认为，这是朱先生的话，当然也是作为儒家人物的朱先生的观点，并不是他陈忠实的话，当然也不是他陈忠实的观点。

（邢注：“君子”之谓，不是一个随便的说法，而是深刻地反映了儒家思想和儒家文化对人的理解和观念，非常有意思，也非常有意义。它不是站在利益——个人利益和集团利益的角度看问题，而是站在人格与道德的立场看问题。）

陈忠实继续讲：新中国成立后，无论是“反右”还是“四清”，主要是官斗民，官整民，到了“文革”，整个儿地倒了过来，是民斗官，民整官。无论是官整民，还是民整官，还都是斗争，都充满了暴力。对于革命和暴力，在这个历史时期，人们都还没有多少反思。新中国成立前，有一些民主党派和民主人士讲过“改良”的主张，但在那个历史时期，都不被更多的民众接受，不顶用，事实上也没有顶用。北欧一些国家，没有通过暴力革命，而是通过议会民主方式，实现了社会的转型，这是外国的情况。因此说，反思，反思“革命”，是现在的事，是今天的事，是后人的事。黑娃、白孝文和白灵都不具备这个思想和认识，也都不能完成这个历史任务。

讨论后，进入吃饭阶段。饭中，吴征邀请陈忠实去纽约他的养生会所，说那是全世界最好的养生会所，执业医生全世界一流，沙特王子等就在他们那里做养生医疗。

本月 散文选集《白鹿原上》由江苏文艺出版社出版。

本月 中短篇小说集《康家小院》以“茅盾文学奖获奖作家丛书”由中国社会出版社出版。

3 月 19 日 与邢小利乘下午 1 时 10 分的 G88 次高铁赴京，由人民文学出版社安排，入住金宝路鑫海锦江大酒店。晚上人文社为陈接风，出席者有潘凯雄、管士光、应红、李春凯、周绚隆、刘稚、赵平等。

3 月 20 日 出席由人民文学出版社举办的首届“白鹿当代文学编辑奖”颁奖典礼，讲话并为获奖编辑颁奖。“白鹿当代文学编辑奖”是由原人民文学出版社编辑何启治和陈忠实商议提出、人民文学出版社设立的奖项，每两年评选一次，由陈忠实出资提供奖金，奖励人民文学出版社在当代文学编辑工作中贡献突出的个人，以鼓励当代文学编辑的工作热情。《白鹿原》1993 年由人民文学出版社出版后，好评如潮且畅销不衰，陈在 90 年代就出资奖励过有关编辑，但没有延续，可视为此次正式设奖的缘起。据人民文学出版社社长管士光介绍，这种由作家出资奖励编辑工作成绩的奖项在国内实属罕见，人民文学出版社作为新中国成立时间最早、文学门类最齐全、规模最大的国家级专业文学出版社，成立 62 年来出版了众多脍炙人口的精品佳作，这些都是优秀的作者与几代编辑精心合作的结晶。杨柳、孔令燕获首届“白鹿当代文学编辑奖”，何启治获《白鹿原》出版纪念奖·特别奖，刘会军、朱盛昌、洪清波、高贤均、常振家获《白鹿原》出版纪念奖·荣誉奖，于砚章、王建国等 17 人获特殊贡献奖。

陈忠实在颁奖仪式上讲话说：

今天参加人民文学出版社首届白鹿当代文学编辑奖颁奖会，我很高兴。首先，我向荣获首届白鹿当代文学编辑奖的各位编辑，表示热烈的祝贺！

文学编辑，特别是长篇小说的编辑，是一件非常有意义同时也非常辛苦的工作。就我了解到的而言，人民文学出版社从成立以来，经过一代一代编辑之手编辑出版的当代文学作品，在很大程度上反映了新中国文学走过的道路，反映了新中国文学创作的实绩和高度。这些成就的取得，来自一代一代编辑们披沙拣金一样的辛苦劳作，来自甘愿为他人作嫁衣裳的默默奉献。每一部好作品的问世和成功发行，都有一个或几个好编辑（包括好领导）的巨大功劳。这些文学编辑们，他们文学功底厚重，有过人的才华与见识，慧眼识珠，催生精品，留下了许多文坛佳话。他们无私奉献的精神，他们对于文学事业的责任心，都让我十分感佩和敬重。应该说，如果没有好的文学编辑，就很难有好的文学作品。好作品，好人才，是靠编辑的双手捧着一颗热心推举出来的，做这些事业的编辑们，功德无量！

我作为一个作者，回顾我从事文学创作的经历，我发现，在很多时候，甚至在一些关键的当口，都有让人敬重的文学编辑对我的扶持和帮助。文学编辑们不仅是扶我上文学战马的人，甚至是扶上马、送一程、送一生的人。我的文学写作生涯，可以说一直都伴有文学编辑这个“贵人相助”。我的文学处女作的发表，是报纸的副刊编辑不断鼓励和提出宝贵的修改意见打磨出来的，这促使我走上了文学创作这条路。我在“文革”中对于文学灰心失望，很多年不再提笔写与文学有关的片言只字，是报纸的文学编辑找上门，对我反复激励，促使我重新拿起了笔。我的第一个获得全国文学奖的短篇小说，也是报纸的文学编辑找上门、郑重鼓励催生出来的。我写的第一个中篇小说《初夏》，是人民文学出版社主办的《当代》杂志的编辑和主编，在肯定中又不断提出宝贵的修改意见，反复三年多，才得以问世的。至于长篇小说《白鹿原》，也是人民文学出版社的编辑，与我订立并信守了二十年的君子之约，最后得以在贵社出版。在这里，我要向所有文学编辑们，致以崇高的敬意！

与人民文学出版社共同设立白鹿当代文学编辑奖，对于我这样一个作者来说，表达的，是我对文学编辑们深深的真诚的敬重。白鹿，在中国传统文化中，是一个吉祥的象征和符号。白鹿当代文学编辑奖，寄托着我们对于文学事业共同的期盼。希望这个奖一届一届办下去，一届比一届办得精彩。

3 月 21 日　与邢小利乘中午 12 时 8 分的 G659 次高铁回西安，经停保定东、石家庄、邢台东、安阳、郑州、洛阳六站，站站下去抽烟，最后一站洛阳，未及上车，车门已关，后乘深圳至西安的 G823 次高铁回到西安。

本月　《陈忠实小说自选集》，由新世界出版社出版。

4 月 15 日　陕西省政府副省长白阿莹分别到工作室看望著名作家、中国作家协会副主席、陕西省作家协会名誉主席陈忠实和著名作家、陕西省作家协会主席贾平凹，征询他们对陕西省文学发展的意见和建议。陕西省政府副秘书长杨长亚，陕西省作家协会党组书记、常务副主席蒋惠莉，党组副书记、专职副主席齐雅丽等陪同看望。

5月6日下午—8日上午 在西安丈八沟陕西宾馆参加陕西省作家协会第六届代表大会。

5月7日 上午9时，举行陕西省作家协会第六届会员代表大会开幕式（第一次全体会议）。中共陕西省委书记赵正永，陕西省省长娄勤俭、省政协主席马中平，中国作家协会副主席廖奔，陕西省委副书记孙清云，省委常委江泽林、郭永平、魏民洲、景俊海、安东、郭景洲，省人大常委会副主任宋洪武，副省长白阿莹出席开幕式，并与来自各市县、各行业的400名作家和文学工作者亲切见面、合影留念。开幕式由省委常委、宣传部部长景俊海主持。省委书记赵正永做重要讲话，他在回顾陕西文学的辉煌成就后，提出要弘扬路遥精神，并号召作家和文学工作者要肩负起社会责任，与人民同梦想，与时代同奋进，用文学的力量为社会的文明进步发挥正能量。同时要求各级党委政府都要敬重“文学陕军”、善待“文学陕军”、呵护“文学陕军”。赵正永书记的讲话使与会代表深受鼓舞和激励。中国作家协会副主席廖奔代表中国作家协会向大会致辞，指出“文学陕军”是当代中国文学很响亮的品牌，在当代中国文学中占有重要地位和广泛影响，为中国文学发展做出了重要贡献。陕西省文学艺术界联合会党组书记、常务副主席吴丰宽代表文化界向大会致辞。贾平凹致开幕词。

上午10时30分，举行第二次全体会议。蒋惠莉代表陕西省作家协会第五届理事会做工作报告。李国平做关于修改《陕西省作家协会章程》的报告。

下午3时，会议代表分组围绕省委书记赵正永和中国作家协会副主席廖奔的讲话进行了热烈讨论，审议了《陕西省作家协会第五届理事会工作报告》和《陕西省作家协会章程》修改草案；通过理事会选举办法并酝酿理事候选人。

晚7时，举行第三次全体会议。经过与会代表投票选举，94位同志当选为陕西省作家协会第六届理事会理事。

晚8时50分，举行陕西省作家协会第六届理事会第一次会议，选举产生第六届主席团组成人员。省委宣传部常务副部长任贤良出席会议指导。会议由蒋惠莉主持。经过与会理事投票选举，贾平凹再次当选为陕西省作家协会主席，蒋惠莉当选为常务副主席，齐雅丽当选为专职副主席，王海、方英文、龙云、朱鸿、红柯、李国平、冷梦、吴克敬、张虹、高建群、阎安、梁向阳当选为副主席。

5月8日 上午8时30分，举行陕西省作家协会第六届主席团第一次会议。会议由贾平凹主席主持。会议内容：任命齐雅丽为秘书长；同意继续聘请陈忠实同志为陕西省作家协会第六届主席团名誉主席；讨论通过聘请主席团顾问原则及名单。

上午9时30分，举行陕西省作家协会第六次会员代表大会闭幕式。省委常委、省委宣传部部长景俊海出席闭幕式并讲话，对壮大“文学陕军”实力、加强各级作家协会工作、提升陕西文学影响力、建设陕西文化强省提出了指导性意见。副省长白阿莹、省政府副秘书长杨长亚、省委宣传部常务副部长任贤良一同出席。闭幕式由蒋惠莉主持。大会通过了《陕西省作家协会第五届理事会工作报告》的决议和新修订的《陕西省作家协会章程》，聘请陈忠实为陕西省作家协会名誉主席。贾平凹致闭幕词。

5月12日 李建军来西安，晚上在荞麦园做东请李建军吃饭。参加者有邢小利、方英文、朱鸿、仵埂、马玉琛、张艳茜。

5月15日 评论王蓬两部长篇小说的文章《关于〈山祭〉〈水葬〉的解读》刊《 中华读书报》。

5月15—16日 出席在北京召开的中国作家协会第八届全国委员会第三次全体会议。陕西有贾平凹、蒋惠莉、叶广芩出席会议。

5月26日 出席在西安雍村饭店召开的《冯积岐作品集》新书发布会和冯积岐作品研讨会，研讨会由陕西省作家协会和文化艺术出版社联合召开。中国艺术研究院副院长刘茜，陕西省作家协会党组书记、常务副主席蒋惠莉出席并分别致辞。陕西省作家协会主席贾平凹和文学评论家雷达、白烨、畅广元、李星、李国平、邢小利、段建军、杨乐生等40余人参加研讨。

本月 维吾尔文《白鹿原》（四册）由新疆美术摄影出版社、新疆电子音像出版社出版。吾买尔江·阿木提译。

本月 柯尔克孜文《白鹿原》上下册由克孜勒苏柯尔克孜文出版社出版。上册：吐尔地·买买提吐尔孙译；下册：哈择别克·哈热别克、阿斯卡尔·库尔曼译。

6月3日 下午，在西安明光路和凤城8路十字西北方的白桦林间会所，参加由陕西省作家协会、西安曲江新区管理委员会等单位共同举办的“话剧《白鹿原》新闻发表会暨小说出版20周年庆祝酒会”。与会者有北京人艺副院长濮存昕、演员卢芳，陕西籍演员郭达，编剧孟冰，省委宣传部副部长龚晓燕，省作协党组书记、常务副主席蒋惠莉等。

6月26—29日 北京人民艺术剧院在西安演出话剧《白鹿原》。陈忠实买了3万元的票赠送西安有关人员。

本月 散文《火晶柿子》刊《档案天地》第6期。

7月2日 应人民文学出版社编辑刘稚之约，为该出版社之“有价值阅读丛书”编定“陈忠实卷”之“目录”，交邢小利转为电子版发给刘稚。从这个目录的角度可以见出陈忠实对自己除《白鹿原》之外的作品的一个认识。

目录为：

中篇小说

康家小院

短篇小说

信任

霞光灿烂的早晨

桥

日子

作家和他的弟弟

猫与鼠　也缠绵

李十三推磨

散文

告别白鸽

原下的日子

关于一条河的记忆与想象

贞节带与斗兽场——意大利散记

口红与坦克——美国散记

林中那块阳光明媚的草地——俄罗斯散记

7月4日 在白鹿原冒雨接待山西作家“走近文学大家·陕西行”采风团一行25人。采风团正副团长由作家秦溱和晋原平担任，两人皆为山西省作家协会副主席。

8月8日 参加由中共陕西省委宣传部、陕西省作家协会、陕西省文联联合召开的纪念胡采100周年诞辰座谈会并发言。

本月 《难得热诚，更难得慧眼——〈谷溪序文集〉序》刊《延安文学》第4期。

本月 “茅盾文学奖获奖作品全集”系列之《白鹿原》由人民文学出版社出版，该版本标明为1993年6月第1版，1997年12月第2版，2013年8月第1次印刷。

本月 锡伯文《白鹿原》上下册由新疆人民出版社出版。上册：孔淑瑞译；下册：林昌译。

9月9日 陕西作家书画院在西安成立，任名誉院长。

10月5日 托邢小利问邵宝庆有关《白鹿原》的英译版权问题。此前，因对版权问题不太了解，将《白鹿原》法文及西方语言翻译版权都签给了法国色依出版社。

邵宝庆以电子邮件答复。

对于陈老师的问题，出版社答复如下：

色依出版社可以考虑转让版权给中国出版社，出版由中国译者翻译的英文版白鹿原，虽然出版社认为这不是把此书推向世界的最佳途径。色依出版社承认，由于小说的规模以及因此造成的翻译费用过高，他们尚未找到愿意出版本书英译的出版社。

对于此次转让的具体事宜，他们希望直接和他们取得联系以便签约。色依出版社将依照原来的合同的约定，向原作者提供稿费。至于中国出版社拿去的版权的时间，也需另行商定。最好不是独家发行权，以便在有英美出版社愿意出版的时候有出版的可能。

同时出版社还通知，《白鹿原》法文版的简装本，也将于11月份出版。届时作者将会收到应得的赠书。

请向陈老师问好！

10月26日 下午，参加西安出版社在曲江会展中心举行的书展活动，为新出散文集《白墙无字》给读者签名。

本月 散文随笔集《白墙无字》由西安出版社出版。

本月 短篇小说集《日子》以“中国短经典”丛书之一由上海文艺出版社出版。

12 月 散文《一个人的邮政代办点》刊《国家人文历史》第23 期。

2014 年 72 岁

1 月 言论《雷达是新时期最具影响力的文学评论家之一》刊《甘肃社会科学》第 1 期。

3 月 15 日 受邀担任灞桥区作家协会名誉主席。同日，西安市灞桥区作家协会正式成立，并在灞桥区文化馆举行了第一次会员代表大会。

3 月 29 日 参加白鹿书院举办的“白鹿雅集·樱花节”并致开幕词。作家、书画家叶广芩、方英文、朱鸿、刘炜评、王洽、王维亚、赖甫跃等与会，西安思源学院主要领导参加，翟轰校长致欢迎词，雅集朗诵诗词，表演节目，书画交流。

本月 《梅花香自苦寒来：陈忠实自述人生路》由华中科技大学出版社出版。

本月 《此身安处是吾乡：陈忠实说故乡》由华中科技大学出版社出版。

5 月 12 日 晚上在荞麦园做东，请来西安参加《小说评论》有关会议的李建军吃饭。参加者有：方英文、朱鸿、仵埂、马玉琛、张艳茜、邢小利。

5 月 15 日 在白鹿书院接待中国现代文学馆馆长、西安市副市长、文学评论家吴义勤，陪同参观陈忠实文学馆。晚上在樱桃沟请吴义勤吃农家乐。

5 月 19 日 《文化心理结构的准确把握——谈长篇小说〈西京故事〉》刊《光明日报》。

5 月 25 日 评论陈彦长篇小说《西京故事》的文章《父子冲突的社会内涵与文化意蕴》刊《陕西日报》。又刊《小说评论》第 5 期。

6 月 “有价值悦读”丛书之一《猫与鼠　也缠绵》由人民文学

出版社出版。

7 月 回忆与陕西省作家协会关系的散文《神秘神圣的文学圣地》（外二篇：《告别白鸽》《遇合燕子，还有麻雀》）刊《黄河文学》（月刊）第 7 期“中国当代知名散文家新作展”栏目（邢注：外二篇非新作）。

本月 “现当代长篇小说经典·陈忠实小说自选集”之《白鹿原》由长江出版传媒集团、长江文艺出版社出版。

8 月 《忽培元：土窑洞造就文学大才》刊《延安文学》（双月刊）第 4 期。

9 月 25 日 为于唯德、白军芳著《唐诗宋词元曲书画写意》写的书评《古典诗词曲可以这样读》（陕西人民美术出版社出版）刊《中国教育报》。

本月 《再说〈白鹿原〉——与陕西广播电视台主持人、西北大学文学博士刘睿对话》刊《渭南师范学院学报》（半月刊）第 18 期。

本月 全国国学院长高层论坛暨中国书院学会成立大会在千年学府岳麓书院举行。白鹿书院因在学术研究、文化交流、历史资料搜集整理方面的突出成绩，被推举为中国书院学会副会长单位，邢小利当选为副会长。

10 月 11 日 在白鹿书院、陈忠实文学馆接受中央纪委监察部网络中心负责人景延安等人的专访。除当面回答问题，还以笔答完成部分问题。陕西省纪委副书记魏燕，陕西省作家协会党组书记、常务副主席蒋惠莉等陪同采访。邢小利在白鹿书院和陈忠实文学馆接待。

专访内容于 10 月 30 日在中央纪委监察部网站以《“聆听大家”系列访谈第 3 期——著名作家陈忠实专访》推出。

问：2014 年 10 月 8 日，习近平总书记在党的群众路线教育实践活动总结大会的讲话中，就新形势下坚持从严治党提出了八点要求。请问您是如何理解的？

答：习近平总书记抓从严治党，我觉得抓到了根上、抓住了最主要的问题。因为我们是社会主义国家，中国共产党作为执政党，要建设中国特色社会主义，这个在世界上现在是空前的。要实现这样一个伟大的目标，必须有坚强、坚定、高瞻远瞩的共产党的领导。所以共产党员本身，尤其是领导干部的素质，决定着这个政权的色彩。所以反腐应该是一个最基本的要求。政治上的高瞻远瞩，工作作风上的实事求是和科学精神，都是各级领导干部最重要的素质。指望一个腐败的人把某一个地区干好，根本是不可能的，他只能毁坏这个世界。所以说，习近平总书记再一次强调抓从严治党、抓作风建设、抓纯洁队伍，是抓到了最根本。这是我的认识。

现在看，党风正在明显好转，人民感到振奋。共产党是执政党，这个党本身就应该建设好。我们的各级干部，不管是政府的、人大的、政协的、法院的乃至乡镇的，在人民的眼中，他们都是代表共产党在执政。他们的形象就是共产党的形象。最基本、最起码的一点，就是不能腐败。共产党员本身就应该是廉洁的。

现在的反腐力度很大，警示震慑作用明显，让党员干部不敢腐败。但是根本上要把不敢腐败变成自觉不能腐败、不想腐败，还有一个过程。还要加强教育，加强干部的自身修养，从观念上要牢固树立廉洁意识，把清廉变成自觉行动。这个要逐步抓、长期抓，一定会见效的。

问：近年来，农村发生了巨大而深刻的变化，您曾说自己迫切需要和农民对话，了解处于急骤变化的这一段生活。面对城镇化的快速发展，您最担心今天乡村失去什么？特别是在民风、乡规民约等方面。

答：担心有两点，一是传统的农业文明和自然的和谐关系，二是传统的农业文明里人和人的和谐关系。眼见的世相是，在商品利益的驱使下，这两种和谐的关系遭遇普遍的却也是无形的冲击，所谓趋利忘义人心不古。那些不是靠文字传承而是依言传身教约定俗成的做人的规范和守则，渐渐被淡化被消解。传统的乡村农业文明正待恢复。当今的商品利益的膨胀和驱使，是一种无形的悄无动静的诱惑，传统的道德规范难得传承。

问：您在担任乡镇（当时的公社）党委副书记期间，带领完成了多项重要工程，如修建了4公里的灞河堤、将800亩山坡地改造为平整的梯田、修建小型水库等，这些项目老百姓至今仍在受益。您的从政经历都非常务实，包括您担任省作协主席后。您怎么看待今天一些领导干部的政绩观？您对他们有何建议？

答：我首先想到务实。无论哪一项事业的开拓和发展，都依赖于领头人的实干精神。务实就是实事求是，就是科学思维。依靠科学思维的务实精神，才可能对自己负责的某项事业现状有切实的认识，对未来的发展图景有切实可行的举措，计划中的发展图景变为利国益民的实事时，其政绩就无须自吹了。反之，为了某种个人的欲望而彰显政绩，往往容易发生那种违反科学也损害事业的“面子工程”。这里有一个基本的出发点，即为国利民。

问：全党上下正在落实中央八项规定精神，坚决纠正“四风”，让您感受最深的有哪些方面？

答：中央做出的八项规定，确实令我感动而且感慨。首先解决的是恢复我党的优良传统之一的群众路线，深入群众，调查研究，把每一种决策都建构在切实的可行性上。显然是针对近年间脱离群众华而不实盲目决策的弊病。再一点是八项规定具体到一车一物，当使任何企图违犯者绝无滑脱的余地。我正是由此而生感慨，八项规定中坚决杜绝的那些现象，早已在社会民众中产生恶劣影响，如此严格的纠正，当属民意；做出如此具体的规定，足以见得中央体察民意，也更了解华而不实的种种令人厌恶的事项的细节……我感动，又感慨。

问：您一直十分关注现实，您如何评价当前的反腐败形势？对治理腐败有什么建议？

答：在我的意识里，正在进行的反腐败工作稳健而又有震慑性力度，可以说正当其时，大得党心人心。从已经揭露和惩治的腐败分子的构成来看，各个领域各个行政级别的握有权力的人都有，任谁都会感知腐败现象的严重。尤其是个别党的高级干部的腐败，让我震惊到几乎不可理喻的状态，自然也很直接地想到对党的危害了。

我说“正当其时”，一层意思在于对业已形成的甚为严重的腐败现象的彻底清理，彻底到“老虎”“苍蝇”一起打，就有一种对腐败现象断止的意义，不致贪腐现象继续蔓延，对于中国共产党的党性党风的庄严和纯正具有切实的作用，也是实现建设富强和谐祖国的根本保证。我说“正当其时”的再一层意思，是反腐倡廉对全党的警示性效应，尤其是对刚刚进入乃至即将进入各个领导岗位的年轻干部，这种廉政的警钟无疑具有警示的效应。我想到陈毅老总刚刚解放时发出的一句警告，“手莫伸，伸手必被捉。”这种警钟敲响在耳畔、鸣响在心间，对于来自社会的种种诱惑，就会有清醒的意识和坚定的意志，我党的党性党风就会一代一代传承，这是实现中国梦的基本的也是可靠的保证。

我能想到的治理腐败的建议，一是今天进行的反腐败斗争要坚持不懈，不搞运动，即不刮一阵风，而是把反腐倡廉常态化，有腐败发生即治理。再者，总结治理腐败的经验，总结腐败发生的普遍性因由，形成避免腐败发生的规章。浅见如此，供参考。

问：据您观察，反腐败工作对农村社会生活产生了怎样的影响？农民群众对党风廉政建设和反腐败工作还有怎样的期待？

答：对于惩治腐败，乡村群众也是拍手称快，自不待言。这项工作的深入，对乡村社会的影响是积极的，与反腐工作相伴的“八项规定”的实施，区县和乡镇干部的群众路线的意识强化了，纷纷下乡走村串户，调查研究，解决问题和困难。往常是基层（尤其是村子）干部和村民有问题有困难往上跑，甚至跑多次都不能得到解决；现在是区县和乡镇干部往下跑，把发现的问题和困难当场解决，获得实效也获得赞誉。领导作风发生了变化，也让乡民重新产生对党的信任。

乡民首先关注的是自己村子里的干部的公允与清廉，这是直接涉及他们生存的切身利益的事。村子里涉及土地承包，土地被征赔偿款的分配和使用，以及各种公益款的使用等等，多有干部贪占的事发生。再如村级干部选举，以钱买选票或以物换选票的事件也不少见。乡村群众自然期待这些腐败现象能尽快得到根除，让那些清廉公正的人作为他们的领头人，才能从根本上化解干部和村民的矛盾，才能使一个个村子获得和谐，这是最基本也是最起码的一个基础性因素。

问：您在《六十岁说》中讲道，您的人生有两次关键的选择。每个人的人生都面临许多选择，您觉得您的人生抉择，能给我们带来什么样的启示？尤其是对党员干部面临多种选择的时候，如何取舍？

答：“启示”确凿不敢说。道理不言自明，每个人人生的各个阶段的境遇各不相同，这种境遇既有那个时段社会生活的大背景，给某个个人提供选择的机遇或制约，也有纯属个人本体能否具备适宜选择的基本条件，大约只有在两个方面都契合的境遇里，才可能实现人生重要一步的选择和跨越。

对干部面临多种选择时的“取舍”也不敢妄谈。如依我的体会，当须自我把握，尤其是个人的兴趣和优长，适宜何种事项的展示和发挥，即使在遭遇困境和挫折时，我想也不会发生懊恼情绪的“一锤子买卖”，因为个人的兴趣带有先天性的基因，很难改易……前提自不必说，出于公心，造福社会。

问：您曾说过，在您变换种种社会角色的几十年里，父母每每送您出门和迎您回家时的眼神，都给您一个永远的警示："怎么出去还怎么回来，不要把龌龊带回村子带回屋院。"请您谈谈家风对一个人成长、成才的影响，家风对于社会风气、党风政风的影响。

答：组成社会最为基础的是数以亿万计的家庭，而家庭也是各各不同的，城市和乡村家庭有很大差异，干部家庭、知识阶层家庭、市民家庭和乡村家庭等都有典型的大差异，而同一类型即如市民家庭或如乡村的普通农家，也有各各不同的家风。然而在我看来，有一点当属共通的，即是要孩子做一个正直正派的人。我在民间听到过这样的话，无论长大了成龙成凤，或是扛镢吆牛耕种，那要看个人的造化，但无论如何不能学瞎。瞎在关中人意识里和坏是同义词。学瞎就是沾染坏习气坏毛病而成为坏人，关中乡村人不说坏人说瞎人。就我的印象，即使乡村文化普遍低的家庭，都很重视孩子的训导和教育，什么事该做什么事不能做，总是担心儿女染上瞎毛病。家庭教育是至关重要的一环，尤其是童蒙时期，家风对孩子就有一种直接的也是终生的影响；教育既在言语开导，更在父母行为垂范；同居一室，父母处事处人的一言一行都在影响身边的孩子。

家风正，影响给孩子心灵和骨子里的正气和正义是必然的，这样的孩子进入社会，释放出来的自然是正气；面对歪风邪气乃至破坏党风政纪的贪腐投机行为，当有一种本能的拒斥的自觉。家风对人的气质的影响很重要，也仅是一面，更不可或缺党纪国法的警示，还有个人进入社会不可淡忘的修养。

问：请谈谈您心中的"中国梦"。

答：一个繁荣富强的社会主义中国屹立在世界的东方。这是一句老话，却也是储存心中许久许久的话，大约在少年到青年时期就有这样的梦了。依我这样年龄的人来说，经历了建国后的各个发展阶段，有令人鼓舞的发展时期，也多有令人扼腕伤痛的人为的灾难发生。自新时期改革开放至今，不过30多年时间，中国发生了真可谓日新月异天翻地覆的变化，曾经储存的梦也没有如此辉煌的景观。现在，我的中国梦更大了，一个更为繁荣富强的社会主义中国必将屹立于世界的东方，不仅为十三亿各族民众带来福祉，更伟大的意义在于中国特色社会主义是一个完善的制度，其深远意义是无可估量的。

问：请您给广大党员干部题写一段寄语。

答：将入党时庄严宣誓的誓言永记心间。

11月4日 上午，参加在西安雍村饭店召开的陕西省作家协会成立60周年座谈会。

2015年 73岁

春节前后 感觉口腔不舒服，溃疡，一直不见好。进食有碍。

2月 回忆散文《我去你来无尽意……——怀念贤亮》刊《朔方》第2期。

3月27日 在《文艺报》发表《路遥和他的〈平凡的世界〉》。

4月下旬 经西京医院口腔医院专家检查，确诊患舌癌。

5月 在西京医院检查、治疗。

6月8日 在西京医院住院接受放疗。医院离家较近，一般早去晚归。

6月28日 白鹿书院成立十周年，省内外专家在白鹿书院召开庆贺会和黄土派文学研讨会。陈忠实是白鹿书院的创始人之一，与会专家和工作人员都关心他的身体状况。会议全体人员商定，选一个代表去看望。

6月29日 上午，葛水平代表黄土派文学研讨会会议全体人员去看望陈忠实。陈忠实已经不认识她了。葛水平报了名字，陈忠实才想起来。陈忠实说的话都写在一张纸上，上面写着：“记忆失去太多了。许多多年的熟人朋友，见面竟认不出是谁。你回吧。谢谢你和大家关心，代我向他们感谢。”

本月 《陈忠实精选集》由北京燕山出版社出版。

8月10日 治疗告一段落，出院休息。

本月 短篇小说集《白鹿原纪事》由四川文艺出版社出版。

9月2日 去西京医院复查，结果乐观。医生说癌细胞被杀死百分之七八十，余下部分会慢慢被体内遗药灭掉，接下来要好好调理巩固疗效。

9月8日 晚，与雷电等朋友聚餐。

9 月 22 日 晚上，给邢小利打电话，说他化疗，一是影响记忆，许多字都记不起来了，二是没有了味觉，现在味觉有些恢复，过一星期，他请邢吃泡馍。接下来为一个年轻人的某一件事嘱托。

10 月 9 日 晚上，打电话给邢小利，说次日晚上在东门外老孙家请他吃泡馍，让邢看着再请几个朋友。

10 月 10 日 晚上，在东门外老孙家请诸朋友吃泡馍。有邢小利、仵埂、方英文、朱鸿、刘炜评、王新建、张艳茜、严琳参加。

11 月 22 日 上午，西安工业大学举行陈忠实当代文学研究中心成立十周年暨陈忠实文学创作研讨会，参加开幕式。

11 月 24 日 上午，在西安石油大学工作室接受《华商报》记者王锋专访。说他一边养病，一边读书，第九届茅盾文学奖获奖作家王蒙的《这边风景》、格非的《江南三部曲》、李佩甫的《生命册》、苏童的《黄雀记》都读了，有时间还想读金宇澄那部《繁花》，“了解一下人家是怎样写上海的”。对记者谈：“已经看过的这四部，我觉得都各有特点，王蒙老兄写的是他在新疆的那段生活。我们这个年龄段的、有过类似经历或见闻的，很能引起同感。李佩甫写的是平原上那个村庄几十年的风雨变迁，也写到了城市，关注了人们的精神世界，当年他那个《羊的门》我也看过。格非、苏童，也都是老写家了，作品给我有不少启发。”记者请他用几句话描述一下当下的心情，说：“白居易有一首诗，四句：‘宠辱忧欢不到情，任他朝市自营营。独寻秋景城东去，白鹿原头信马行。’尤其是后两句，一个人有时候难免要去独寻秋景，很多事情别人没法替代你，这时候你只能信马前行，信马主要表达的是从容吧，我觉得这两句，概括尽了人生况味。作者如果没有极为深刻的人生感慨，是写不出来的。”

12 月初 发现肺部有了新问题。接受化疗。到医院仍是早去晚回。治疗间歇，每周去西安石油大学工作室数次。

2016 年 74 岁

1 月 15 日 与雷电通电话，说雷电送他的《柳青传》，他看了后半部分，认为柳青那么早就把很多问题想透了，思考很深。

同日 评论周瑄璞长篇小说的文章《〈多湾〉：曲折流淌，水到渠成》刊《江西日报》。

2 月 16 日 下午，打电话给邢小利，说了两件事。先谈读《陈忠实传》的感受："你写的那个我的传，早就看完了。原想春节当面和你谈读后的看法，因为一直在治疗中，没有找到合适的时间，今天电话中简单谈几点看法：一、写得很客观。二、资料很丰富，也都真实。有些资料是我写到过的，提到过的，也有很多资料是你从各处找来的，搜集来的，有些资料我也是头一回见，不容易，很感动。三、分析冷静，也切中我的创作实际。四、没有胡吹，我很赞赏。"后让邢小利把他给《当代》杂志最新一期所发表的文学作品用毛笔题写的作品名字，以电子版方式发给《当代》杂志的孔令燕。

2 月 27 日 四川文艺出版社拟出版陈忠实最后授权审定的散文集《白鹿原头信马行》，编辑孙学良收到陈忠实寄来的合同，还附着一张短笺，上面写着："所选散文目录，在我都是没有异议的……短序待后，争取写成。化疗使我失却记忆，也失去思维……我再争取，请您谅解。"

本月 散文随笔集《生命对我足够深情》由时代文艺出版社出版。

3 月 23 日 在西京医院打营养针。周延波、邢小利前去看望。

本月 短篇小说《蚕儿》刊《北方人（悦读）》第 3 期。

4 月 10 日 凌晨零时 30 分，打电话给雷电，说他把雷电送他看的关于《柳青传》评论看完了，评价"很好"，接着说，"柳青这个人很有操守"。

4 月 11 日 晚上，打电话给邢小利，嘱把他写陈涌的《释疑者》一文，寄中国艺术研究院马克思主义文艺理论研究所《陈涌纪念文集》编辑。

4 月 26 日 因吐血送西京医院抢救。

4 月 27 日 在西京医院。上午 11 时，陈彦（中共陕西省委宣传部主管文艺的副部长）、黄道峻（省作协党组书记、常务副主席）到医院看望。下午，中共陕西省委书记娄勤俭、省长胡和平来医院看望。因不能说话，在病床上给娄勤俭写道："感谢娄书记关爱，祝贺你任陕西书记，一定会给陕西乃至全国发展作出伟大贡献。再致谢意。"给胡和平省长写道："感谢您对我的关心厚爱，祝贺今日当选陕西省长，以您的远大理想和智慧，陕西会再大发展，人民相信您。我再次感谢您在第一天当省长来……”

4月28日 在西京医院抢救。

4月29日 早上7时45分在西安西京医院去世。

逝世后，中国作家协会发来唁电，天津市作家协会、上海市作家协会、重庆市作家协会等24个省市自治区作家协会发来唁电，鲁迅文学院、中国现代文学馆等中国作协所属单位发来唁电，中国国土资源作家协会、中国石油作家协会等国内一些行业作家协会发来唁电，中国电影家协会、中国散文学会等全国一些艺术家协会、学会发来唁电，新疆新和县委宣传部、什邡市人民政府、陕西省图书馆、北京人民艺术剧院等全国一些地方的党政机关、文学艺术机构、文化单位发来唁电，人民文学出版社、作家出版社、《当代》杂志、《十月》杂志、《收获》杂志、《诗刊》、《文艺报》等全国一些出版社、杂志社、报社等发来唁电，西安交通大学、西北工业大学、首都师范大学等国内一些大学发来唁电，哈萨克斯坦东干协会主席安胡塞、新西兰华文作家协会等国外一些组织的领导和文学艺术机构发来唁电。

作家、艺术家王蒙、铁凝、白烨、白描、蒋子龙、冯骥才、赵玫、张炜、焦祖尧、李佩甫、周大新、赵本夫、叶文玲、王旭烽、麦家、臧军、梅卓、刘成章、范曾、李雪健等以个人的名义发来唁电或唁信。

4月30日 习近平、刘云山、王岐山、刘奇葆、赵乐际、栗战书、胡锦涛、曾庆红、李长春等党和国家领导人对陈忠实的逝世表示沉痛哀悼，向陈忠实家属表示亲切慰问，并委托中国作协和中共陕西省委敬送了花圈。

同日 上午，中共陕西省委书记、省人大常委会主任娄勤俭，中共陕西省委副书记、省长胡和平，全国政协外事委员会副主任马中平，省委常委、省委秘书长刘小燕，副省长杜航伟、姜锋等和部分省级老领导到陕西省作家协会吊唁，对陈忠实逝世表示沉痛哀悼，并敬送了花圈。

本月 《陈忠实文集》（十卷）由人民文学出版社出版。

5月1日 李克强、张高丽、刘延东、朱镕基等党和国家领导人对陈忠实的逝世表示沉痛哀悼，向陈忠实家属表示亲切慰问，并委托中国作协和中共陕西省委敬送了花圈。

5月2日 温家宝对陈忠实的逝世表示沉痛哀悼，敬送了花圈。

5月4日 晚，中国作协主席铁凝、副主席李敬泽，在中共陕西省委宣传部副部长陈彦和陕西省作协主席贾平凹陪同下，专程到陈忠实家中吊唁。

赵正永、雒树刚、黄坤明、铁凝、钱小芊、赵实、贾治邦、袁纯清、景俊海、任贤良、何建明等中央和国家有关部门领导，韩勇、郭永平、魏民洲、姚引良、毛万春、刘小燕、陈强、高龙福、祝列克、梁桂、徐新荣等陕西省委、省人大、省政府、省政协领导，李希、李锦斌等一些省市领导，陕西省有关部门、市县、单位的负责人，近千家企事业单位、社会组织，或发来唁电、打来电话，或敬送花圈，对陈忠实逝世表示沉痛哀悼。

5月5日 陈忠实遗体告别仪式在西安举行。告别仪式由陕西省人民政府副省长姜锋主持，中共陕西省委常委、宣传部部长梁桂介绍生平。铁凝、马中平、韩勇、李敬泽、郭永平、魏民洲、毛万春、陈强、胡悦、白阿莹等省上领导和部分老领导，中组部、中宣部、中国作家协会等中央和国家有关部门领导和代表，专程从北京、上海等地赶来送别的文学界人士何启治、管士光、周绚隆、刘稚、白烨、李建军、杨海蒂、陈歆耕等，艺术界人士濮存昕、张铁林、张嘉译、许还山、郭达、吴京安、贠恩凤等，书画家刘文西、崔振宽、王西京、江文湛、雷珍民、李成海等，陕西省作协第六届主席团成员及陕西省作协机关干部，陈忠实生前亲友、同事，家乡代表以及社会各界群众代表数千人参加了遗体告别仪式。

6月6日 中国作协在北京举办“陈忠实的创作道路研讨会”。中国作协主席铁凝出席会议并讲话。中国作协党组书记、副主席钱小芊主持会议。雷达、何启治、阎纲、白烨、贺绍俊、梁鸿鹰、张志忠、李国平等围绕陈忠实的创作道路及为人为文发表了各自看法。周明、白描、王山、王干、郭艳也即席发言。大家回顾了与陈忠实的交往点滴，分析探讨了陈忠实创作的道路、成就与风格，以及带给中国文坛的现实影响和启示。大家认为，《白鹿原》是一部说不完的经典，蕴含着深刻意蕴和不朽力量。

本月 《延河》第6期推出“纪念陈忠实专号”。

7月 散文《难忘一种鸟叫声》刊《共产党员》（河北）第20期。

本月 散文集《白鹿原头信马行》由四川文艺出版社出版。

8月 散文《绿风》刊《视野》第15期。

本月 《我缘何创作〈白鹿原〉》刊《雪莲》（青海省西宁市文学艺术界联合会主办，半月刊）第15期。

10月26日 中共陕西省委宣传部、陕西省文联、陕西省作协在西安组织召开了纪念陈忠实座谈会，陕西省文学艺术界代表和“百优计划”作家、艺术家以及陈忠实亲属代表等120余人参加了会议。中共陕西省委常委、省委宣传部部长梁桂出席并讲话。他指出，当前陕西正处在追赶超越的关键期，迫切需要更多像陈忠实这样德艺双馨的文艺家为这个伟大时代的生动实践鼓与呼，希望全省广大中青年文艺工作者像陈忠实先生那样，站稳人民立场，把准创作导向，把陕西文化的大旗扛在肩上，大力弘扬民族精神，讲好陕西故事，不断增强全省人民的文化自信。

座谈会由中共陕西省委宣传部常务副部长刘斌主持，大会安排贾平凹、李星、畅广元、李震、李国平、赵安、周瑄璞、陈海力分别就陈忠实的创作精神、艺术追求以及人格境界等主题做了发言。

11月 由《文艺报》编，作家出版社出版的《写作就是他的生命：陈忠实纪念文集》出版。

目录

在陈忠实的创作道路研讨会上的讲话 铁 凝

回忆陈忠实同志 金炳华

那飘香的雪茄送他远行 何建明

忠实的胸怀 阿 莹

水流原在海 月落不离天——怀念陈忠实 贾平凹

陈忠实生命的最后三天 陈 彦

陈忠实的最后日子 邢小利

哭忠实 雷 涛

一次终生受益的谋面 尹武平

只要《白鹿原》在，忠实就活着 阎 纲

在他心中文学高于一切 雷 达

陈忠实，我们时代的一个文化 Logo 肖云儒

你是一座大山 李 星

难忘忠实 周 明

他与《白鹿原》一起活着——悼念亦师亦友的陈忠实　白　烨
陈忠实宝贵的精神遗产：文学依然神圣　蒋惠莉
痛悼忠实　王　蓬
忠厚老师，实在哥——怀念我敬爱的陈忠实先生　韩怀仁
痛别一位可亲可敬的老人　王若冰
心中的陈忠实　朱文杰
永远的忠实——沉痛悼念陈忠实老师　祁玉江
好人陈忠实　远　村
偏向冷处问生涯——悼念陈忠实先生　程　海
伟大始于平凡　李宗奇
先生之正　馨必飘远　朱　鸿
一个父亲一样的人走了　邢小俊
闪电辞——悼陈忠实　刘成章
大山倒地亦巍然，万民为你吼老腔——深切悼念作家陈忠实先生　忽培元
创作不能丧失心灵的本真——从陈忠实文学创作谈起　冯肖华
我眼中的陈忠实——封面新闻专访文艺社编辑孙学良　何晞宇
探寻陈忠实的现实主义法度　何　平
去南海栽一棵树　刘醒龙
好作家不会死——怀念陈忠实　陈世旭
再见，白鹿原！　潘向黎
山河形胜白鹿原　红　柯
旌忠练实　吴克敬
伟大的作家都是思想家　李国平
陈忠实对当今的启示意义　梁鸿鹰
白鹿原上“风搅雪”，令人长忆陈忠实　张志忠
原上原下　白　描
永生的忠实　何启治
先睹为快　洪清波
文学依然神圣，为陈忠实送行　叶咏梅
和陈忠实相处的日子　赵　安
说来话长　魏心宏

《白鹿原》的第一次研讨会　常振家

哭陈忠实老师　孔　明

附录

各媒体关于陈忠实去世消息的报道

12 月 25 日　由陕西省作协和西安工业大学联合主办的“柳青与陈忠实文学道路研究研讨会”在省作协召开。会议由省作协党组成员、副主席、《小说评论》主编李国平主持，省作协党组书记、常务副主席黄道峻出席会议并致辞。与会专家围绕“柳青与陕西作家的精神谱系”“陈忠实的文学创作之路与文学精神”“柳青、陈忠实对当下文学创作的启示及意义”等议题展开讨论。黄道峻讲，柳青是我国当代现实主义文学的杰出典范，也是陕西乡土文学流派的开创者，陈忠实在继承柳青的同时开拓新的审美境界，成为在中国当代文学史上具有独立标识的经典作家。研讨柳青与陈忠实在文学谱系上的关联，以及二者对当下陕西文学创作的启示及意义，对推进陕西作家和评论家队伍建设，不断催生精品佳作有重要意义。西安音乐学院教授仵埂认为，柳青和陈忠实都是将个人命运镶嵌在广阔的社会历史背景中，将个人命运和历史命运相关联，但陈忠实更有一种对历史、社会和时代的反思。省作协文学创作研究室主任邢小利认为，从柳青到陈忠实，看似新文学，其实与传统紧密联系。《创业史》和《白鹿原》，追根溯源，可以看到与司马迁所开创的史传传统一脉相承。司马迁的《史记》，是史（历史），也是诗（文学），所谓史诗传统。《史记》写历史，但用的是文学方法、手法和笔法。是历史，也是文学，是用文学写的历史。柳青的《创业史》，有一个“史”字。陈忠实《白鹿原》书前所引巴尔扎克的那一句题记：“小说被认为是一个民族的秘史”，也有一个“史”字。两书在书名和书前题记里鲜明地标上一个“史”字，为何？就是为了表明他们的创作目的：此书虽为文学，但写的是“史”。在文学观上，与有些人追求“纯文学”不同，柳青和陈忠实重视文学的“经世致用”功能，柳青重视文学的社会改造功能，陈忠实重视文学对世道人心的裨益功能。西北大学段建军教授指出，柳青把典型生活概括为典型矛盾，柳青、陈忠实在表现不同人和群体通过不同方式争取做人的尊严方面是有传承的。陕西师大教授李继凯讲，当代文学史的书写，对陕西文学的评价，有一定的错误和偏差，陕西如何书写当代文学史，是一个值得思考的问题。西北大学周燕芬教授也表示，目前还没有好的陕西文学史，文学史的写作需要积累和沉淀，所以必须有时间和距离，眼下陕西文学史的写作，可能到了一个合适的时候，因为作为地域文学史，陕西文学史已经有相当的容量和高度了。

李星认为陈忠实和柳青的文学基因有相同的地方，比如都受到了司马迁、班固等人的影响，但柳青受苏俄文学影响更深，而陈忠实更多受到当代世界文学的影响，柳青受延安文学基因影响，陈忠实开始走的也是这个路线，但后来走出了柳青。杨乐生、马玉琛、韩伟、吴妍妍、冯涛、杨静涛等与会并发言。

资料来源及主要参考文献：

1. 艾克恩编纂：《延安文艺运动纪盛》，北京：文化艺术出版社，1987 年版。

2. 钟敬之、金紫光主编：《延安文艺丛书·文艺史料卷》，长沙：湖南文艺出版社，1987 年版。

3. 中共陕西省委组织部：《陈忠实档案》。

4. 陈忠实：《陈忠实文集》（七卷），广州：广州出版社，2004 年版。

5. 陈忠实：《寻找属于自己的句子——〈白鹿原〉创作手记》，上海：上海文艺出版社，2009 年版。

6. 陈忠实：《白墙无字》，西安：西安出版社，2013 年版。

7. 陈忠实：《生命对我足够深情》（散文随笔集），长春：时代文艺出版社，2016 年版。

8. 陈忠实：《陈忠实文集》（十卷），北京：人民文学出版社，2016 年版。

9. 陈忠实：《陈忠实集外集》，邢小利主编，西安：白鹿书院、陈忠实文学馆，2011 年 10 月印行。

10. 西北文学艺术界联合会：《西北文艺》。

11. 陕西省作家协会（中国作家协会西安分会、中国作家协会陕西分会）：《延河》杂志。

12. 陕西省作家协会：《小说评论》杂志。

13. 中国作家协会西安分会：《文学简讯》（内部）杂志。

14. 陕西省作家协会：《陕西文学界》（内部）杂志。

15. 陕西省作家协会：陕西作家网。

16. 中国作家协会西安分会红色造反队编：《文学战地》（1967—1968年）。

17. 陕西省作家协会编：《陕西省作家协会大事记1954—2014》，西安：陕西新华出版传媒集团、太白文艺出版社，2014年版。

18. 邢小利、邢之美编撰：《陕西文学大事记1936—2016》（未刊稿）。

19. 中共西安市委主办：《西安日报》。

20. 中共西安市委主办：《西安晚报》。

21. 中共陕西省委主办：《陕西日报》。

22. 人民文学出版社：《当代》杂志。

23. 中国作家协会：《文艺报》。

24. 上海文汇新民联合报业集团：《文学报》。

25. 何启治：《美丽的选择》，北京：首都师范大学出版社，2010年版。

26. 邢小利：《陈忠实画传》，西安：陕西师范大学出版总社有限公司，2012年版，2016年增订版。

27. 邢小利：《陈忠实传》，西安：陕西人民出版社，2015年11月版。

28. 邢小利编：《陈忠实往来书信集》（未刊稿）。

29. 邢小利：《邢小利日记》（未刊稿）。

30. 邢小利、邢之美著：《柳青年谱》，北京：人民文学出版社，2016年版。

31. 白鹿书院、陈忠实文学馆收藏资料。

附录

陈忠实著作目录

1. 《乡村》（短篇小说集），陕西人民出版社，1982 年 7 月第 1 版第 1 次印刷。印数：3000 册。定价：0.66 元。

2. 《初夏》（中篇小说集），上海文艺出版社，1986 年 6 月第 1 版第 1 次印刷。印数：3400 册。定价：1.95 元。责任编辑：张贺琴。

3. 《四妹子》（中篇小说集），中原农民出版社，1988 年 4 月第 1 版第 1 次印刷。印数：5460 册。定价：3.50 元。责任编辑：李明性。

4. 《创作感受谈》（文论集），陕西人民出版社，1991 年 1 月第 1 版第 1 次印刷。印数：1500 册。定价：3.15 元。责任编辑：肖重声。

5. 《到老白杨树背后去》（短篇小说集），陕西人民教育出版社，1991 年 1 月第 1 版第 1 次印刷。印数：4600 册。定价：2.70 元。责任编辑：赵常安。

6. 《夭折》（中篇小说集），陕西人民出版社，1992 年 12 月第 1 版第 1 次印刷。印数：1000 册。定价：4.75 元。责任编辑：邢良俊。

7. 《白鹿原》（长篇小说），人民文学出版社，1993 年 6 月第 1 版第 1 次印刷。印数：14850 册。定价：12.95 元。责任编辑：刘会军、高贤均、何启治。

8. 《陈忠实短篇小说选萃》，西安出版社，1993 年 9 月第 1 版第 1 次印刷。印数：10000 册。定价：6.45 元。责任编辑：寇崇珧。

9. 《陈忠实中篇小说选萃》，西安出版社，1993 年 9 月第 1 版第 1 次印刷。印数：10000 册。定价：7.80 元。责任编辑：寇崇珧。

10. 《白鹿原》（长篇小说），香港天地图书有限公司，1993 年 11 月第 1 版。定价：港币 80 元。

11. 《陈忠实爱情小说选》，太白文艺出版社，1993 年 11 月第 1 版第 1 次印刷。印数：10000 册。定价：13.80 元。责任编辑：肖重声。

12. 《蓝袍先生》（中篇小说集），中国文学出版社，1993 年第

1 版。

13.《白鹿原》（长篇小说），台湾新锐出版社，1994 年 1 月第 1 版。

14.《蓝袍先生》（中篇小说集），作家出版社，1994 年 2 月第 1 版第 1 次印刷。印数：10100 册。定价：12.10 元。责任编辑：潘婧。

15.《初夏》（中篇单行本），陕西人民出版社，1994 年 4 月第 1 版第 1 次印刷。印数：5000 册。定价：9.80 元。责任编辑：孔明。

16.《地窖》（中篇小说集），台湾汉湘文化事业股份有限公司，1994 年 4 月第 1 版。未标印数。定价：250 台币。编辑：巫晓维。

17.《陈忠实小说自选集》（三卷），华夏出版社，1996 年 1 月第 1 版第 1 次印刷。未标印数。定价：71.40 元。责任编辑：陈泽顺。

18.《陈忠实小说精选》，太白文艺出版社，1996 年 2 月第 1 版。

19.《陈忠实文集》（五卷），太白文艺出版社，1996 年 8 月第 1 版第 1 次印刷。印数：10000 套。定价：118 元。责任编辑：朱鸿。

20.《生命之雨》（陈忠实自选散文集），陕西人民教育出版社，1996 年 8 月第 1 版第 1 次印刷。印数：5000 册。定价：26.00 元。责任编辑：王喆。

21.《陈忠实创作申述》（文论集），花城出版社，1996 年 9 月第 1 版第 1 次印刷。印数：10000 册。定价：11.80 元。责任编辑：陈虹。

22.《白鹿原》（长篇小说），日本，中央公论社（日文版），1996 年 10 月第 1 版。译者：林芳。

23.《白鹿原》（长篇小说），五卷，韩国，韩国文院（韩文版），1997 年第 1 版。

24.《白鹿原》（修订本），人民文学出版社，1993 年 6 月北京第 1 版，1997 年 12 月北京第 2 版。1997 年 12 月北京第 9 次印刷，印数：584851—589850。定价：22.50 元。责任编辑：刘会军、高贤均、何启治。

25.《告别白鸽》（散文集），湖南文艺出版社，1998 年 1 月第 1 版第 1 次印刷。印数：6000 册。定价：12.60 元。责任编辑：邓映如。

26.《陈忠实散文典藏本》，华夏出版社，1999 年 1 月第 1 版。

27.《陈忠实小说精选》（二卷），台湾金安出版社，1999 年 4 月初版。定价：新台币 200 元。编辑：李碧珍。

28. 《康家小院》（中篇小说集），河南文艺出版社，1999 年 5 月第 1 版第 1 次印刷。印数：4000 册。定价：16.40 元。责任编辑：张丽侠。

29. 《白鹿原》（长篇小说，上下册），台湾金安文教机构，2000 年 2 月第 1 版。定价：新台币 550 元。这个版本内容用的是“初版本”内容。

30. 《白鹿原》（百年百种优秀中国文学图书），人民文学出版社，2000 年 7 月北京第 1 版，2000 年 7 月河北第 1 次印刷。印数 10000 册。定价：28.00 元。这个版本内容用的是“初版本”内容。

31. 《白鹿原》（长篇小说），蒙古文本，译者：敖特根、色旺吉格吉德等。内蒙古人民出版社，2000 年 10 月第 1 版，2000 年 10 月第 1 次印刷。印数：2000 册。定价：人民币 28.00 元。

32. 《家之脉》（散文集），广州出版社，2000 年 10 月第 1 版第 1 次印刷。未标印数。定价：18.00 元。责任编辑：余正平。

33. 《白鹿原》（长篇小说），越南，岘港出版社（越南文），2000 年第 1 版。

34. 《走出白鹿原》（散文集），陕西旅游出版社，2001 年 1 月第 1 版第 1 次印刷。印数 10000 册。定价：18.00 元。责任编辑：薛放，全力。

35. 《中国当代作家选集·陈忠实卷》，人民文学出版社，2002 年 1 月第 1 版第 1 次印刷。印数：5000 册。定价：26.60 元。责任编辑：李建军。

36. 《白鹿原》（大学生必读本），人民文学出版社，1993 年 6 月北京第 1 版，1997 年 12 月北京第 2 版。所见该书版权页标明为 2003 年 1 月河北第 3 次印刷，印数 15001—20000 册。定价：29.80 元。这个版本内容用的是“修订本”内容。

37. 《日子》（小说散文集），陕西旅游出版社，2002 年 9 月第 1 版第 1 次印刷。印数：10000 册。定价：22.00 元。责任编辑：王巨川。

38. 《陈忠实散文》，解放军出版社，2002 年 9 月第 1 版第 1 次印刷。印数：8000 册。定价：22.00 元。责任编辑：李鸣生。

39. 《原下集》（小说散文集），上海人民出版社，2002 年 9 月第 1 版第 1 次印刷。印数：10000 册。定价：16.00 元。责任编辑：陈莉莉。

40.《走向诺贝尔·陈忠实卷》，文化艺术出版社，2002 年 10 月第 1 版第 1 次印刷。印数：10100 册。定价：22.00 元。责任编辑：蔡志翔，董耘。

41.《原下的日子》（小说散文集），太白文艺出版社，2004 年 1 月第 1 版第 1 次印刷。印数：5000 册。定价：29.80 元。责任编辑：韩霁虹。

42.《陈忠实小说自选集·长篇小说卷》（共三卷），长江文艺出版社，2004 年 1 月第 1 版第 1 次印刷。印数 20000 册。定价：28.00 元。责任编辑：周百义。

43.《陈忠实小说自选集·短篇小说卷》（共三卷），长江文艺出版社，2004 年 2 月第 1 版，2004 年 5 月第 2 次印刷。印数 4000 册。定价：28.00 元。责任编辑：张远林。

44.《陈忠实小说自选集·中篇小说卷》（共三卷），长江文艺出版社，2004 年 1 月第 1 版，5 月第 2 次印刷。印数 8001—12000 册。定价：28.00 元。责任编辑：胡敦焕。

45.《白鹿原》（“中国文库”版），中国出版集团、人民文学出版社，2004 年 3 月第 1 版第 1 次印刷。印数 15000 册。定价：28.00 元。责任编辑：刘会军。

46.《陈忠实文集》（七卷），广州出版社，2004 年 5 月第 1 版第 1 次印刷。印数：6000 套。定价：176.00 元。责任编辑：杨斌。

47.《关中故事》（短篇小说集），昆仑出版社，2004 年 5 月第 1 版第 1 次印刷。印数 10100。定价：29.00 元。

48.《白鹿原》（中国当代名家长篇小说代表作），人民文学出版社，1993 年 6 月北京第 1 版，2004 年 5 月第 1 次印刷。印数 20000 册。定价：30.00 元。责任编辑：刘会军、高贤均、何启治。这个版本用的是“初版本”内容。

49.《白鹿原》（中国文库·精装本），人民文学出版社，2004 年 7 月第 1 版第 1 次印刷。印数 500 册。定价 53 元。这个本子用的是“修订本”内容。责任编辑：刘会军、高贤均、何启治。

50.《白鹿原》（茅盾文学奖获奖作品全集），人民文学出版社，1993 年 6 月第 1 版，1997 年 12 月第 2 版，2005 年 1 月第 1 次印刷。印数 20000 册。定价：31.00 元。这个版本用的是“修订本”内容。责任编辑：刘会军、高贤均、何启治。

51.《康家小院》（小说集），中国社会出版社，2005年7月第1版，2006年3月第2次印刷。未标印数。定价25.00元。责任编辑：牟洁。

52.《陈忠实精选集》，“世纪文学60家”，北京燕山出版社，2006年2月第1版第1次印刷。未标印数。定价：20.00元。责任编辑：陈果，李江华。

53.《关于一条河的记忆》（散文精选集），“品读名家系列”，中国社会出版社，2006年10月第1版第1次印刷。定价：15.00元。责任编辑：牟洁。

54.《凭什么活着——我的人生笔记》（散文随笔集），时代文艺出版社，2007年1月第1版第1次印刷。未标印数。定价：25.00元。责任编辑：李天卿。

55.《我的行走笔记》（散文随笔集），时代文艺出版社，2007年5月第1版第1次印刷。定价：22.00元。责任编辑：李天卿。

56.《关中风月》（中短篇小说集），“西部羊皮书/小说系列”，主编：徐春萍。东方出版中心，2007年8月第1版第1次印刷。未标印数。定价：30.00元。责任编辑：范文渊。

57.《我的关中我的原》（散文随笔集），“新视觉书坊”，主编：肖关鸿，曹维劲。学林出版社，2007年8月第1版第1次印刷。印数：8000册。定价：28.00元。责任编辑：乐惟清。

58.《乡土关中》（散文随笔集），摄影：王蓬等，中国旅游出版社，2008年1月第1版第1次印刷。印数10000册。定价：28.00元。责任编辑：王建华。

59.《四妹子》（中篇小说集），时代文艺出版社，2008年1月第1版第1次印刷。定价：22.00元。责任编辑：李天卿。

60.《白鹿原》（评点本），雷达评点，文化艺术出版社，2008年1月第1版第1次印刷。印数15000册。定价：38.00元。责任编辑：李恩祥。

61.《陈忠实自选集》，“中国当代著名作家自选集系列”，海南出版社，2008年1月第1版第1次印刷。定价：48.00元。责任编辑：刘靖。

62. 《吟诵关中——陈忠实最新作品集》，重庆出版集团、重庆出版社，2008 年 3 月第 1 版第 1 次印刷。印数：10000 册，定价：32.00 元。责任编辑：罗亚平，寇德江。

63. 《白鹿原》（“陈忠实集”之长篇小说卷，精装本），北京出版社出版集团、北京十月文艺出版社，2008 年 5 月第 1 版第 1 次印刷。定价 36.00 元。策划编辑：张引墨，郑实。责任编辑：郑实，李亚梓。

64. 《第一刀》（“陈忠实集”之短篇小说卷，精装本），北京出版社出版集团、北京十月文艺出版社，2008 年 7 月第 1 版第 1 次印刷。定价 29.80 元。策划编辑：张引墨，郑实。责任编辑：李亚梓。

65. 《蓝袍先生》（“陈忠实集”之中篇小说卷，精装本），北京出版社出版集团、北京十月文艺出版社，2008 年 8 月第 1 版第 1 次印刷。定价 29.80 元。策划编辑：张引墨，郑实。责任编辑：胡晓舟。

66. 《原下的日子》（“陈忠实集”之散文卷，精装本），北京出版社出版集团、北京十月文艺出版社，2008 年 8 月第 1 版第 1 次印刷。定价 28.00 元。策划编辑：张引墨，郑实。责任编辑：崔晓燕，李亚梓。

67. 《陈忠实散文精选集》，新世界出版社，2008 年 9 月第 1 版第 1 次印刷。未标印数。定价：29.80 元。责任编辑：陈黎明。

68. 《秦风》，“大雅中国风系列”，陈忠实著，雒志俭等绘图，上海高校都市文化研究院、上海大雅文化传播有限公司主编，华东师范大学出版社，2008 年 11 月第 1 版第 1 次印刷。印数 6000 册。定价：29.80 元。

69. 《陈忠实小说》（评点本），何西来评点，文化艺术出版社，2008 年 11 月第 1 版第 1 次印刷。印数 7000 册。定价：33.00 元。

70. 《陈忠实散文》（评点本），古耜评点，文化艺术出版社，2009 年 1 月第 1 版第 1 次印刷。印数 7000 册。定价：28.00 元。

71. 《陈忠实精选集——轱辘子客》，“世纪文学 60 家”，北京燕山出版社，2009 年 4 月第 2 版第 2 次印刷。未标印数。定价：29.80 元。责任编辑：陈果，李江华，里功。

72. 《白鹿原》，“共和国作家文库”，作家出版社，2009 年 4 月第 1 版第 1 次印刷。未标印数。定价：38.00 元。责任编辑：张亚丽。

73. 《回首往事》（短篇小说集），中国盲文出版社，2009 年 4 月第 1 版第 1 次印刷。未标印数。定价：26.00 元。责任编辑：李刚。

（版权页注：此书盲文版同时出版，盲人读者可免费借阅）

74.《默默此情》（散文集），中国盲文出版社，2009年4月第1版第1次印刷。未标印数。定价：26.00元。责任编辑：刘珍珍。（版权页注：此书盲文版同时出版，盲人读者可免费借阅）

75.《白鹿原》，“新中国60年长篇小说典藏”，精装，人民文学出版社，1997年12月第1版，2009年7月第1次印刷。印数：4000册。定价：46.00元。

76.《白鹿原》，“1949—2009共和国作家文库”，精装，作家出版社，2009年8月第1版第1次印刷。未标印数。定价：60.00元。责任编辑：张亚丽。

77.《寻找属于自己的句子——〈白鹿原〉创作手记》，上海文艺出版社，2009年8月第1版第1次印刷。未标印数。定价：25.00元。责任编辑：修晓林。

78.《在河之洲》（散文选集），“名家经典点评系列”，何启治点评，广东出版集团、广东教育出版社，2010年8月第1版第1次印刷。印数：5000册。定价：27.00元。责任编辑：吴曼华。

79.《白鹿原》，“当代陕西文艺精品”，人民文学出版社、太白文艺出版社，1993年6月北京第1版，2010年10月第1次印刷。印数：2000册。定价：65.00元。责任编辑：刘稚、邓积仓、陈昕。

80.《寻找属于自己的句子——〈白鹿原〉写作自述》，“大家自述史”，北京大学出版社，2011年1月第1版第1次印刷。未标印数。定价：39.00元。责任编辑：王炜烨。

81.《白鹿原》，“语文新课标必读丛书”，节选本，24万字，吉林出版集团、时代文艺出版社，2011年1月第1版第1次印刷。未标印数。定价：24.80元。责任编辑：王默涵。

82.《白鹿原》，线装本，三卷，作家出版社，2011年9月第1版。印数2000册。定价480元。责任编辑：王宝生。

83.《Au Pays du Cerf blanc》（《白鹿原》法文本），法国色依出版社（Editions du Seuil）2012年5月第1版，定价：25欧元。译者：邵宝庆，Solange CRUVEILLE。

84.《接通地脉》（散文集），作家出版社，2012年6月第1版第1次印刷。印数：10000册。定价：35.00元。责任编辑：张亚丽，秦悦。

85. 《白鹿原》，“20 周年纪念版”，有插图（电影《白鹿原》布景画稿），人民文学出版社，1993 年 6 月第 1 版，2012 年 8 月第 1 次印刷。印数：50000 册。定价：39.00 元。责任编辑：刘稚。

86. 《夭折》（中篇小说集），湖北长江出版集团、长江文艺出版社，2012 年 8 月第 1 版第 1 次印刷。定价：32.00 元。责任编辑：程华清。

87. 《失重》（短篇小说集），湖北长江出版集团、长江文艺出版社，2012 年 8 月第 1 版第 1 次印刷。定价：32.00 元。责任编辑：程华清。

88. 《〈白鹿原〉手稿本》（全四册），人民文学出版社，2012 年 9 月第 1 版第 1 次印刷。印数：3000 册。定价：960.00 元。责任编辑：付艳霞。

89. 《陈忠实解读陕西人》，冯希哲编，陕西师范大学出版总社有限公司，2012 年 9 月第 1 版第 1 次印刷。定价：48.00 元。

90. 《漕渠三月三》，“当代大家散文”丛书，王必胜主编，线装书局，2012 年 12 月第 1 版第 1 次印刷。印数：800 册。定价：92.00 元。责任编辑：李琳。

91. 《释疑者》（小说散文集），“茅盾文学奖获奖作家的短经典”书系，人民文学出版社，2013 年 1 月第 1 版第 1 次印刷。印数：10000 册。定价：26.00 元。责任编辑：付艳霞。

92. 《蓝袍先生》，“茅盾文学奖获奖者小说丛书”，江苏文艺出版社，2013 年 1 月第 1 版第 1 次印刷。定价：29.00 元。责任编辑：郝鹏，孙金荣。

93. 《霞光灿烂的早晨》（中短篇小说集），重庆出版集团、重庆出版社，2013 年 1 月第 1 版第 1 次印刷。定价：32.00 元。责任编辑：张好好。

94. 《拥有一方绿荫》，“当代著名作家美文书系”，中国文史出版社，2013 年 1 月第 1 版第 1 次印刷。定价：35.00 元。责任编辑：李晓薇。

95. 《康家小院》（中短篇小说集），“茅盾文学奖获奖作家丛书”，中国社会出版社，2013 年 2 月第 1 版第 1 次印刷。定价：29.80 元。责任编辑：牟洁。

96. 《白鹿原上》，江苏文艺出版社，2013 年 2 月第 1 版第 1 次印刷。定价：29.80 元。责任编辑：刘佳，王一冰。

97. 《陈忠实小说自选集》，新世界出版社，2013 年 3 月第一版第一次印刷。定价：29.00 元。责任编辑：赵涛，张杰楠。

98. 《白鹿原》，维吾尔文，吾买尔江·阿木提译，新疆美术摄影出版社、新疆电子音像出版社，第一、二、三册，2013 年 5 月第 1 版第 1 次印刷；第四册，2013 年 7 月第 1 版第 1 次印刷。各册定价：第一册 22.35 元；第二册 22.35 元；第三册 22.35 元；第四册 20.16 元。

99. 《白鹿原》，柯尔克孜文，上下册。上册：吐尔地·买买提吐尔孙译；下册：哈择别克·哈热别克、阿斯卡尔·库尔曼译。克孜勒苏柯尔克孜文出版社，2013 年 5 月第 1 版第 1 次印刷。印数：700 册。定价：上册 74 元；下册 86 元。

100. 《白鹿原》，锡伯文，上下册。上册：孔淑瑞译；下册：林昌译。新疆人民出版社，2013 年 8 月第 1 版第 1 次印刷。印数：290 册。定价：上册 210.50 元；下册 252.30 元。

101. 《白鹿原》，"茅盾文学奖获奖作品全集"系列，人民文学出版社，1993 年 6 月第 1 版，1997 年 12 月第 2 版，2013 年 8 月第 1 次印刷。定价：36.00 元。责任编辑：刘稚。

102. 《日子》（短篇小说集），"中国短经典"丛书之一，上海文艺出版社，2013 年 10 月第 1 版第 1 次印刷。定价：30.00 元。责任编辑：修晓林。

103. 《白墙无字》，西安出版社，2013 年 10 月第 1 版第 1 次印刷。定价：38.00 元。责任编辑：杨栋，李亚利。

104. 《此身安处是吾乡：陈忠实说故乡》，华中科技大学出版社，2014 年 3 月第 1 版第 1 次印刷。定价：29.80 元。责任编辑：许晓善。

105. 《梅花香自苦寒来：陈忠实自述人生路》，华中科技大学出版社，2014 年 3 月第 1 版第 1 次印刷。定价：29.80 元。责任编辑：许晓善。

106. 《猫与鼠　也缠绵》，"有价值悦读"丛书之一，人民文学出版社，2014 年 6 月第 1 版第 1 次印刷。印数：8000 册。定价：28.00 元。责任编辑：刘稚。

107. 《白鹿原》，"现当代长篇小说经典·陈忠实小说自选集"，长江出版传媒、长江文艺出版社，2014 年 7 月第 1 版第 1 次印刷。定价：38. 00 元。责任编辑：程华清。

108. 《陈忠实精选集》，北京燕山出版社，2015 年 6 月第 1 版第 1 次印刷。定价 35 元。责任编辑：尚燕彬，王滢。

109. 《白鹿原纪事》（短篇小说集），四川文艺出版社，2015 年 8 月第 1 版第 1 次印刷。定价 45 元。责任编辑：孙学良。

110. 《生命对我足够深情》（散文随笔集），时代文艺出版社，2016 年 2 月第 1 版第 1 次印刷。定价 48 元。责任编辑：李天卿。

111. 《陈忠实文集》（十卷），人民文学出版社，2016 年 4 月第 1 版第 1 次印刷。定价 380 元。责任编辑：刘稚。

112. 《白鹿原头信马行》（散文集），四川文艺出版社，2016 年 7 月第 1 版第 1 次印刷。定价 45. 00 元。责任编辑：孙学良。

其他：

邢小利主编：《陈忠实集外集》，白鹿书院、陈忠实文学馆 2011 年 10 月印行。

改编、移植：

1. 《接班以后》（连环画），茹桂、王韶之改编，华山机械厂王三县、《延安画刊》记者绘图，陕西人民出版社，1975 年 8 月第 1 版第 1 次印刷。印数 250000 册。定价 0. 08 元。

2. 《高家兄弟》（连环画），何忠社、王永祥改编，陕西省艺术学院美术系连环画学习小组绘画，陕西人民出版社，1976 年 6 月第 1 版第 1 次印刷。未标印数。定价 0. 08 元。

3. 《白鹿原》（连环画），石良改编，李志武绘画，人民美术出版社，2002 年 10 月第 1 版。印数 2000 册。定价：75. 00。责任编辑：夏丽，徐永林。

陈忠实获奖作品目录

《信任》（短篇小说）

1979 年全国优秀短篇小说奖。北京。

《立身篇》（短篇小说）

1980 年《飞天》短篇小说奖。甘肃。

《尤代表轶事》（短篇小说）

1981 年《延河》短篇小说奖。陕西。

《第一刀》（短篇小说）

1980 年《陕西日报》好稿奖一等奖。陕西。

《康家小院》（中篇小说）

《小说界》首届（1981—1983 年）优秀作品奖。上海。

陕西省 1984 年文艺创作“开拓奖”荣誉奖。陕西。

《初夏》（中篇小说）

1984 年《当代》文学奖。北京。

《十八岁的哥哥》（中篇小说）

1985 年《长城》文学奖。河北。

《四妹子》（中篇小说集）

1988 年陕西作协首届“双五”文学奖。陕西。

《渭北高原，关于一个人的记忆》（报告文学）

1990—1991 年全国报告文学奖。北京。

《白鹿原》（长篇小说）

陕西作协第二届“双五”文学奖最佳作品奖。陕西。

第二届人民文学出版社“炎黄杯·人民文学奖”。北京。

中国作家协会第四届茅盾文学奖。北京。

《活在西安》（散文）

2000 年《人民日报》“走进西部”散文征文二等奖。北京。

《原下的日子》（散文）

2004 年《人民文学》优秀作品奖。北京。

《一次心灵的洗礼》（散文）

《求是》杂志 2006 年“红色之旅”征文一等奖。北京。

《日子》（短篇小说）

2007 年首届蒲松龄短篇小说奖。山东。

首届陕西文艺大奖艺术成就奖

中共陕西省委、陕西省人民政府主办，2007 年。陕西。

《李十三推磨》（短篇小说）

2007 年“茅台杯”人民文学奖。北京。

《李十三推磨》（短篇小说）

《小说选刊》2008 年首届中国小说双年奖短篇小说奖。北京。

《白鹿原》（长篇小说）

2008 年 11 月入选深圳读书月组委会、深圳报业集团联合组织的“影响中国人的 30 年 30 本书”。深圳。

《李十三推磨》（短篇小说）

《小说月报》2009 年第 13 届百花奖。天津。

陈忠实研究著作目录

专著类

1. 《〈白鹿原〉研究》，郑万鹏著，时代文艺出版社，1998 年 7 月第 1 版第 1 次印刷。字数：20 万字。印数 10000。定价 15.00 元。书末附：一、郑万鹏等人与陈忠实的访谈录；二、截至 1997 年底的《白鹿原》研究资料索引。

2. 《宁静的丰收——陈忠实论》，李建军著，华夏出版社，2000 年 4 月北京第 1 版第 1 次印刷。字数：16 万 6 千字。未标印数。定价 16.00 元。

3. 《〈白鹿原〉的文化阐释》，段建军著，西北大学出版社，2001 年 6 月第 1 版第 1 次印刷。字数：16 万 7 千字。印数 1000。定价 12.00 元。

4. 《〈白鹿原〉论稿》，王玉林著，韩国新星出版社，2001 年 10 月第 1 版第 1 次印刷。未标字数。未标印数。定价：韩元 40 元。阎纯德作序。

5. 《踏过泥泞五十秋——陈忠实论》，公炎冰著，陕西人民出版社，2002 年 7 月第 1 版第 1 次印刷。字数：15 万字。印数 2000。定价 11.00 元。该书是作者 20 世纪末在复旦大学攻读中国现当代文学博士的学位论文。复旦大学博士生导师贾植芳为之作序。

6. 《陈忠实论——从文化角度考察》，畅广元著，人民文学出版社，2003 年 6 月北京第 1 版第 1 次印刷。字数：20 万字。印数 3000。定价 16.00 元。肖云儒、李星作序。

7. 《走进〈白鹿原〉——考证与揭秘》，卞寿堂著，太白文艺出版社，2005 年 1 月第 1 版第 1 次印刷。字数：34 万 4 千字。印数 3000。定价：24.80 元。牛象坤作序。

8.《〈白鹿原〉写作中的文化叙事研究》，赵录旺著，陕西人民出版社，2009 年 5 月第 1 版第 1 次印刷。字数：18 万字。印数 500。定价 13.50 元。屈雅君作序。

9.《三个人的文学风景——多维视镜下的路遥、陈忠实、贾平凹比较论》，梁颖著，人民出版社，2009 年 6 月第 1 版第 1 次印刷。字数：18 万字。未标印数。定价 20.00 元。雷达作序。

10.《陈忠实小说——在东西方文学坐标上》，冯望岳、李兆虹、马千里等著，中国社会科学出版社，2009 年 12 月第 1 版第 1 次印刷。字数：22 万 5 千字。未标印数。定价 26.00 元。

11.《陈忠实画传》，邢小利著，陕西师范大学出版总社有限公司，2012 年 10 月第 1 版第 1 次印刷。字数：17 万字。定价：48.00 元。

12.《陈忠实的文学人生》，王仲生、王向力著，陕西师范大学出版总社有限公司，2012 年 10 月第 1 版第 1 次印刷。字数：29 万字。定价：48.00 元。

13.《〈白鹿原〉文学原型考释》，卞寿堂著，陕西师范大学出版总社有限公司，2012 年 10 月第 1 版第 1 次印刷。定价：48.00 元。

14.《陈忠实的人与文》，李清霞著，中国社会科学出版社，2013 年 10 月第 1 版第 1 次印刷。定价：62.00 元。

15.《生命体验与艺术表达——陈忠实的方言写作》，宋颖桃、王素著，中国社会科学出版社，2013 年 11 月第 1 版第 1 次印刷。定价：46.00 元。

16.《陈忠实传》，邢小利著，陕西新华出版传媒集团、陕西人民出版社，2015 年 11 月第 1 版第 1 次印刷。定价：39.00 元。2016 年 5 月第 2 次印刷。

17.《陈忠实画传》（增订版），邢小利著，陕西师范大学出版总社有限公司，2016 年 7 月第 1 版第 1 次印刷。定价：35.00 元。

文集类

1.《〈白鹿原〉评论集》，人民文学出版社编辑部编，特约编辑李国平、鹤坪、刘斌，人民文学出版社，2000 年 7 月北京第 1 版第 1 次印刷。字数34万6千字。印数3000。定价21.00元。何西来作序。

2.《陈忠实研究资料》（中国新时期文学研究资料汇编，乙种，总主编：孔范今、雷达、吴义勤、施战军），主编：雷达，编选：李清霞，山东文艺出版社，2006年5月第1版第1次印刷。字数：53万8千字。印数2000，定价：35.00元。

3.《走进陈忠实》，冯希哲、赵润民编，陕西人民出版社，2006年10月第1版第1次印刷。字数：18万字。印数3000。定价：22.80元。

4.《说不尽的〈白鹿原〉——〈白鹿原〉评论选》，冯希哲、赵润民主编，陕西人民出版社，2006年11月第1版第1次印刷。字数：67万4千字。印数2000。定价：45.00元。

5.《写作就是他的生命：陈忠实纪念文集》，《文艺报》编，作家出版社2016年11月版。定价：35.00元。

6.《陈忠实访谈录》，陈忠实著，冯希哲、张琼编，陕西新华出版传媒集团、陕西人民出版社，2016年11月第1版第1次印刷。字数：38万字。定价：50.00元。

7.《走近陈忠实》第二辑，陈忠实当代文学研究中心，冯希哲、张琼、曹小娟编，陕西新华出版传媒集团、太白文艺出版社，2017年1月第1版第1次印刷。字数：29万字。定价：32.80元。

8.《说不尽的〈白鹿原〉》第二辑，陈忠实当代文学研究中心冯希哲、王鹏、张筱哲、曹小娟编，陕西新华出版传媒集团、太白文艺出版社，2017年1月第1版第1次印刷。字数：40万8千字。定价：49.80元。

论陈忠实的创作道路与文学史意义

邢小利

陈忠实的创作道路

陈忠实，1942 年 8 月 3 日出生于西安市灞桥区白鹿原北坡下的西蒋村。1962 年高中毕业。同年秋任西安市郊区毛西公社蒋村小学民请教师。1964 年秋，调毛西公社农业中学任教。1966 年 2 月加入中国共产党。1968 年 12 月，借调立新（原毛西）公社协助搞专案、整党等项工作。其中的专案工作，主要任务是给农村和社属单位在“清理阶级队伍”中揪出来的人落实政策，他主要负责文字工作。1971 年 6 月，因工资问题在公社不好解决，立新公社安排陈忠实任公社卫生院革命领导小组组长（即院长）。1973 年春任毛西公社革委会副主任。1975 年被任命为中共毛西公社副书记。同年 8 月，经中共西安市郊区党委同意，应西安电影制片厂之邀到该厂，将他发表于 1973 年的短篇小说《接班以后》改编为电影剧本。电影于 1976 年拍成，片名《渭水新歌》，1977 年 1 月发行放映。1977 年夏，被任命为毛西公社平整土地学大寨副总指挥，冬，被任命为毛西公社灞河河堤水利会战工程主管副总指挥。1978 年 9 月，调入西安市郊区文化馆工作，任副馆长。同年 10 月加入中国作家协会西安分会（即后来的陕西省作家协会）。1979 年 6 月 3 日在《陕西日报》发表短篇小说《信任》，后获中国作协 1979 年全国优秀短篇小说奖。同年 9 月加入中国作家协会。1980 年，调入西安市灞桥区文化局，被任命为副局长兼文化馆副馆长。1982 年 11 月调入中国作家协会西安分会从事专业创作。1985 年 4 月，在中国作协陕西分会（即后来的陕西省作家协会）三届二次理事会上，当选为中国作协陕西分会副主席。1987 年 10 月当选为代表参加中国共产党第十三次代表大会。1992 年 5 月，报告文学《渭北高原，关于一个人的记忆》

（与田长山合作）获中国作家协会 1990—1991 年度全国优秀报告文学奖。同年 10 月，当选为出席中国共产党第十四次代表大会。1993 年 6 月，长篇小说《白鹿原》由人民文学出版社出版。同年 6 月，陕西省作家协会第四次会员代表大会召开，当选为陕西省作家协会主席。2001 年 12 月，在中国作协第六次全国代表大会上当选为中国作协副主席。2006 年 11 月，在中国作家协会第七次全国代表大会上再次当选中国作协副主席。2007 年 9 月，在陕西省作家协会第五次会员代表大会上被聘为陕西省作家协会名誉主席。2011 年 11 月，在中国作家协会第八次全国代表大会上再次当选中国作协副主席。

陈忠实的创作道路大致可以分为四个时期。

第一时期：从“文革”前到“文革”结束（1965—1978）。这一个时期又可分为两个阶段。第一个阶段是模仿性的习作期，尚缺乏文学的自觉。陈忠实上初中二年级时就爱上了文学，初中三年级时在“诗歌大跃进”的时代氛围影响下，写了不少诗歌，1958 年 11 月 4 日《西安日报》发表了其中的一首《钢、粮颂》。1962 年回乡当了小学民请教师，立志从事创作，以文学为人生希望，意欲以此改变命运，同时亦以文学作为困境生活中的精神安慰。从 1965 年到 1966 年 4 月，在《西安晚报》发表散文 5 篇、故事 1 篇、诗歌 1 首、快板书 1 篇，内容多为叙说农村生活中的好人好事，歌颂新时代和新生活，或通过记述贫苦农民的命运反映阶级斗争历史。这些带有习作痕迹的作品的创作和发表，一方面为他带来喜悦和希望，另一方面又使他受染于时代的生活气息和文学观念，开始了与时代的“合唱”。第二个阶段是“文革”后期，从 1973 年 11 月在《陕西文艺》第 3 期上头条发表平生第一个短篇小说《接班以后》亮相文坛，至 1976 年在《人民文学》第 3 期小说栏目头条发表短篇小说《无畏》，四年间连续发表的 4 个短篇小说均在当时文坛和读者中引起较大的反响。《接班以后》《高家兄弟》《公社书记》和《无畏》四个短篇小说，单从形象塑造、结构和语言等技术层面来看，都显得较为成熟，可以看作是陈忠实在文学创作道路上跃升为比较自觉时期的作品。

创作和发表这几个短篇小说时，陈忠实 30 岁出头，由民请教师身份转为国家正式干部不久，不仅在人民公社的工作热情积极，业余的文学创作也有一种期望不断向前的激情。他在这一阶段的小说写作，其基本内容和人物塑造明显受到了当时意识形态和文艺政策的影响。内容的一个重点就是农村复杂的阶级斗争尤其是无产阶级和资产阶级两条路线的斗争，这样的政治主题最后往往归结于一个核心问题，这就是围绕权力的斗争。这些小说着力塑造普通人中的英雄人物形象，特别是青年英雄人物形象，这些人物一般富有大公无私的优秀品质，工作出色，特别是勇于斗争，善于斗争，很有一股子闯劲。

第二时期：大约从 1979 年到 1986 年。这一时期的创作特点，大致可以概括为从追踪政治与人的关系到探寻文化与人的关系。

这一个历史阶段的中国文学主流，是从伤痕文学、反思文学、改革文学到“85 新潮”的现代派文学、先锋文学、女性文学和寻根文学，后浪逐前浪，不断出新。陈忠实因 1976 年发表与“走资派”做斗争的短篇《无畏》受到工作和生活冲击，历经两年多的苦闷和反思，重新拿起笔，一方面继续沿着他所熟悉的政治与人的创作思路进行创作，另一方面，也不断关注当时的文学思潮并受其影响，开始了缓慢而深刻的创作转型。1978 年春天，陈忠实在灞河筑堤工地上，读了刘心武的短篇小说《班主任》，这篇小说大胆触及时代给人带来的人格和心灵伤害所呈现出的那种全新文学视境，给他以极大震动。他由此敏锐地感觉到：文学创作可以当作事业来干的时候终于到来了[①]。这一年的 10 月，他由毛西公社调到西安市郊区文化馆工作，开始有目标地认真读书和思考，并写成短篇小说《南北寨》，后刊《飞天》1978 年第 12 期。这个短篇通过北寨的社员到南寨社员家里来借粮引起的风波和故事，表现了两个村寨因以支书为首的干部领导作风和工作思路不同，南寨主抓农业生产，北寨紧跟形势，坚持搞阶级斗争和两条路线斗争，热衷于写诗唱戏，不抓农事，导致了南、北两个村寨社员不同的生活境况和水平，南寨反而被上级领导批评，北寨却被树为“样板”，小说意在批判极左政治和思潮对农村社会和群众生活的破坏。《小河边》（1979 年）写了三个人物，一个是老九，搞科研的知识分子；一个是老八，走资本主义路线的当权派；一个是老大，原来是村支书，为大队围滩造田，被划成地

① 陈忠实：《接通地脉》，北京：作家出版社，2012 年 6 月第 1 版，第 54 页。

主成分。“文革”后期，三人都无所作为，老九钓鱼，老八摸鱼，老大搬石头修河堤。小说重点写三个难友在困难时期互相激励的情谊。在周恩来总理逝世后，他们在小河边给总理遗像敬献鲜花，表达了特殊环境中几个不同身份的人共同的坚定的政治态度。《幸福》（1979 年）写幸福与引娣这两个同村的中学同学的故事，幸福为人实在，引娣喜欢弄虚，热衷于参加各种会议和学习班，喜欢在各种会议上代表贫下中农发言，表态积极，批判激烈。两个本来要好的同学有了分歧。谁是谁非？幸福劝导引娣，农民讲究实在的，可是引娣却因其所作所为入了党。公社原拟推荐幸福上大学，引娣揭发了幸福和她私下的一些言论，取而代之。后来幸福自己考上了大学。小说通过两个同学的为人和命运，提示了扭曲的时代对人格的扭曲和对人物命运的捉弄，表明生活中最后的得益者还是老实人。《徐家园三老汉》（1979 年）描写徐长林、黑山、徐治安三个同年龄段的老汉，性格各异，“俩半能人”，都是务菜能手，同在大队苗圃干活。徐长林性子沉稳，智慧。黑山老汉是直杠子脾气。徐治安自私，有心计，人称“懒熊”“奸老汉”。徐治安起初一心想来苗圃干活，想方设法来了，却不下力气干活，看园子时偷懒睡觉，让猪拱了菜园子。徐长林是老共产党员，帮助他，教育他，徐治安有了大的转变。小说写农业集体化时期三个老农对待集体不同的心态和行为，把公与私的心理和诚与奸的人格联系起来写，是那个时代较为普遍的文学意识。陈忠实写了三个农村老汉，意在塑造三种不同的性格，此作在《北京文艺》1979 年第 7 期发表后，受到称赞，陈忠实被誉为写农村老汉的能手。《信任》（1979 年）是陈忠实这一时期的一篇代表作。小说写在时代发生巨大转变时如何对待过去的矛盾和问题。小说中在前台角斗的是两个年轻人，背后角力的则是两个当年共过事的村干部，一个是“四清”运动中被补划为地主成分、年初平反后刚刚上任的村党支部书记罗坤，一个是“四清”运动的积极分子罗梦田。事情因子辈的打架引起，打架事件是现时显在的矛盾，背后折射出的是父辈在过去政治运动中的恩怨情仇。如何对待今与昔的矛盾，罗坤的公道处理方法使罗梦田父子受了感化，全村人也更为拥戴罗坤。小说在当时普遍写历次政治运动给人心留下的深重“伤痕”的时代文学风潮中，另辟蹊径，表达了要化解矛盾、克服内伤、团结一心向前看的主题。

这一个时期陈忠实的小说创作，总的特点是紧紧追踪时代的脚步，关注政治与人的关系，注重描写政治与政策的变化给农村社会特别是农民生活、农民心理带来的变化，或者反过来说，是通过农民生活特别是农民心理的变化来反映政治的革新和时代的变化。小说艺术的侧重点是塑造典型环境中的典型性格，在性格描写中，着重展示人物的道德品质。道德品质是那个时代对人物的一种强调和评判。

中篇小说《初夏》写成于1983年，它在陈忠实的创作中是一个里程碑，也是一个重要的过渡。前者是说这是他的第一部中篇，后者是说这部小说既有以往写作的惯性延伸，如注重塑造新人，又有新的社会问题的发现和强烈的现实关怀。作品写改革开放初期一个家庭父与子的故事。离开还是坚守农村，只考虑个人前途利益还是带领大伙儿走共同富裕之路，在此人生选择问题上，父亲这个农村的"旧人"与儿子这个农村的"新人"发生了激烈的无法调和的冲突。父亲冯景藩几十年来一直奋斗在农村基层，把一切都献给了党在农村的集体化事业。如今，农村实行了家庭联产承包责任制，面对这一颠覆性的历史巨变，比较当年的同伴冯安国，冯景藩感觉自己的忠诚工作吃了大亏，有一种强烈的幻灭感。小说中写的这个人物是真实的，颇有时代的典型意义和相当的思想深度，这也反映了作者对于生活的敏感。但是，陈忠实这时的艺术思维，受十七年文学影响所形成的心理定式还未完全冲破，他还习惯于以对比手法塑造与"自私""落后"的冯景藩对立的另一面，这就是乡村里的新人形象冯马驹，这是一个退伍军人，年轻的共产党员，对于进城，他虽有犹豫，但他最终还是心明志坚，主动地放弃了进城机会，矢志扎根农村，带头与青年伙伴一起改变农村的落后面貌，共同致富。冯马驹这个人物不能说现实生活中绝无仅有，但他显然是作者艺术固化观念中的一个想象式的人物，缺乏历史的真实感和时代的典型性。

《初夏》以及陈忠实这一时期的相当一部分小说，如短篇小说《枣林曲》《丁字路口》等，都把青年人进城与留乡的行为选择、为公与谋私的个人打算作为衡量、评价人物的一个标尺，有时还给人物涂上或浓或淡的先进与落后的政治色彩，笔下自觉不自觉地对人物进行着高尚与低下的道德人格评判。而且，在陈忠实的《初夏》以及同类小说中，往往还表明了这样一个认识，这就是农村的贫穷，主要是因为没有或缺乏好干部的领导，所以，陈忠实在多篇小说中，都在着力塑造好干部的形象。这样的好干部差不多都有着与冯马驹一样的性格特征：年轻，党员，公而忘私，能舍弃个人利益，一心扑在集体事业上，肯吃苦，脑子也灵活，最终成为农村走共同富裕之路的带路人或榜样。由此表明，陈忠实这一时期的创作中，有一个顽强的思维定式，这就是塑造不同时期农村好干部的新人形象。这样一来，作者所塑造的人物性格，特别是所谓的正面人物形象和作者心目中的新人形象，都有着或浓或淡的某种既定概念的影子，人往往只是表达概念的工具，而不是艺术的目的。所以，这些人物的性格在艺术上都显得比较单薄甚至纯粹，往往是非此即彼，缺乏性格的丰富性和复杂性，这在一定程度上反映了作者艺术思维的简单化，或者说，受十七年文学观念的影响过深，艺术思维还未能摆脱旧的观念的束缚。

《初夏》的艰难写作以及这一历史时期诸多社会和思想的变化引发了陈忠实的文学反思，他后来称之为思想和艺术的“剥离”。陈忠实于1982年写了中篇小说《康家小院》，他写这部中篇，至少受到两个外部因素的影响，一是1981年夏，他去曲阜参观了孔府、孔庙和孔林，在那里，他对文化与人的关系深有感触，由此生发而孕育出了这部小说；二是他读了路遥的《人生》，为其人生主题、人物性格的真实准确描写和艺术的力量而深受震撼，触动他深入思考文学如何写人。《康家小院》开始关注文化与人的内在关系。小说在写真实的人物及其命运的过程中，触及了文化与人的关系这一重大命题。写于1985年夏秋之季的《蓝袍先生》，写文化观念对人行为的影响，特别是传统礼教与政治文化对人的束缚。写于1986年夏天的中篇小说《四妹子》，写陕北女子嫁到关中来的生活和命运，是陈忠实第一次从地域文化对人物文化心理性格的影响入手，来开掘人物性格的特点。

第三个时期，是《白鹿原》的写作，时为1987年至1992年。这个时期的陈忠实已年过不惑，接近天命，是他生活、思想和艺术积累已经相对成熟，同时也是精力最为旺盛、思维最为活跃、艺术创造力最为丰富的一个生命阶段。《白鹿原》的准备、构思与写作，是陈忠实创作方向的一个最大转折，他从20多年来一贯关注的现实转向了历史。这一艺术转变，与陈忠实密切关注1985年兴起的“寻根文学”思潮并且深入思考有关问题有关。他的艺术聚焦，是从家族关系入手，从人与文化角度切入，触及社会特别是农村社会的生产方式、经济活动、教育理念与方法以及政治关系等关乎人的生存的各个方面，深刻透视传统中国宗法社会数千年传承下来的人的生活方式、生存态度和生存之道，展现传统的宗法社会和乡规民约在时代暴风雨的击打中所发生的深刻嬗变——家族的嬗变、人性的嬗变、人心的嬗变——并从这嬗变中，透示社会演变的轨迹和历史深层的文化脉动。

第四个时期，为1993年至今。20年来，陈忠实除过写了9个短篇小说，偶尔也写点儿遣兴的旧体诗词，其他写的基本上都是散文和随笔。结集出版的主要有《生命之雨》《告别白鸽》《家之脉》《原下的日子》《吟诵关中》等。这些散文和随笔，其题旨，多为对生活的回味，对生命的咏叹，以及对生活的感悟和思考。陈忠实的创作道路，从写社会热点始，进而以小说直面并深入广阔的社会生活，现在，陈忠实通过散文，回到了自身，审视自己的生活，回味自己的人生甘苦，思索更为深沉的人生哲理。

陈忠实从1993年到2013年这20年的散文写作，可分为前10年和后10年。前10年即1990年代，他的散文多是对往事的回忆和对已逝生命的感怀；后10年即新世纪以来，他的散文中则有了不少直面当下之作。总体上看，陈忠实属于一个客观写实性的作家，他50岁以前的作品，以写小说为主，小说是一种要把作家主体隐藏起来的文体；50岁以后，1990年代，他集中写起了散文，尽管散文是一种更为贴近创作主体的文体，但也许是由于写作惯性，陈忠实这个时期的散文，仍然喜欢侧重于写实的叙事散文，有的散文也有很强的情绪表露，但较为节制，注意藏“我”；而60岁以后，新世纪以来，也许是散文这个文体真的适合表现，也许是作者的生命境界更臻于自由，也许是作者的现实感怀更为强烈，也许三者兼而有之，陈忠实的散文出现了一个重要变化，这就是他虽然还是习惯在叙事或状物中表现思想感情，但他此时的写作旨趣，主要的是托物言志，借景抒情，以事说理，更多的是主体内在思想情怀的表现。

《白鹿原》及其他代表性作品分析

《白鹿原》展示的是中国两千多年皇权社会崩溃之后，新的社会秩序将建而未建以及革命、抗日、内战等历史大背景下，农村社会的图景和农民的生活的变迁。地主白嘉轩、鹿子霖，长工鹿三，乡村贤哲朱先生，以全新的面目出现于文学史画廊，每一个人都具有深刻的历史文化内涵；浪子黑娃、白孝文，荡妇田小娥，追求新的社会理想的鹿兆鹏、鹿兆海和白灵，无不体现着鲜明的时代特征。在历史进行深刻转变的时期，这些从传统深处走来的老少人物，有的继续努力恪守传统的生活观念和人格理想，有的受时代感召，或追逐时代的步伐或被时代的车轮裹挟，其凌乱的人生履痕，其复杂多变的命运，揭示了民族的传统观念和人格精神在现代文化背景中的深刻矛盾和裂变，展示了一个民族从传统迈向现代的历史轨迹和心理行程，触及了中国近现代半个世纪历史行程中的深层矛盾和历史搏动。《白鹿原》是一部史诗般的巨作，它超越了简单的阶级斗争模式，突破了狭隘的政治斗争视域，以幽深的文化眼光打量历史行程中的各色人物，以宽阔的历史视角观照波澜壮阔的历史进程。

《白鹿原》的主旨是探寻民族的文化心理，进而探求民族的命运和前途。《白鹿原》中的主要人物大致分属父与子两代人，父辈人物总体上沿袭着传统的人生观念和生活方式，子一辈多为叛逆，他们在趋时和向新的历史风潮中和个人的命运转换中逐步完成了自己的人格形象。父一代是“守”或“守”中有“变”的农民，白嘉轩、鹿三等人是“守”，鹿子霜是“守”中有“变”；子一代是“变”——或反叛，或革命，如鹿兆鹏、鹿兆海、白灵、黑娃、白孝文等，或者在“变”中又趋于“守”的农民，如黑娃。一“守”一“变”，“守”中有“变”和“变”中趋“守”，生动而准确地反映了清末以至民国再至新中国成立这一历史时期的生活巨变和人心嬗变。

父辈人物是从历史深处走来的，他们的身上带有几千年封建社会的精神遗存。子辈人物则延伸到历史的未来，即使有些人物死了，如黑娃等，但他们在这个转变的时代所完成的人生命运和所形成的人格态度，都凝聚成了一种精神，所谓精神不死，伸展到未来，活到了今天。

小说中的核心人物是白嘉轩。这是一个真正意义上的中国农民，他的身上继承了几千年来传统中国农民的本质特征，也是中国最后的乡绅。他是非常现实也务实的人，注重现实的世俗生活，没有不切实际的空想，换句话说，没有浪漫情怀。他所在的白鹿原的生活环境和文化氛围，主体是儒家的思想文化，在这样的生存环境中耳濡目染，又接受了来自朱先生的儒家思想和伦理观念的教化，他终生服膺儒家的思想和精神，并以儒家思想正己治家。他的整个人生理想和目标，一是做人——“仁义”之人，二是治家，这也就是儒家所谓的“修身”和“齐家”。在白嘉轩之上，是整个白鹿原的灵魂人物朱先生，这是中国最好也是最后的先生。朱先生是白嘉轩的精神导师和生活的指路人。白嘉轩则是朱先生思想和精神的实践者。朱先生是白鹿原的精神文化象征，他的思想渊源是儒家，具体到他的身上，则是儒家思想的变相理学，理学中的关学一脉，关学强调“通经致用”“躬行礼教”。这样一种实践理性非常契合白嘉轩们的生活实践和生命实践，对于白嘉轩这样的农民和族长特别有现实的指导意义，被他们易于和乐于接受并且深刻地掌握。鹿三是白嘉轩这个地主东家的长工，他是中国最后也是“最好的一个长工”。鹿三与白嘉轩构成了中国传统社会中一对重要的关系，这就是主子与奴仆的关系。他忠厚、善良，也非常执拗，拗在两个字：“忠”与“义”，这也是传统封建社会所强调的奴才对主子的“忠”与“义”。鹿子霖也是中国传统农民的一个典型人物。这个人物与白嘉轩性格相反但却能成为一个互补的形象。白嘉轩做人行事，遵循的是内心已然形成的信念和意志；而鹿子霖行事做人，则是依照现实的形势，这是一个能够迅速判断时势也能够很快顺应时务的乡村俊杰。千百年来，中国的乡村社会，主要的核心人物就是由这两种人物构成，一个坚守先贤的遗训和内心的原则，一个观风看云不断顺应时势的变化，一静一动，动静冲突又结合，构成了一部激荡的而又稳定的中国历史。白嘉轩和鹿子霖都是白鹿原上仁义白鹿村的精明人和威权人物。他们在中国历史和文化中都具有原型的意义。

黑娃和白孝文是小说中两个性格最为鲜明的叛逆形象，前者先由一个纯朴的农家子弟变为“土匪”，再由一个“土匪坯子”变为真心向学的儒家门徒，并发誓“学为好人”；后者由族长传人堕落到不知羞耻，再变而为残杀异己毫不手软的冷酷之徒，他们性格的发展和变化，都包蕴着丰富而复杂的时代内涵和历史文化内涵。鹿兆鹏、鹿兆海和白灵等人，皆为一个时代的有志青年，他们不愿意依照父辈预设的生活方式去生活，他们是时代的英才，追求远大理想，忠诚、热情，有献身精神，但他们后来各自的命运，如鹿兆鹏的失踪，鹿兆海的死于内战，白灵的被活埋，既是深刻的个人悲剧，也都深刻地触及了中国近现代半个世纪历史进程中的深层矛盾和历史搏动，具有深广的社会内涵。

《白鹿原》中所展现的历史巨变有两个方面。一个方面，是传统亦即“旧”（思想、文化、道德、习俗等）的消亡史。小说中老一辈的人物，如所谓最后最好的先生、最后最好的乡绅、最后最好的长工，都深刻地体现了这一点。这是一曲深沉哀婉的送别“旧”的挽歌。“皇帝死了”以后，新社会新制度新思想新文化的诞生仗着“革命”的名义一路向前。在这个历史的洪流中，传统文化和传统人格在各路英雄纷乱的“革命”的刀枪之下和历史巨轮的碾压之下，或坚守或挣扎，或转型或崩溃。另一方面，是“新”（思想、文化、道德、习俗等）的诞生史和成长史。小说中新一辈的人物，无论是坚定不移的共产党人鹿兆鹏和矢志报国的国民党人鹿兆海，无论是由“好人”变为“坏人”的白孝文，还是由“土匪”“学为好人”的黑娃，包括坚持上新学、抗拒包办婚姻的白灵，他们的“革命”行为或“反叛”行为，也都深刻地体现了这一点。传统社会是“耕读传家”，“耕”解决的是生存问题，是人与赖以为生的土地的关系；“读”是读“圣贤书”，解决的是思想和精神的问题，是人之所以为人的问题，是子孙万代精神承续的问题。《白鹿原》以新旧两代生动的人物画卷艺术地展现了以“耕读传家”为命脉的农业社会、农耕文明在新时代暴风雨冲击中的深刻嬗变，为读者提供了多向度思考的文本。

陈忠实是描写秦地关中农村生活的高手，他在《白鹿原》之前的一些中短篇小说既有生活厚度，也颇富艺术魅力。

《康家小院》就是一篇很有艺术魅力的中篇小说。该作写的是新中国成立初农村一位新媳妇的故事。吴玉贤在新中国成立初期响应政府扫除青年文盲的号召，上了冬学，接触了授课的杨老师这个文化人，杨老师给她讲了一些她闻所未闻的世界上的新鲜事和新观念，这个文化人以及他所带来的新文化，像一股春风，吹得没有见过世面的吴玉贤有些迷醉，她对生活有了一些前所未有的想象。然而就在她还没有理清自己对这个文化人朦胧的好感究竟是怎么回事的时候，她就糊里糊涂、晕晕乎乎地当了杨老师的俘虏。事情败露后，男人打她，父亲打她，母亲也骂她，她想起杨老师教过她的新观念“婚姻自由”，就找杨老师商量，想离了婚与之结婚。不想杨老师露出叶公好龙的本相，劝她“甭胡思乱想！回去和勤娃好好过日月！他打土坯你花钱，好日月嘛”，说他和她“不过是玩玩”。与《人生》中的高加林一样，在意识到自己错了对不住人之后，吴玉贤开始了一番道德的自我谴责，悔恨中又自觉地回归于原来的生活秩序之中。吴玉贤这个人物形象是真实的，她经历的生活以及命运过程也是真实的。吴玉贤先是不识字没有文化，学了一点儿文化开了眼界，因为文化的觉醒引起人的觉醒，觉醒之后试图改变自己的生活，却引起了激烈的始料不及的生活冲突。吴玉贤在痛苦的人生矛盾中开始反省，逐渐对生活有了新的觉悟。小说是一个悲剧，吴玉贤的悲剧是双重的：没有文化的悲剧和文化觉醒之后又无法实现觉醒了的文化的悲剧。

总体上看，陈忠实是一位重视客观化写作的作家，他以前的作品较少表现自己的生命体验，到了这一个时期，他开始在客观化的生活描写中融入自己的生命体验。中篇小说《最后一次收获》（1985 年），写一个即将举家迁往城市而最后一次回到家乡收获庄稼的文化人的生活经历和人生感悟。该作深刻地融入了陈忠实自己的人生经历和生命体验。一般作者选择这样的题材，可能会简单地处理，写成一种抒情性的感慨之作。陈忠实显然不是一个仅仅喜欢抒发个人感慨的作家，他正面切入这个题材，“硬碰硬”地展开描写，而且进行了深入开掘，人物性格真实、准确、生动，乡土生活气息浓郁，是一部艺术魅力极强的小说。由此甚至可以看到陈忠实创作的一个特点，他不大选取侧面取巧的方式处理素材，一般都是正面切入，直接面对他笔下的人物和生活，喜欢正面描写。

陈忠实后期的散文佳作可以《三九的雨》（2002 年）、《原下的日子》（2003 年）等为代表。《原下的日子》《三九的雨》，是陈忠实最为抒情的散文之一，也是作家对自己的生命、对人生的方向思考得最为深沉的作品之一。评论家李建军曾以“随物婉转”和“与心徘徊”评论陈忠实早期和后期的散文创作①，确实深中肯綮。而李建军所论“与心徘徊”之作品，还都是陈忠实 20 世纪 90 年代所写的散文，陈忠实进入 21 世纪之后所写的散文，像《原下的日子》以及《三九的雨》等，不仅有“与心徘徊”的好思致，更有“明心见性”的敞亮感。

在《原下的日子》中，陈忠实引了白居易的一首诗《城东闲游》：

---

① 见李建军著《宁静的丰收——陈忠实论》，北京：华夏出版社，2000 年 4 月北京第一版，第 97 页。

“宠辱忧欢不到情，任他朝市自营营。独寻秋景城东去，白鹿原头信马行。”然后略作发挥，“一目了然可知白诗人在长安官场被蝇营狗苟的龌龊惹烦了，闹得腻了，倒胃口了，想呕吐了，却终于说不出口呕不出喉，或许是不屑于说或吐，干脆骑马到白鹿原头逛去”。《南史·隐逸传上·陶潜》：“著《五柳先生传》，盖以自况，时人谓之实录。”此亦为陈忠实之自况、实录。“还有什么龌龊能淹没能污脏这个以白鹿命名的原呢？断定不会有。”这就是说，白鹿原是干净的，因此，他才回到了白鹿原，复归原下。他写道，回到祖居的老屋，尽管生了炉火，看到小院月季枝头暴出了紫红的芽苞，传达着春的信息，但久不住人的小院太过沉寂太过阴冷的气氛，一时还不能让他生出回归乡土的欢愉。文字之外，让人感受到的，其实是他的心情许久以来过于郁闷，也太过压抑，所以，尽管回归了朝思暮想的老屋，但心情一时还是难以转换，是一派春寒的冷寂。“这个给我留下拥挤也留下热闹印象的祖居的小院，只有我一个人站在院子里。”“我站在院子里，抽我的雪茄。”“我一个人站在院子里。原坡上漫下来寒冷的风。从未有过的空旷。从未有过的空落。从未有过的空洞。”一连三个排比句，三个“空”字，三个斩钉截铁的句号，极力表达着作者内心的空茫和宁静。他写道：“我不会问自己也不会向谁解释为了什么又为了什么重新回来，因为这已经是行为之前的决计了。丰富的汉语言文字里有一个词儿叫龌龊。我在一段时日里充分地体味到这个词儿的不尽的内蕴。”其实，在这里，陈忠实反复斟酌拈出的“龌龊”一词，已经透露了他复归原下的原因。具体是什么“龌龊”，没有必要追问。“我听见架在火炉上的水壶发出噗噗噗的响声。我沏下一杯上好的陕南绿茶，坐在曾经坐过近二十年的那把藤条已经变灰的藤椅上，抿一口清香的茶水，瞅着火炉炉膛里炽红的炭块，耳际似乎缭绕着见过面乃至根本未见过面的老祖宗们的声音：嗨！你早该回来了！”最后一句是陈忠实的表达语言。陶渊明或千古以来文人的表达句式是：“归去来兮，田园将芜胡不归！”意思是一样的。第二天微明，他在鸟叫声中醒来，“竟然泪眼模糊”。在尽情地抒写乡间一年四季的美妙之后，他“由衷地咏叹，我原下的乡村”。全文激情涌荡，一唱三叹，气盛言宜，慷慨明志。

《三九的雨》写于旧历一年将尽之时，有顾后瞻前之意。此文写得非常从容，然而情绪却又回环往复，宛如一首慢板的乐曲。这是他当时的心境，也是他当时的生活状态。悠游从容，淡定自然。三九本该是严寒的天气，却没有落雪，而是下了一场雨。陈忠实一直感觉自己生命中缺水、缺雨，三九天居然下了这一场雨，自然令他欣喜万分。腊月初四天明后，他来到村外一片不大却显得空旷的台地上，极目四望，感受三九雨后的乡村和原野。四野宁静，天籁自鸣，陈忠实觉得宁静到可以听到大地的声音。雨后的一片湿润一片宁静中，陈忠实的目光从脚下的路延展开去，陷入往事的回想。脚下的砂石路当年只有一步之宽，为了求学，他走了 12 年。当年背着一周的干粮，走出村子踏上小路走向远方，小小年纪情绪踊跃而高涨，但对未来却是模糊无知。当时最大的宏愿无非是当个工人，不想却爱上了文学，“这不仅大大出乎父母的意料，连我自己也感到奇怪”。“背着馍口袋出村挟着空口袋回村，在这条小路上走了十二年”，所获的是高中毕业。那一刻，他意识到，他的一生，都与脚下的这条砂石路命运攸关。在回顾了过往的大半生的人生之路后，他强调“我现在又回到原下祖居的老屋了”。“老屋是一种心理蕴藏”。他在和祖先默视、和大地对话的过程中，获取心理的力量蕴蓄。特别是，从他第一次走出这个村子到城里念书的时候起，他的父亲和母亲送他出家门，眼里都有一种“神光”，“给我一个永远不变的警示：怎么出去还怎么回来，不要把龌龊带回村子带回屋院”。“在我变换种种社会角色的几十年里，每逢周日回家，父亲迎接我的眼睛里仍然是那种神色，根本不在乎我干成了什么事干错了什么事，升了或降了，根本不在乎我比他实际上丰富得多的社会阅历和完全超出他的文化水平”，关键是，“别把龌龊带回这个屋院来”。这个警示给“这个屋院”赋予了特别的意义：它是净地，它是祖屋。在这篇散文即将结束的时候，他简单地提了一句他前不久在北京当选为中国作家协会副主席，有记者向他提问，他的回答是：“作为一个作家，应该始终把智慧投入写作。”然后，他从容地写道：“我站在我村与邻村之间空旷的台地上，看‘三九’的雨淋湿了的原坡和河川”，“粘连在这条路上倚靠着原坡的我，获得的是沉静”，自然而又端然地展现出一派宠辱不惊的气度，宁静致远的心态。

陈忠实的文学史意义

陈忠实是描写农民生活、农村社会和乡村文化的高手。

中国是一个历史悠久的农业社会国家，几千年来，乡村是中国人生活的家园、生命的故乡，乡村自然也成为历朝历代文人描写和咏歌的对象，从先秦《诗经》中的“国风”到东晋的陶渊明再到唐代的王维、孟浩然、韦应物以及宋代的范成大、杨万里等，形成了一个源远流长的山水田园诗派，形成了中国文学独有的关于乡村的审美范式，并积淀为中国人关于乡村的审美理想和文化想象。仔细辨析，其实乡村可分为自然的乡村和社会的乡村。中国古代文人描写和咏歌的，主要是自然的乡村，是可以尽情享受自然之美和人伦之美的牧歌式的乡村，是士子失意后或不得志时可以归来隐去的乡村，这样的乡村图景和乡村生活，表现的基本上或更多的是乡村社会自然的一面。到了现代文学，文学中的社会展现因素增强，乡村世界中社会的现实的一面，才逐渐在文学特别是小说中得以比较全面的描绘和深刻的表现。鲁迅笔下的乡村社会，灰暗，破败，衰落，沉闷，令人失望甚至绝望，就是当时乡村社会的真实写照。而沈从文笔下的边城人生，由于作者更倾心于抒写自然人性，他笔下的乡村社会也就更偏向于自然的一面。鲁迅和沈从文，双水分流，各有侧重，从而构成了中国现代文学一个侧重于展现社会的乡村、一个侧重于描绘自然的乡村的艺术流向。前者的艺术价值追求在于真实、深刻，后者的艺术价值追求在于自然、优美。沿此双水分流之方向，赵树理的“山药蛋”小说、柳青描写农民创业的小说，其艺术追求总体上看走的是鲁迅之路，而孙犁的“村歌”小说、刘绍棠的乡村牧歌情调小说，则大体走的是沈从文之路。

从近现代以来的文学改良和文学革命的思想背景和艺术思潮来看，文学的干预社会作用被极度放大和空前提高，从写乡村生活的文学特别是小说来看，以鲁迅、茅盾、赵树理、柳青等人为代表的写实派或称现实主义流派显然是主流。陈忠实走上文学道路，完全靠的是自学，而他所学和所宗之师，前为赵树理，后为柳青。因此，陈忠实承续的就是展现社会的乡村这一小说之脉，此脉也被称为现实主义流派。陈忠实在他数十年的创作实践中，在坚持现实主义创作方法的同时，艺术上也不断更新，也吸收和融入了现代小说的魔幻、心理分析等艺术表现手法。从文学表现乡村的历史来看，陈忠实的小说，既准确地表现了自然的乡村，表现了北方大地的乡村民俗风物之美，也真实、深刻地展现了社会的乡村，深刻剖析了那种关系复杂的家族、宗法、政治、经济糅在一起的社会的乡村，而他的《白鹿原》，更是表现了文化的乡村，儒家文化积淀深厚并且深入人心的文化的乡村。

陈忠实的文学史意义，还在于他的创作道路、身份变化与共和国的文艺政策、文学体制密切相关，一滴水而映大海，从他的人生履痕可以见出文坛变化的轨迹以至某些内在的脉动。陈忠实作为一个作家，他的成长之路，他的精神“剥离”过程或称反思过程，他对艺术的追寻之路，不仅放在共和国的历史中，就是放在中国文学的历史长河中，也都是相当独特的，具有一定的历史典型意义。

陈忠实首先是在毛泽东《在延安文艺座谈会上的讲话》的精神哺育下，在中国共产党培养工农兵业余作者的体制扶持下，由于自己的兴趣爱好，再加上对于人生出路的追求和奋斗，自学写作，最终走上了文学写作之路。他早期的写作主要是在党的政策指导下写生活与人，这是一种不自觉的听命式的政治性写作。后来几经生活的挫折和文学上的失败，他开始认真反思和苦苦寻找，进入了文学写作上的政策阐释与文学描写的二重变奏。最后，经过生活实践的磨砺，通过创作实践的体悟，他的思想境界得以提高，艺术境界得以升华，终于回到了艺术之本——人自身。他既认识到文学是写人的，是人的文学，文学描写的对象是写人，真实的人，不同的人，丰富而复杂的人，在写人中写农民的文化心理，进而探寻民族命运；也深刻地体悟到创作还要回到作家自身，要写作家这个人的“生命体验”。“从生活体验到生命体验”，这是他创作并完成《白鹿原》之后谈得最多的一个创作体会。

从中国文化和精神的谱系上看，陈忠实既不属于传统意义上的文人，也不属于现代意义上的知识分子。他的经历，他所受的教育，以及由经历和教育所形成的生活观念和思想观念，都更接近于中国农民的生活观念和思想观念。传统文人的生活方式、价值观念与艺术趣味，在中国历史上，几千年来，有源有流，自成一条源远流长、博大汹涌的江流，独具空间，自成体系，有自己的“文统”，也有自己的“道统”，上与朝廷官府迥异其趣，下与黎民百姓截然有别，它是“士”阶层的文化与精神。中国传统文人虽然也做官，成为朝廷官府之一员，但他们在思想和精神上与朝廷官府之习气始终保持着相当的距离，邦有道则仕，邦无道则可卷而怀之，他们在朝廷与山林田园之间进行价值选择，或进或退；他们也可能出自草野民间，但他们与普通百姓的生活方式和趣味也存在着一定的距离，这就使他们对普通百姓的态度，既有关怀、同情的一面，也有劝导、批判的一面。知识分子是一个现代性的概念，它与工具理性相区别，注重价值理性，是社会的良心，上对权力保持警惕和批判态度，下对民众负有启蒙和引导的责任。总之，无论是文人还是知识分子，都有一个共同点，那就是坚持独立之人格，自由之精神。说陈忠实既不属于传统意义上的文人，也不属于现代意义上的知识分子，着眼点就在于此。差不多在40岁以前，陈忠实基本上还没有或者说尚缺乏独立人格、自由精神的意识。受自身的文化背景、教育以及时代观念的影响，他的意识中，还是觉得自己是人民大众的一员，即使是一个作家（作者），也应该是人民大众的代言人，他的眼光基本是向人民大众看齐的，对上，则是要听从党的领导和指挥；而对于文学的认识，也是除了认同文学的“真”——真实地反映生活和“美”——艺术地反映生活这两条原则之外，也认同文学是党的事业，是代人民大众说话的工具，换句话说，是认同文学为政治服务、为人民服务这个时代的口号的。对于这个强有力的时代的口号，陈忠实在意识深处是相信并认同的，因而也不可能产生怀疑的念头。

文学是党的事业的一部分，作为一个工农兵“业余作者”，自然是党领导下的一兵，属于整架革命机器上的一颗“螺丝钉”。与传统文人和知识分子对人的认识不同，传统文人和知识分子认为“人”或“我”是独立的“个人”，而作为工农兵“业余作者”时期的陈忠实，认同的是时代的普遍意识，没有独立的“个人”的存在，只有作为“人民”一员的“群众”的存在。文学当然也不是甚至绝对不是关于“自我”的表现，而是革命事业的一部分，是党的事业的一部分，因之，文学创作，要服从党对革命事业的统一领导和指挥。文学是按照党的意志对人民生活和群众“意愿”的反映，当群众的“意愿”与党的意志一致时，它就是正确的，反之，就是错误的甚至是反动的。而在当时的文化语境里，任何背离党的意志，表达自己所认为的群众“意愿”，要么被认为是“不真实”的，要么被视为“自我”“小我”的表现，是要受到批评甚至批判的。这种关于文学的认识，在当时，不仅仅是陈忠实一个人的理解，简直就是一个时代的“文学意志”。

这个时期以至以后的陈忠实，反复强调文学与生活的关系，认为生活是创作的唯一源泉，因此，特别强调要深入生活。比如他在1980年4月写的《我信服柳青三个学校的主张——〈信任〉获奖感言》，1982年5月写的《和生活的创造者一起前进》，1982年12月写的《深入生活浅议》，都从不同角度反复地谈到了这一点。他的这个观点或者说是认识，主要来自两个方面。一个是理论方面，这个理论就是毛泽东的《在延安文艺座谈会上的讲话》。毛泽东在这个《讲话》中说：“一切种类的文学艺术的源泉究竟是从何而来的呢？作为观念形态的文艺作品，都是一定的社会生活在人类头脑中的反映的产物。革命的文艺，则是人民生活在革命作家头脑中的反映的产物。”① 另外一个是创作实践方面，陈忠实在创作方面，很长一段时期特别是早期一直以柳青为榜样，而柳青为实践毛泽东《在延安文艺座谈会上的讲话》精神，从北京到西安，再从西安城市到了长安县农村，扎根农村14年，写出了《创业史》，《创业史》对陈忠实影响极大极深，同时也令陈忠实钦佩不已。陈忠实认为，《创业史》的创作成功，一个重要的原因，就是柳青坚持了“深入生活”。由于长期过于重视生活对于文学的作用，陈忠实在某种程度上忽略了作家主体精神建构的重要而特殊的作用，表现在创作实践上，陈忠实的创作总体上偏于客观性和写实性，而弱于主观精神的表现。

陈忠实的文学创作虽然与时代的前行总体能保持同步挺进的姿态，但他某些时段的创作也有徘徊以至困惑。他是一个看重生活积累、强调生命体验并在此基础上极为重视文学的思想性包括政治关怀的作家，原本从文学爱好起步，从业余写作入手，后来在环境、时势和个人的追求中一步步成为半专业以至专业作家，时代所给的思想教育，环境所给的文化影响，个人所修的艺术准备，先天的和后天的都有这样那样的缺陷，因此，当他把文学当作终生的事业孜孜以求的时候，他对自己的创

---

① 毛泽东：《在延安文艺座谈会上的讲话》，见《文学运动史料选》第四册，上海：上海教育出版社，1979年11月第1版，第530页。

作时有自觉的反思。在经历了文学以及因文学而引起的人生挫折之后，特别是面对变化着的新时期的社会生活，他更是从理性高度自觉地反思自己的思想观念、思维方式和文学观念，博览群书以广视野以得启迪，深刻反省以吐故纳新，用陈忠实的话说，就是“剥离”自身的非文学因素，进而“寻找属于自己的句子”。正是有了自觉的和不断的“剥离”和“寻找”并在这个过程中，陈忠实的创作才有了大的跨越以至超越。

蝴蝶一生发育要经过几个阶段的完全变态，才能由蛹变蝶。作为作家的陈忠实，在其精神进化的过程中，大约也经历了这样几个阶段。因为出身、经历以及社会环境等各方面的原因，陈忠实的文学准备应该说是先天不足，但他始终视文学为神圣的事业，他的身上也具有文学圣徒的精神，虽九死而不悔，一方面具有顽强的不断求索的精神，另一方面具有可贵的自我反思精神，这就使他能由最初的听命和顺随式的写作，转为自身的怀疑和内心的惶惑，进而不断地开阔视野并寻找自己，在不断蜕变中最终完成了作为一个作家的个我。听命与顺随，反思与寻找，蜕变与完成，三级跳跃，陈忠实走过了从没有自我到寻找自我最后完成并确立自我这样一个过程，成为我们这个时代标志性和代表性的大作家。

论《白鹿原》中的原型

邢之美

一、弗莱原型批评理论与陈忠实的创作

陈忠实在创作《白鹿原》之前，曾经对当时中国文坛的“寻根文学”思潮和美学、文艺理论界的“文化——心理积淀”说产生过浓厚的兴趣，并且有过一定的跟踪和研究。20世纪80年代中期，我国文坛上兴起了一股“文化寻根”的热潮，不少作家致力于对传统意识、民族文化心理进行挖掘，他们的创作被称为“寻根文学”。1985年，韩少功在其论文《文学的“根”》中说：“文学有根，文学之根应深植于民族传统的文化土壤中”，他提出，应该“在立足现实的同时又对现实世界进行超越，去揭示一些决定民族发展和人类生存的谜”。陈忠实当时没有写过“寻根”小说，但他对“寻根文学”的理论和创作极有兴趣也极为关注。可是，他很快发现，“寻根文学”的方向成问题，后来越“寻”越远，离开了现实生活。陈忠实认为，民族文化之根应该寻找，但不在深山老林和荒蛮野人那里，而应该在现实生活中人群最稠密的地方。陈忠实在对“寻根文学”的关注中得到启示，要寻根，这个根就在人们的当下生活中，就在最广大的人群中。而在一定意义上促成“寻根文学”思潮出现的“文化心理结构”创作理论，更使陈忠实茅塞顿开。在我国大陆，李泽厚最早提出“文化心理结构”这一概念。陈忠实当时读了李泽厚的《美的历程》，同时热心地阅读当时与“文化心理结构”说有关的文学评论，对“文化心理结构”说有了一定的了解，并引发深入思考。陈忠实由此理论得到的创作启悟是，人是有心理结构的巨大差异的，而文化是人的心理结构形态的决定因素。认识到这一点，陈忠实的创作思想就从人的性格解析转为对人物心理结构的探寻。探寻对象就是他生活的渭河流域，这块华夏大地上农业文明出现最早的

土地，它的历史和现实的文化对人的心理结构的塑造。在《白鹿原》创作中，陈忠实有意识地运用“文化心理结构”来描写人物，非常注重刻画人物的文化心理和精神气质，在描写当时的社会生活时，也着意于表现当时的历史文化氛围和精神气象。陈忠实在《白鹿原》卷前，特意引了巴尔扎克的一句话：“小说被认为是一个民族的秘史”。陈忠实明确意识到，描写中国农民群体人物形象及其性格，要特别注重在描写中国农民生活方式的同时注意剖析中华民族的文化心理结构。

加拿大的诺思洛普·弗莱是当代世界上最重要的文艺理论家之一，他的原型理论极大地推动了世界文艺批评的发展。他在荣格的“集体无意识”学说以及弗雷泽人类学的研究理论之上，提炼出“原型—神话”的文学理念，构建了极有创造意义和艺术分析价值的文学理论体系。

那么，什么是“原型”呢？关于“原型”，瑞士分析心理学家卡尔·古斯塔夫·荣格与弗莱对此都有创造性的发现和经典性的阐释。荣格认为原型是人类反复发生的典型模式，是特定种族世代相传的基本原型意象。他认为，原型是特定种族和民族集体无意识的内容；它从某个具体个人出生开始，就以“种族记忆”“原始意象”或“原型”的方式，潜移默化地影响着他的心理。弗莱认为，原型是一种典型或反复出现的意象，是人类文学整体的模式、程式，它最早出现在神话中，以后又以变形的方式出现在各个时代的各种文学形式中，它把不同时代不同人的作品联系起来，让时跨千年、地距万里的诗人，在交通和信息技术很不发达的时代和地域，不约而同地使用相同的意象，让纵向数千年、横向全世界的文学艺术作品，得到广泛的欣赏和交流。弗莱沿用了荣格“原型”的概念，但是，荣格原型理论的核心是人，他的原型出发点是人，两人的“原型”范畴不同。荣格讨论原型很看重“集体无意识”。“集体无意识”指的是在人类的先天精神领域具备的相类似的先验性的领悟与意识，这一认识是由弗洛伊德的“个体无意识说”发展而来。荣格在《集体无意识的原型》一文中，把无意识分为个人无意识和集体无意识，因为无意识首先是由个人性具体呈现出来的，具有个人性，所以称之为个人无意识。但是荣格又说，个人无意识无疑是属于浅表层，深层则是集体无意识。又因为个人无意识并非来源于个人的后天经验，而是先天存在的。荣格把这先天的更深的一层定名为“集体无意识”。

它与个性心理相反，具有普遍性，是所有地方和所有个人皆有的大体相似的内容和行为方式。换言之，它超越个性的心理基础，普遍地存在于每一个人身上。个人无意识的内容由“带感情色彩的情结”组成，它使具体个人的心理活动具有私人性，而集体无意识的内容则是超越个体私人特征，成为所有人的“原型”。荣格认为，“原型”是一种预定模式，在人类的生活与思维过程之中，“集体无意识”无时无刻不在发挥着隐在的作用，它以一种模式化而模糊的形式在人类意识中起到基础性的推动作用。随后荣格将“集体无意识”的理论运用于文学范畴，他认为，人类无法理解和把握“集体无意识”，对于“集体无意识”的感受和理解便以神话原型的载体表现在人类文化之中。所以当人们在欣赏文艺作品时，固定模式的表现便会赢得读者的青睐。“一旦原型情境发生，我们会突然感到一种不寻常的轻松感，仿佛被一种强大的力量运载或超度。在这一瞬间，我们不再是个人，而是整个族类，全人类的声音一齐在我们心中回响。”① 荣格不同意弗洛伊德把艺术创作看作人类原始冲动流露的观点，认为人类的文学创作产生于“集体无意识”的映射。出自人类或一个民族的精神蕴含，从远古时期人类所积累的“集体无意识”以意象性的“原型”展示出来，表现为神话或后来的各种艺术形式。艺术的表现全部具备“原型”的核心力，艺术也是人类对于“集体无意识”的认知方式与释放。“原型”成为人类在艺术作品中对于远古时期记忆的回溯载体，它使得人类的记忆可以超越时空而传承。“原型”也自然成为文学创作基本的推动力。

荣格对于“原型”的阐述多集中于人类学与心理学的范畴，对于文艺理论的阐述相对而言较为零散。弗莱的原型批评从整体的角度出发，将文学世界视为一个完整的部分，不可强行进行分割。原型批评在具体的作品叙述中试图寻找特定的结构，即“原型结构”。不同的作品表现为不同的形式，展现的是相异的内容，但是在原型批评的视角下，所有作品可以追溯到同样的意向根源之中，使得不同的文学的经验整合为一个整体。弗莱认为文学可以视为神话的超越时空的分支，不同的文

---

① 荣格. 心理学与文学［M］. 冯川，苏克，译. 北京：生活·读书·新知三联书店，1987：121.

学作品作为一个整体可以视为一种宏观的神话的表现形式。在《历史批评：模式理论》中，弗莱将世界划分为五种文学形象原型：

第一是神话，神话的主人公是神，神的能力非凡，而且在性质上高于普通的人及其境界。

第二是浪漫故事，浪漫故事的主人公是浪漫英雄，他们具备了超乎常人的能力，在一定程度上高于普通人。

第三是悲剧和大多数史诗，这些悲剧和史诗的主人公是伟人或者是领袖人物，他们具有一定的能力，但是在境界上无法超越“凡境”，隶属于高模仿模式。

第四是喜剧以及现实主义著作，其主人公都是凡人，生活在凡境之中，属于低模仿模式。

第五是讽刺文学，其主人公是荒诞的人物，表现为低于普通人和一般的境界。

在对神话的研究中，弗莱受到了人类学家弗雷泽的影响。弗雷泽在《金枝》一书中详尽阐释了祭祀、宗教和远古人类文化以及思维模式。弗雷泽的研究大多集中于人类学范畴，而弗莱汲取了弗雷泽对于神话研究的成果，并将其运用到文学批评之中，形成了神话原型的理论。

在《批评的解剖》一书第二篇《伦理批评：象征理论》中，弗莱试图找寻与构建和传统的神话故事不同的“纯原型”神话。他认为文学具备五种层次的意义和阐释：字相位、描述相位、形式相位、神话相位和总解相位。神话相位是基本的核心。根据不同的形式和类型，弗莱提出了原型的概念。他认为，在神话—原型相位中，单个的诗歌在与诗歌的总体相联系时，因为原型令意象与象征重复出现并被使用，这种模式化的应用形成了一种契合。文学的叙述成为一种重复的进程，叙述成为一种仪式化的过程。文学的固有意象和象征表现了人类整体的思维与活动模式，而不是个案的表现。诗的隐在的内容成为人类真实自我的表达和凸显，这种隐在的真实与现实形成冲突，这种冲突成为梦的基础。因此在文学的原型方面，仪式是文学的表述，而梦则是其有意义的内容。仪式与梦之所以难于表述，是因为它们是前语言甚至是前于人类文化的。二者以表达的方式显露便是神话。神话借助原型的推动给予仪式以意义，也为梦提供了叙述。神话是仪式和梦的归一性的集中体现。在神话的归一中，仪式被看作是现实中行动的梦。由此，弗莱便将作品的叙述对应于仪式，将梦对应于意义，并将二者统一于神话。神话作为所有文学形式的源头，体现了人类基本的思维形态，各种后来的文学形式都作为神话的繁衍与延续，依旧隐在地以神话的形式表达着人类的思维。

弗莱的原型理论与神话的关系密切，所以要深刻地理解他的原型理论，必须了解他的关于神话与原型的论述。弗莱认为，神话可以等同于原型。用他的原话来说，“神话就是原型，不过为方便起见，当涉及叙事时我们叫它神话，而在谈及含义时便改称为原型。”① “神话模式（也即关于神祇的故事，其中人物的行动都是力大无比）在文学的一切模式中，是最最抽象、最为程式化的……”② 神话是人类文化的早期表现形态，通过神话，原始人表达了自己对于世界的认识和对于自我生存位置的思考。这种认识与思考表现为模仿的形式，这种模仿更像是一种隐喻与意向，它难于言说，却意义非凡。原始人认为神话的语词具备超人的能力，通过神话，人类可以与自然达成隐在的一致，人类通过神话将对于自我的认识蕴含于自然。在这样的认识中，一部分高频率出现的象征与意象在人类的文学中反复出现，并继承延续着远古时期人类的思考与认识。

神话作为最早的文学形式，在历史的演变中影响着文学传统中的常规、文类以及反复出现的意象和意象群，神话成为文学叙述的结构原型。弗莱抛开文学的内容，仅从结构上分析，认为文学是神话在结构上的不断的重复与繁衍。文学的发展与表现在结构上承接了神话的基本结构，不同的文学体系在其演变中重复着神话的基本结构，并在此基础上生出新的力量。所以不同的文学形态归根结底都在神话与原型之中得到了整合，这种整合，弗莱称之为“神话体系”。

在弗莱眼中，神话最为重要的作用是成为文学的形式模型与结构原则。神话传奇也经常表现出文学的基本情节与人物范本，“神话是表现

---

① 弗莱. 文学的原型［A］. 吴持哲，编. 诺思洛普·弗莱文论选集［C］. 北京：中国社会科学出版社，1997：89.

② ［加］诺思洛普·弗莱. 批评的解剖［M］. 陈惠，袁宪军，吴伟仁，译，吴持哲，校译. 天津：百花文艺出版社，2006：190.

人类愿望的一种模式，是一个完全隐喻的世界”①。而文学则是“移位的神话”。弗莱勾画出了一幅文学的流变图，神话—传奇—写实，他指出，“神话构成文学构思的一个极端，自然主义构成另一端，两者之间则是传奇的整个领域。笔者用传奇一名，意思不是指第一篇论文中所说的历史模式，而是该文中后来又提到的那种倾向，即按人间的方向来移动神话的位置，可是有别于‘现实主义’之处，在于它按理想化的方向规定内容的固定程式。”② 在这里，传奇文学成为神话与后来文学的过渡地带，它秉承了神话的基本模式，却还没有达到后期文学的纪实模式，依旧是一种范式的虚构。弗莱认为，从神话以后，传奇文学与现实主义文学都是神话的“置换变形”。弗莱运用了弗洛伊德学派阐述梦的理论的术语，他认为，现实主义文学中的虚构成分如果要令人信服，要达到特定的效果，就必须从神话原型中找到其根源，完成它的“置换变形”，使得文学的表达得到读者的共鸣，文学的情节必须符合神话的基本特质，这样的情节出现在读者眼中，才会唤醒人类对于神话原型的追忆，才能令作品的表述达到效果。

现实主义与神话占据了文学的两个端点。弗莱这样论述神话：“这是一个具有虚构的和主题的情节、抽象也即纯文学的世界，尚未受到为配合熟悉的经验而制定的合理规范的影响。就叙事而言，神话是对一系列行动的模仿，这些行动接近或处于欲望的可以意料的极限。”③“这个世界是神谕天启的（apocalyptic 一词含义已见上文解释)，本身便是个完整的隐喻，其中任何事物都可能等同于其他事物，仿佛一切都处在一个无限的整体之中。”④ 因此，神话是隐喻的集中模仿。

神的神性以及人类无法达到的物理特征与功能是人类理想的隐喻。

---

① 段建军. 西方文论选读［M］. 西安：西北大学出版社，2003：240—241.

② ［加］诺思洛普·弗莱. 批评的解剖［M］. 陈惠，袁宪军，吴伟仁，译，吴持哲，校译. 天津：百花文艺出版社，2006：193.

③ ［加］诺思洛普·弗莱. 批评的解剖［M］. 陈惠，袁宪军，吴伟仁，译，吴持哲，校译. 天津：百花文艺出版社，2006：192.

④ ［加］诺思洛普·弗莱. 批评的解剖［M］. 陈惠，袁宪军，吴伟仁，译，吴持哲，校译. 天津：百花文艺出版社，2006：192—193.

最初人类创造神话基于世界的不可把握性与神秘性，当自然的强大力量高于人类，人类便期望自身的能力可以达到神话中神的水平。随着人的自我认识的增长与理性主义的崛起，神话逐渐趋向于没落，传奇和现实主义渐渐兴起。然而，传奇却是神话的直接变异，主人公从神变化到人，而隐喻的手法也变化为明确的比拟。

在传奇中，隐喻与神话是具备一致性的，在浪漫故事中，只有运用明喻才可以与神话保持一致：比如类比、联想、同时出现的意象群。而现实主义作品是传奇迈向写实的进一步的置换变形，在现实世界与文字叙述的关系中，其实“是一种包含有扩展或含蓄的明喻的艺术”①，神话中的隐喻在新的文学形式中表现为明喻。从神话到后来的一切文学，其建立的基本都在一种系统的比喻之中，神话要求喻体与实质一致，现实主义则要求两者形式一致，文学的发展变革是以原型的置换变形为基本线索的。综合而言：文学的原型是出自于神话，它们通过隐喻或明喻的方式表达出来，而原型置换的内容是变化更迭的，这些内容的演进和变化是由不同时期与地域的审美标准与道德准则来确定的。

此外，弗莱认为，神话中的四季更替和昼夜变换是文学原型基本的循环链条。四季的象征可称作“原型想象”。“原型想象”就是把某一物体、事件、现象看作具有普遍性的象征意义，如神或英雄的诞生、爱情、历险、胜利、磨难、死亡与复活等。文学的不同形式以及叙事与神话英雄的出生、死亡和再生相似。出生代表情节剧，全盛代表喜剧，死亡代表悲剧，黑暗代表讽刺文学。而在原型季节中，文学的类型和表达方式与春夏秋冬四个季节具有相似性，春天代表喜剧，夏天代表传奇，秋天代表悲剧，冬天代表讽刺文学。整个文学活动都会按照这样的循环而进行发展。原型可以分为四大类型：意象，细节描写（如四季的循环交替、人的生老病死等），情节（如善恶斗争），人物。其中人物又可分为善与恶两类，善者又可细分为灵魂拯救者和肉体拯救者，前者如上帝、神等，后者是救人于危难的英雄或智者。所有的文学活动，都是神话思维模式的表现，都没有超越忧虑、痛苦、追求和反抗这样的神话

---

① ［加］诺思洛普·弗莱. 批评的解剖［M］. 陈惠，袁宪军，吴伟仁，译，吴持哲，校译. 天津：百花文艺出版社，2006：193.

基础。神话传说演化为英雄故事，英雄故事成为悲剧与喜剧的内容，在此基础上，新的文学随之演化而来。随着人类艺术与思想的发展，文学的叙述方式和内容在随着时代不停演化，所表达的原型的重点或各不相同，但是就整个文学活动而言，依旧在神话的原型范围内循环往复。

那么，什么又是“原型批评”呢？从弗莱的观点看，原型批评就是从神话着手，从宏观上研究文学艺术自身的内在类似性，也就是文学的程式、结构模式和原则，从整体上探寻文学类型的共性和演变规律。

在弗莱的观点中，文学的基本原则来源于神话原型。神话作为人类的自我探寻与理想的载体，成为一切文学的根本源头与灵感来源。神话表达了人类基本的对于世界的向往与探寻，表达了人类对于自我局限的突破欲望，而文学就建立在这个基础之上，文学表达的依旧是人类植根于神话中的理想和欲望。弗莱认为，原型最基本的模式是神话，神话是所有其他模式的原型，而其他模式只不过是“移位的神话”，即神话不同的变异。由于原型和神话关系密切，原型批评有的也称为神话批评，或称为“神话原型批评”。总结而言，“神话原型”不仅仅体现了人类从原始社会到现代社会意识的觉醒与发展，而且还表现了人类思维及经验的延续性与一致性。因此，神话得以获得超越时空的生命力，千百年来，在文学的演进中始终闪耀光芒，继而成为审视和解读文学的有效而持续的途径。

综上所述，可以这样理解，原型与远古先民的文化心理相通相接，而后则在历史长河和文化典籍中反复出现，是一种在历史中形成的并且贯通历史长河的民族文化心理结构（集体无意识）和流传数千年并且具有稳定意指的符号。原型以意象、主题、人物、情节等形态，在不同时代、不同体裁的作品中作为象征或象征群反复出现，形成并体现着传统的力量，并借助特定的语境使大多数人得以理解。以原型理论研究文学，有着特殊的操作意义，任何历史时代的文学作品都可以寻找出人类文明早期的基本意象，反过来，以这种基本意象为基点，又可以探寻文学在发展流变中其不变的文化心理轨迹。在任何时代的文学作品中，原始意象都会显现出人类最初的认识与理念，更重要的是，这种原始意象在代代传承和发展变化过程中，它们又将作者的时代理想与原始的文化心理积淀相融合，这样形成的文化内涵往往既有着久远历史的回响，又具有当代精神的韵律，从而显得意味深长。

陈忠实的《白鹿原》写的是20世纪上半叶陕西关中农村农民的生活。陈忠实在50岁亦即在他写完《白鹿原》之前，不管他的工作和身份有过什么样的变动，比如他由乡村民办教师变为乡村基层干部，再由乡村基层干部变为省作协的专业作家，他都一直生活在农村，甚至在他由乡下人变为城里人之后，他还是不住在城里，哪怕是一个人，也要坚持居住在农村的老家。他这样做的目的，就是想不脱离他熟悉的农村生活。因此可以说，在中国当代作家中，陈忠实是最熟悉中国农民生活的作家之一；而在陕西作家中，陈忠实无疑是最熟悉关中历史、文化与民俗的作家之一。而关中这块土地，则是中华民族的发祥地之一，其历史文化源远流长，积淀非常深厚。《白鹿原》虽然只写了这块土地上的人的50年的生活历史，但这50年的生活历史，却在一定程度上，凝聚着、反映着这块土地甚至中华民族几千年的历史文化。陈忠实在《白鹿原》卷首借用巴尔扎克的一句话说，“小说被认为是一个民族的秘史”，可见他在写作《白鹿原》的时候，是在有意识地探寻和挖掘我们这个民族的某些根深蒂固的文化历史渊源的，或者说，他是把《白鹿原》中人的生活和人的历史，放在一个广阔的历史长河中来描写、来表现的。这样，《白鹿原》中的故事和人的生活，就既是当下现实的，也是历史的；既是历史的，也是当下现实的。《白鹿原》中的这种种探寻和挖掘，在我看来，正好适用“原型理论”来剖析。

接下来几章是从人物原型、意象原型、情节原型三个方面，对《白鹿原》进行分析。

二、人物原型分析

小说特别是长篇小说，主要是以人物形象来反映社会生活、表达思想内涵的，所以，人物形象塑造得成功与否，直接决定着小说艺术上的成功与否。《白鹿原》艺术上成功的一个重要原因，就在于它不仅写出了一批性格各异的人物形象，还在于它塑造了众多的具有典型意义的人物形象。这些具有典型意义的人物形象，不仅其性格独具风采，闪耀着个性的光芒，而且都具有深广的历史文化内涵。这显然与陈忠实在塑造小说人物时侧重表现其“文化心理结构”有极大的关系。

新文学从 1942 年也就是从毛泽东发表《在延安文艺座谈会上的讲话》以后，许多作品描写人物，把人物往往简单地按阶级划分。小说作品中，人物往往分成鲜明的两大类，要么是剥削者和压迫者，要么是被剥削者和被压迫者。然后以“剥削压迫，反抗斗争”的模式结构情节，设计人物冲突。陈忠实在创作《白鹿原》之前，就已经意识到这样描写人物有很大的历史局限性，他要突破这种沿袭已久的人物描写方法，用他的话说，就是“寻找属于自己的句子”。他说，“透视那个时代的地理上的白鹿原和小说《白鹿原》里的各色人物时，从多重角度探索他们丰富的真实的心灵历程。避免重蹈单一的‘剥削压迫，反抗斗争’的老路，而能进入文化心理结构的探寻”。① 陈忠实认识到，要在小说艺术中成功地塑造新的人物形象，自己笔下的人物形象既要有新的时代内容，又要有艺术上的创新意义，就要转变人物形象塑造的观念，把从过去的主要刻画人物性格变换为着重描写“人的文化心理”，从写“典型性格”转变为写“人物文化心理结构”。陈忠实所理解的“文化心理结构说”对于人物描写的启示是，“人的心理结构主要由接受并信奉不疑且坚持遵行的理念为柱梁，达到一种相对稳定乃至超稳定的平衡状态，决定着一个人的思想质地道德判断和行为选择，这是性格的内核。当他的心理结构受到社会多种事象的冲击，坚守或被颠覆，能否达到新的平衡，人就遭遇深层的痛苦，乃至毁灭”。② 一个人的“文化心理结构”，显然不是在一时一地间突然生成的，它无疑是社会历史长期影响、积淀所致。因此，这种由“文化心理结构”所形成的性格，特别是具有典型意义的性格或典型性格，就与“原型”有着密切的关联，或者说，具有某种“原型”的意义。“原型”与“典型”，“典型”与“原型”，也许存在着某种内在的文化关联和逻辑关系。这是一个有意义的命题，需要另外的专题探讨，这里暂且不论。我在这里，想从原型批评的角度，对白嘉轩、鹿三、鹿子霖、朱先生、黑娃、白孝文和田小娥这七个人物进行剖析。

---

① 陈忠实. 寻找属于自己的句子——《白鹿原》创作手记［M］. 上海：上海文艺出版社，2009：112.

② 陈忠实. 寻找属于自己的句子——《白鹿原》创作手记［M］. 上海：上海文艺出版社，2009：40.

我认为，这七个人物分别代表着七种“原型”：白嘉轩，仁主原型；鹿三，义仆原型；鹿子霖，奸贼原型；朱先生：哲人原型；黑娃：浪子原型一，浪子回头，学为好人；白孝文：浪子原型二，浪子回头，改弦易辙；田小娥：荡妇女妖原型。

《白鹿原》里描写的人物，主要是白鹿原上仁义白鹿村里白、鹿两姓三家的三代人。白家一系祖父辈是白秉德；父辈是白嘉轩，朱先生虽是旁姓，也应该算作父辈，因为他是白孝文的姑父；白孝文、白孝武、白孝义、白灵是子辈。鹿家一系祖父辈是鹿泰恒；父辈是鹿子霖，鹿三是鹿姓另一家父一辈的人；子辈是鹿兆鹏、鹿兆海，以及鹿姓别家的鹿兆谦即黑娃，还有着笔不多的鹿三的小儿子兔娃。而这三代人中，又主要写的是两代人，即父与子这两代人，所有的社会生活和人物命运，基本上都在这父子两代人中展开。因此上也可以说，《白鹿原》里集中描写的，就是白、鹿两姓三家父子两代人的生活和人物命运。如果我们把焦点再集中一点，就可以发现，这父子两代人中，作家浓墨重彩描写和表现的，父辈是白嘉轩、鹿子霖、鹿三、朱先生，子辈是黑娃、白孝文、田小娥。这其中，朱先生虽然不姓白，但却是白家的姑爷，田小娥虽然不姓鹿，却是鹿三家的儿媳妇，此二人虽然都是白、鹿二姓之外的人，但却与白、鹿两家关系密切，实际上是广义上的一家人。

如果我们把这两代人仔细考究分析，就会发现，父一辈人的性格都是静止的，也就是说，性格是成熟、成型的，不变的；而子一辈人的性格几乎都是动荡的甚至是叛逆的，是不成型的，是变化的或者说是转化的。如果细致分析他们两代人的性格或者说是文化心理，我们又可以发现，父辈代表着传统，他们的身上，回响着遥远的历史回声，流淌着悠久的文化血脉，而子一辈的身上，则激荡着新时代的风潮，追求，叛逆，波峰浪谷地闯荡，他们体现着现世的革命精神和时代特点，甚至代表着未来。

然而，无论是代表着传统的父辈还是体现着时代精神和特点的子辈，他们身上或者说他们的文化心理性格中，都能让我们看到某种源远流长的文化“原型”。

（一） 白嘉轩： 仁主原型

白嘉轩是一个主子的身份：在家庭，他是主人，在家族，他是族长，对长工，他是主子；对土地，他也是主子，俗称地主。而以这个主子的身份做人行事，他始终恪守一个原则，这就是儒家思想的一个要义：仁。所以说，他是一个仁主。

在儒家至圣先师孔子那里，“仁”为众德之首，且兼有众德，换句话说，“仁”是最高的道德理想，包含了全部的道德要求。所以，在中国传统社会里，一个好的合格的主子，必定是仁主。作为仁主，要坚持两点：对己，要严以正，这样才能以身作则；对人，要宽以仁，这样才能得人安人。这也就是人们常说的严于律己，宽以待人。这两个方面都是“仁”。

严于律己也就是严格要求自己，抑制自己。“颜渊问仁。子曰：‘克己复礼为仁。一日克己复礼，天下归仁焉。为仁由己，而由人乎哉？’颜渊曰：‘请问其目。’子曰：‘非礼勿视，非礼勿听，非礼勿言，非礼勿动。’颜渊曰：‘回虽不敏，请事斯语矣。’”① 宽以待人更为“仁”。“子张问仁于孔子。孔子曰：‘能行五者于天下为仁矣。’‘请问之。’子曰：‘恭、宽、信、敏、惠。恭则不侮，宽则得众，信则人任焉，敏则有功，惠则足以使人。’”②“宽”为五德之一，而孔子在这里所说的“仁”之五德，白嘉轩皆具备。

白鹿村白、鹿两姓源自一姓，白嘉轩是白、鹿两姓的族长，他出身于白鹿村族长世家，自小受到家族家规的教育和影响。他明白自己的身份，也明白自己的使命。作为主子的白嘉轩，其为人有两点很重要，一是“腰杆”任何时候都挺得很直，以至于对黑娃自小都产生了威慑力；二是“脸面”比什么都金贵。在这里，挺直的铁腰杆象征着他刚正做人的气性，而脸面对他作为一族之长、一家之主来说，是威严更是尊严，是生命，甚至比生命还重要。他一直以仁义为做人行事之准则，以严正、诚实、以身作则来教化和带领全村的族人。他以乡约族规教化村民和族人，并以乡约族规正己正人。他的严于律己，还包括他苦心培养、要求儿子都要像他一样做人，当他发现儿子白孝文与田小娥苟合之事后，决不姑息，而是谨遵族规，与外人一视同仁，拉到祠堂以刺刷施

① 杨伯峻．论语译注［M］．北京：中华书局，1980：123.

② 杨伯峻．论语译注［M］．北京：中华书局，1980：183.

以惩戒。白嘉轩是地主，也是农民，他雇用长工，但自己也参加劳动，而且以劳动为本、为荣、为乐。而对他人，则是宽仁厚德。他和长工鹿三的关系，是传统的主奴关系，在农活家务上，鹿三是他的长年雇工，他可以任意役使，但活路同干，不分你我轻重。在日常生活中，他视鹿三为同辈兄长，称其为“三哥”，食则同桌，他吃啥鹿三吃啥，像一家人，而没有主仆之分。因此，有人说，白嘉轩是传统农业社会最好的地主，最后一位地主；鹿三是传统农业社会最好的长工，也是最后一位长工。此说颇有道理。

对黑娃，他更是以德报怨。他从一开始出钱让黑娃去学堂读书，到苦心劝说黑娃离开田小娥，又答应给他出钱娶媳妇，做到了一个主家对长工最大的照顾，体现了白嘉轩作为一个仁主的仁慈。黑娃当了土匪派人打折了白嘉轩“挺直的腰杆”，他没有记恨在心，反而在黑娃被保安团擒获后，不计前嫌，坚持要营救，他不是忘记了自己的腰杆被打断的事实，而是有足够的气量不与他计较。他说：“孔明七擒七纵孟获那是啥肚量？我要是能救下黑娃，黑娃这回就能学好。瞎人就是在这个当口学好的。”① 当黑娃归顺后，白嘉轩又同意让黑娃回白鹿原上祭祖。最后黑娃被抓，白嘉轩又前去搭救，儿子白孝文不放人，白嘉轩说：“这黑娃学好了。人学好了就该容得。”② 在白嘉轩眼里，不管什么样的人，只要能知错就改，那就是好人，就应给他一次重新改过的机会，学为好人。

仁主的形象，绵延古今文学之中，《三国演义》中的刘备，《水浒传》中的“及时雨”宋江，都是仁主的形象。这说明，“仁主”是中国文学也是中国文化中的一个重要的“原型”。换个角度看，所谓“仁主”，也是几千年来中国人的心理企盼，并成为中华民族一个重要的“文化心理结构”。

（二）鹿三：义仆原型

以往，以马克思主义的阶级分析方法和阶级斗争理论观察社会历

---

① 陈忠实．白鹿原［M］．北京：人民文学出版社，1993：499.

② 陈忠实．白鹿原［M］．北京：人民文学出版社，1993：675.

史，社会结构一般可分为统治阶级和被统治阶级两个阶级，这当然是一个有价值的观察社会历史的角度，但从传统中国的社会历史实际看，中国历史中的社会结构和人际关系观念，还可以有另外一个观察和分析的角度，那就是主仆（奴）结构。大到国家，中到官府衙门以及社会上的种种关系结构如士农工商之群体结构，小到家庭，都有一个主仆（奴）结构模式。在朝廷，君为主子，臣为仆奴，而在臣子的家庭或在普通人的家庭，男为主，女为奴，雇佣者为主子，被雇佣者如役工、丫鬟等则为仆奴，在工坊商家，老板为主子，打工者则为仆奴，即使是士子，他与所带的书童、随从也有主仆之分。中国传统社会特别是封建社会，是一个等级鲜明而且森严的社会，没有平等观念，而有的就是主仆（奴）观念，因此，这种主仆结构无往而不在，渗透在社会结构的各个环节。而且这种主仆结构层层叠加，环环相套，比如臣在君面前是仆是奴，在自己家里则是主子，管家、役工、丫鬟等则为仆奴，换句话说，除了皇帝一人永远高高在上，是大主子之外，其他人皆是亦仆亦主、亦主亦仆，如此构成一个巨大的金字塔形的主仆式社会结构。

这样的主仆结构式社会结构，必然形成根深蒂固的关于主仆关系的认识、观念和规则，进而形成影响深远的人的深层的文化心理结构模式。“仁主义仆”显然是这种主仆关系的最高道德理想和心理期望形态。主仁仆义，在传统中国，它差不多是一种全社会的道德理想和行为准则，也几乎是一种全民认可的实践行为。尽管这种道德理想在实践过程中，可能绝大多数都是主不仁而仆不义，但这并不妨碍它成为一种社会认可度极高的道理理想和行为要求。因为，在传统社会，每一个人都是或主或仆的角色或者兼有主仆二者角色，这种道德理想和行为准则的实施于人于己皆为有利。因此，也可以说，“仁主义仆”是中华民族最为深层的一种文化心理结构（模式）。当然，它也应该是一种“原型”。

元代戏剧家纪君祥的杂剧《赵氏孤儿大报仇》讲的就是一个义仆程婴舍子救孤最后报仇雪恨的故事。晋国大将屠岸贾为了攫取权力，害死忠臣赵盾，赵家300多口除赵氏孤儿被程婴设计救出外，全部被杀。为保全赵氏孤儿，程婴以自己的亲生儿子顶替赵氏孤儿，结果被残害。后来赵氏孤儿假冒程婴儿子之名被屠岸贾收为养子，和程婴一起生活在屠府。20年后，赵氏孤儿长大成人，练就一身武艺，得知自己的身世后，擒杀屠岸贾，为赵家报仇雪恨，为国家铲除一大祸害。《赵氏孤儿》虽为戏剧，却有真实的历史故事作为依据，它取材于《左传》《史记》等历史书籍。王国维对《赵氏孤儿》评价很高，认为“既列之于世界大悲剧中，亦无愧色也”。① 这个故事流传千年，至今还被人传诵，陈凯歌于2010年将其演为电影搬上银幕，大赚观众眼泪。《赵氏孤儿》剧情本身矛盾激烈，故事曲折，表面上是奸臣与忠臣两家的矛盾冲突，实际上戏胆是义仆程婴救主，而且还是舍弃自己亲生儿子救主，含冤蒙辱，苦苦把赵氏孤儿带大，最后晓以真相，报仇雪恨。在纪君祥的杂剧中，程婴的职业是草泽郎中，但他的身份是赵盾的儿子、驸马赵朔的门客，赵朔对他格外优待，这样，他与赵朔就构成了主仆关系。赵朔被逼而死，夫人庄姬公主生下赵家骨肉后也撒手而去，作为仆人的程婴临危受命，救出小主子，又以自己的儿子换下小主子，小主子得救了，他的儿子却惨遭毒手，而后抚育教养小主子20年，直到他长大成人替赵家报仇雪恨，终于完成了一个义仆的全部使命。

人们在感动于这个舍己救人、舍子救主的故事时，最为感动的那一点，难道不正是一个仆人的忠肝义胆吗？因之，程婴也就成为一个“义仆”的光辉形象而名垂青史、彪炳千秋。从《左传》《史记》所记“赵氏孤儿”之史实到元代纪君祥的《赵氏孤儿大报仇》再到当代陈凯歌的电影《赵氏孤儿》，无论其间个别人物个别细节有什么样的变动或改动，但它们都是围绕着一个“义仆原型”在做文章。否则，这个戏就失去了戏胆，不会如此地牵动人心也打动人心了。

“疾风知劲草，板荡识忠臣”，“义仆”这种原型，最容易在激烈复杂的政治斗争和社会冲突环境中体现或反映出来。《三国演义》中的关羽，《水浒传》中的李逵，其实也都是“义仆原型”的演绎。关羽在刘备集团中地位再高，再有什么“桃园结义”之类，但他在“主公”刘备面前，毕竟还是个“臣仆”。李逵亦然，他无论叫宋江多少声“哥哥”，他仍然还是宋江手下的一个过河卒子，叫你前进你不得后退，终究还是在“主仆”结构中生存。今天的社会把人民称为主人，把官员叫作“公仆”，人与人之间的关系和传统社会比较似乎是颠倒过来了，

---

① 王国维. 王国维文集：宋元戏曲史：第十二章元剧之文章［M］. 北京：北京燕山出版社，1997：154.

但“主仆结构”还在，或者说在意识深处还潜藏着。

《白鹿原》中的鹿三，纯朴，善良，诚实，信义，吃苦，勤劳，关键是晓明大义，是非分明，而且敢做敢当，性格极其鲜明。不过，综观其一生所为，仍然可以用“义仆”一词来概括他。鹿三是白嘉轩家的长工，从白嘉轩的父辈开始就为白家做工。鹿三家与白嘉轩家两家交情甚好，鹿三与白家虽然是主仆关系，但白家却没有拿他当一般下人看，没有常见的那种主仆之间的奴役与被奴役的关系。主仁仆义，这是一种理想，但也许正是因为主仁，仆才义，或者反过来，仆义，主才仁，两者是互动的关系。

鹿三在白家干活，那是没有啥说的，眼尖手勤，吃苦耐劳，该咋干就咋干，人面前怎么干人背后还是怎么干，做人老老实实，干活踏踏实实，真正的一个实在人。在两处关键时刻，鹿三更是显出了“义仆”的本色，真汉子的面目。第一次是交农事件，白嘉轩本来是主要起事者之一，但事到临头，他被人控制无法脱身，鹿三本来是一个跑腿的，届时赶到集合地点，眼看着人群拥集却群龙无首，在这个关键时刻，他挺身而出，与和尚芒儿一起，当起了领头人带领群众去县上交农器。第二次是儿子黑娃得知田小娥死讯，夜里跑到白鹿村，寻找杀妻仇人时认定是白嘉轩干的，正拟将白嘉轩问罪祭妻时，鹿三又挺身而出，说人是他杀的，还拿出了杀人证据，从而使白嘉轩死里逃生，躲过一劫。这些作为，从性格逻辑来看，非鹿三这样的人不可为，这其实也就是“义仆”的作为。

白嘉轩死里逃生后连夜请鹿三吃酒，孝武孝义在座，主仆二人酒后有一番对白，最能表现这一对仁主义仆你“仁”我“义”之处，可谓点睛之笔：“白嘉轩说：‘……还有一件事，你爷临走时给我叮咛过一句，‘看待好老三’。这多年里，我的亲生儿子指望不住，一些朋友也指望不住，靠得住的就是你三伯哇！孝武孝义你俩听着，你三伯跟我相交不是瞅着咱家势大财大，我跟你三伯交好也不是指靠他欺人骗世，真义相交喀！’……孝武孝义还未来得及说话，鹿三噌的一声站起来，满脸红赤着说：‘嘉轩你把话说到这一步，我也有话给娃们敲明叫响：交情是交情，各人还是各人！你爸是主儿家我是长工。你爸不在了你兄弟俩是主儿家我还是长工。你爸在世时我咋样你爸不在世了我还咋样。该我做的活我做，该给我的工钱按时给我我也不客气，再说旁的啥话，都是多余的。'"[①] 主家说他们是“真义相交”，仆人说“交情是交情，各人还是各人！你爸是主儿家我是长工。你爸不在了你兄弟俩是主儿家我还是长工”，界限清楚，是非分明。这个义仆懂得忠义，也懂得把握好自己的身份和角色，绝不僭越。

（三）鹿子霖：奸贼原型

在中国文化里，与忠义相对的，是奸邪，表现在人物原型上，就是奸贼。

鹿子霖就是一个奸贼的形象。他当然只是乡村里的一个小人物，不属于那种大奸大恶之人。他的为人行事，基本上都是为了自身的利益，也就是说，有他生存的理由，这是可以理解的，仅从这一点考察，只能说他是一个庸俗的人。但是他在维护自身利益或者在捞取利益时，却常常做出损害他人的事来，以损人来利己，这就是卑鄙的而且是阴险的了。从这个角度考察，以中国文化给其定位，他就是一个奸贼式的人物了。

奸贼的一个特征是精明。因为精明，所以往往能成为人上之人。但是这种精明主要用来算计别人，不做善事，或者对做善事兴趣不大，主要考虑的是如何能从别人那里捞取更多的利益。鹿子霖显然是一个精明的人，而且这种精明还有过人之处。他也做一些面子上的事，比如当白鹿仓第一保障所也就是白鹿镇的乡约，他人前人后也做一些官面上的事，诸如赈灾时分发舍饭之类，但他的做事为人，最主要的还是为自己算计。他做乡约，显然不是为了给民众当公仆，而是认为这是一个官，哪怕这是最小级别的一个官，成了人上之人；其次，借此可以为自己谋取私利，借机贪吃贪喝贪财贪女人。所以，奸贼的心胸都不够宽广。鹿子霖就看不顺眼白嘉轩和白家比自己家好过，总想在阴地里使一些手段，让白家丢丑或败家。他乘人之危，在田小娥求他设法搭救黑娃时，趁机占有了田小娥。更为阴毒的是，他还唆使并设计让田小娥勾引白孝文，以毁人子弟之法来打击白嘉轩并企图摧毁他，从而把一个涉世未深

---

① 陈忠实. 白鹿原［M］. 北京：人民文学出版社，1993：358—359.

的年轻人拉入火坑，把一个好人变成了坏人。做损人利己的事容易理解，而干这种损人不利己或不那么利己的事，就是奸贼所为。

《三国演义》中的曹操，中国史书中写的那些奸臣，都是奸贼这个原型里的一个个具体的人物。

（四）朱先生：哲人原型

据陈忠实介绍，朱先生是《白鹿原》中唯一一个有生活原型的人物，这个生活原型就是清朝末年陕西蓝田县的举人牛兆濂。他给“牛”字下边加了一个“人”字，变成“朱”先生。朱先生在小说中有姓无名，始终以“先生”称之。

任何一个社会、一方地域、一个集团，它要稳定、和谐并且发展，必须有人给以精神上的指引。哲人扮演的往往就是这样一个精神指引者的角色。哲人通常既是思想家，也是教育家。哲人必须有自己的思想，而且这个思想恰好能适应时代和历史发展的需要，在一定程度上适应当时人们的精神需要，也就是说，能在一定程度上或一定范围内被社会和民众信服或接受。而要被社会和民众信服和接受，他就要传播他的思想，也就是要以教育的方式对社会和民众进行宣讲，使之了解、信服并接受自己的思想主张。除此之外，还有很重要的一点，那就是哲人还应该是一个在道德品行上让社会和民众敬重的人，只有具备了人格魅力的人，才会具有强大的影响力和广泛的感召力。

在中华民族历史上，有两位伟大的哲人，一个是老子，一个是孔子。老子和孔子都是开创性的哲人，老子开创了道家思想，成为中华民族道家思想、道教以及道家养生的祖师；孔子开创了儒家思想，开私人教育的先河，成为中国人心目中的至圣先师。老子的思想重在探讨人和自然的关系，孔子的思想重在探讨人和人、人和社会的关系，并且形成了以“仁”为核心的道德思想体系。此后的中国社会主体思想或者说主流思想，都是在孔圣人、孔哲人所开创的思想基础上发展、更新。老子、孔子等先秦诸子，他们都是历史上真实的人，他们的思想学说对中华民族的文化心理影响巨大而且深远，而孔子的儒家思想，更是在一定程度上塑造了中华民族的性格，因此说，先秦诸子们应该都是中华民族哲人的原型。

“先生”一词在中国传统社会，是对有德行者和有学问者的尊称。

朱先生之所以一直被称为“先生”，有姓无名或者说从不称呼其名，从小说来看，他实际上一直担当的就是一个“先生”的角色，准确说，他就是一个哲人、民间哲人的形象。哲人必须具备的四个要素他都具备：一、德行高尚，有人格魅力；二、学识渊博；三、有自己的思想，当然他秉承的主要的还是儒家的传统思想以及儒家思想的变体——关学思想；四、招收门徒，是一个教育家。具备了这四个要素，他理所当然地成为白鹿原上一般民众的精神指引者。在小说所反映的社会历史环境中，一共有四种思想价值体系影响着当时白鹿原上的人：一是力量暂时弱小但前途远大的共产主义思想价值观，此以鹿兆鹏、白灵等人为代表；二是当时占据统治地位的“三民主义”思想价值观，此以鹿兆海、田福贤、岳维山等人为代表；三是历史悠久、社会基础牢固、被普通大众自觉不自觉接受并且信奉的儒家思想价值观，此以朱先生、白嘉轩、鹿三、冷先生、白孝武等人为代表；四是反叛社会、割据江湖、啸聚山林、打家劫舍的土匪们的思想价值观，此以大拇指芒儿、黑娃等人为代表。可以看到，共产主义虽然伟大但当时还没有成为统治阶级的思想价值观，只被一部分社会先进分子所掌握并信奉；“三民主义”虽然是统治阶级的思想价值观，但真正了解、信奉这种思想价值观的人还是不多；而土匪们的反叛社会思想和杀人越货行为，尽管有其存在的社会原因和基础，但它毕竟是不见容于社会主体的思想和行为，除一二中坚分子如大拇指芒儿等信奉不疑之外，余者多为被种种生存原因所迫而盲从的乌合之众，说不上思想上的清晰性和价值观上的坚定性。而独有儒家思想和其价值观一脉，源远流长，历千年而不衰，从之者众，信之者多。

宋代哲人朱熹曾引用他人的话说过，“天不生仲尼，万古长如夜”。这句话说的就是精神指引者、哲人的作用。哲人的精神指引、思想启迪作用，就像明灯之于黑夜一样，具有照亮的功用。白嘉轩是家长、族长，他的德行在白鹿原上有口皆碑，深孚众望，但他在一些重大事情的抉择和把握上，同样离不开朱先生的启迪和指导。朱先生一生之行状，除了“一人斥退二十万清军”“关中八君子抗战宣言震动全国”“关中大儒投笔从戎”这样的英雄壮举和佳话，给人印象最深的，最能昭显其哲人形象的，还是他的智慧，他对世事的洞察和对未来的把握。他甚至能够预知自己死亡的时间，提前几天安排好一切后事，写遗嘱，与家人团聚，剃头，感谢自己的妻子，然后从容地仙逝。而且，确实是像神仙一样离去，朱白氏为他剃完头后，他意味深长地说："剃完了我就该走了。"朱白氏并未理会也未在意，过了一会儿，她"忽然看见前院里腾起一只白鹿，掠上房檐飘过屋脊便在原坡上消失了"，她忽然有些灵醒，忙让去看，朱先生已经悄然走了。朱先生临死前预言而且是断然肯定"天下注定是朱毛的"，还意味深长地补充一句"得了天下以后会怎样，还得看"。甚至对自己死后中国社会的闹腾也有预料，具有先见之明地在自己的墓室里放了一块砖，上书"折腾到何日为止"，让几十年后来扒墓的红卫兵惊诧不已。

超凡入圣，有大智慧，能洞察世事，预见未来，这是"哲人原型"的共同点。《三国演义》中的诸葛亮，《水浒传》中的吴用，皆为这一类人。

（五）黑娃：浪子原型一（浪子回头，学为好人）

浪子，商务印书馆出版的《现代汉语词典》（修订本）上的解释是"游荡不务正业的青年人"，"百度"网上的解释是："泛指不受习俗惯例和道德规范约束的放荡不羁的人，尤指不务正业过着放荡生活的人。"一般地看，浪子指的是那些叛逆社会常态、背离道德伦常的人，他们放荡不羁甚至使坏作恶，其中大多是年轻人。

年轻人有一个成长过程，在思想成熟、性格定型之前，很多人都会有一段思想迷乱、行为叛逆的生命经历，所以浪子多为青年人。

中国有一句话叫"浪子回头金不换"，是说不走正道的人如果改邪归正，非常可贵。而从生活和历史上看，青年人成为浪子，最后差不多也都回了头，而且经历了一个人生的否定之否定，更上层楼，不仅思想上变得相对成熟了，性格上也相对稳定了，而且往往更为通情达理，较之一般没有这一番经历的人，更为向善。

在中国古文献中关于浪子回头的记载有，《孟子·尽心章句下》："晋人有冯妇者，善搏虎，卒为善士。"还有《汉书·王烈传》中说"有盗牛者为主得之"而"怀耻恶之心"，在王烈的激励下改过迁善，路不拾遗。而最为有名流传最广的还是《世说新语·自新》篇中记的两个历史故事，一个是记周处的，一个是记戴渊的。"自新"说的就是一个人能自觉地改正错误，重新做人。周处、戴渊都是浪子回头的典型，他们洗心向善后都做出了一番事业，《晋书》中有他们二人的本传。周处的故事还被改编成京戏《除三害》，流传更为广泛。

我们看《世说新语》中周处的故事：

周处年少时，凶强侠气，为乡里所患。又义兴水中有蛟，山中有只白额虎，并皆暴犯百姓。义兴人谓为“三横”，而处尤剧。或说处杀虎斩蛟，实冀三横唯余其一。处即刺杀虎，又入水击蛟。蛟或浮或没，行数十里，处与之俱。经三日三夜，乡里皆谓已死，更相庆。竟杀蛟而出。闻里人相庆，始知为人情所患，有自改意。乃自吴寻二陆，平原不在，正见清河，具以情告，并云：“欲自修改而年已蹉跎，终无所成。”清河曰：“古人贵朝闻夕死，况君前途尚可。且人患志之不立，亦何忧令名不彰邪？”处遂改励，终为忠臣孝子。①

在乡人眼里，周处比虎蛟还坏，周处即使杀了虎斩了蛟也得不到人们的谅解。难能可贵的是，周处能从乡人对自己的态度中认识到自己的过错，并能听从贤人的劝告，幡然悔悟，弃恶从善，浪子回头，终成人才。

明代吴承恩编撰的《西游记》是中国古典四大名著里唯一的神魔小说，小说中所写的主人公孙悟空则是神魔界浪子回头的典型。孙悟空本是一只石猴，带领群猴进入水帘洞后成了猴王，后来拜菩提祖师学了七十二变和腾云驾雾的本领，还从东海龙王那里抢来了金箍棒，然后跑到天界去当了弼马温，后来感觉受骗又回到花果山自封齐天大圣，然后大闹天宫，搅乱王母娘娘的蟠桃盛会，又偷吃了太白金星的仙丹，打败了十万天兵天将，又自不量力地与如来佛祖斗法，被压在五行山下五百多年。五百年后被唐僧救出，经观音菩萨点化，保护唐僧西天取经，还被观世音菩萨赐有三根神奇的毫毛在脖子后面，可化万物，一路上降妖伏魔，历经九九八十一难，最后取回真经修成正果。

《白鹿原》中写得最成功的人物之一黑娃，就是一个浪子，最终浪子回头，学为好人。

黑娃本性纯朴、善良，性格直率、坦荡，讲义气，重然诺。他性格

---

① 张万起，刘尚慈. 世说新语译注［M］. 北京：中华书局，1998：611.

倔强，读书读不进去，远走他乡给人熬活，干活踏实。他的成为浪子，当然有其自身性格的原因，但主要的还是外部环境所迫，然后一步一步走向邪路。他与田小娥相好，最初是受了田小娥的勾引和诱惑，合情不合理，但他既然爱上了小娥而小娥也因为他被郭举人所休，生活无着，他毅然地把田小娥领回了家。在共产党员鹿兆鹏革命新思想的启发下，他在白鹿原上“风搅雪”般地办农协，搞暴动，冲宗祠断石碑砸乡约，后来在国民党白色恐怖下被迫逃亡。逃亡后先当红军，为旅长的贴身警卫，后来落草为土匪，为了给大拇指报仇，不分青红皂白，不调查清楚就盲目杀人，再后来又归顺了保安团。经过了人生的曲曲折折，有了深刻的生活体验之后，黑娃又重新拜朱先生为师念书，要“学为好人”。黑娃从此开始脱胎换骨，言谈举止中也显现出儒雅。然后是回原祭祖。他喊着“黑娃知罪了”，跪在祖宗祠堂前，声泪俱下：“不孝男兆谦跪拜祖宗膝下，洗心革面学为好人，乞祖宗宽容……”这个浪子其实一直在寻找归宿。寻找归宿是人的本性。黑娃只是在寻找归宿的路上走得太过坎坷，太过艰难。小说中写道，他携妻回乡的那天夜里，在自家厦屋炕上的破棉絮里说：“我这会儿真想叫一声‘妈’……”妻子高玉凤“浑身一颤，把黑娃紧紧搂住。黑娃静静地枕着玉凤的臂弯贴着她的胸脯沉静下来……”①

这个从前根本念不进去书的人，如今居然好学起来，每天舞剑毕就诵读《论语》，学了一本又求朱先生再给指点一本再学。黑娃是真心向学，学为好人。他求学问学的老师，一是新娶的老秀才的女儿高玉凤，此人朝夕相伴；一是朱先生，他十天半月去一趟白鹿书院，先给朱先生背诵然后再谈体会，请先生指点。黑娃的目的很单纯，他拜朱先生为师时剖白内心：“兆谦闯荡半生，混账半生，糊涂半生，现在想念书求知活得明白，做个好人。”朱先生对他的看法是：“别人是先趸下学问再去闯世事，你是闯过了世事才来求学问；别人趸下学问为发财为升官，你才是真个求学问为修身为做人的。”黑娃说：“我学一点就做到一点，为的再不做混账事。”朱先生慨叹：“想不到我的弟子中真求学问的竟

① 陈忠实. 白鹿原［M］. 北京：人民文学出版社，1993：589.

是个土匪坯子！”[①] 两人的对话十分精彩，而且意味深长。这也是哲学上的一个老问题，“知而后行”与“行而后知”的问题。黑娃是“行而后知”，所以再付诸行动就会是真心实意、知行合一了。

黑娃就像孙悟空一样，由最初的叛逆，不计后果，目中无人，到经历了挫折，直至忏悔修身，皈依传统，走向正途。

黑娃一次次地出走，逃跑，后来都又回到白鹿原，这说明了乡土力量的强大，传统力量的强大，不论多么叛逆，最终还是要回归的。这也就像孙悟空无论筋斗云翻得有多远，最终都逃不出如来佛的手掌心一样。第一次，黑娃在外面经历了挫折，经历了与田小娥的相爱被郭举人发现后追杀，他不顾脸面带着田小娥回到了白鹿原。虽然不被白嘉轩和父亲接受，但是他依然选择了留在原上。第二次，黑娃因为“风搅雪”出逃成为土匪，经过了在外面的奔波，最终选择了回到白鹿原那个生他养他的家乡。他想起了家乡与亲人的可爱之处，先是在白嘉轩面前承认了自己的错误，到祠堂前向祖宗祈求宽恕，从当年对鹿三说“大！我最后叫你一声算完了。从今日起，我就认不得你了……”[②] 到再与鹿三相见时，泪如泉涌。黑娃在母亲坟头痛哭到几乎晕厥，晚上回家谢绝白嘉轩为他准备好的炕，带着妻子睡在早已破烂不堪的妈妈的炕上，想起了自己的出生，自己母亲的气味，想起了母亲。在外面晃荡半生，到了还是觉得母亲亲手做的水饭是最香的。在这里，显示出了中国人的集体无意识，落叶归根乃是人生最终的也是最佳的落脚点。

黑娃天性纯良，他是因情迷性，由丧失理性到回归理性，天良未泯。而白孝文虽然也是一个浪子，最终也回了头，却是另外一个类型。

（六）白孝文：浪子原型二（浪子回头，改弦易辙）

白孝文也是因情迷性，丧失理性再回归理性，但却坏了良心。

天良未泯的丧了性命，坏了良心的升官发财，这是社会和人生的一大悲剧。

---

① 陈忠实. 白鹿原［M］. 北京：人民文学出版社，1993：584—585.

② 陈忠实. 白鹿原［M］. 北京：人民文学出版社，1993：348.

白孝文是白嘉轩的长子，他本来是族长的铁定人选，生活安康，学习顺利，人生本来可以一帆风顺。白嘉轩在看到黑娃不顾他和鹿三的反对，仍然要坚持和田小娥在一起时，更加强了对儿子白孝文的监管。而白孝文自己的处世待人也足以让白嘉轩骄傲。“孝文是好样的，穿着旧衣服每天三晌跟鹿三去地里学务庄稼，一身土一脸汗从不叫累。”① 而且非常单纯，连结了婚如何和媳妇同房都不知道。没有堕落前的白孝文其实是一个没有生活阅历的人，是一个缺乏人生历练的性格和思想都不成熟的生瓜蛋子，经不起诱惑，更经不起人生的挫折。他从小一直生活在父亲的翅膀下，聪明单纯，没有坏心，同时又是一个很胆小怕事的人。他也是在田小娥的勾引诱惑下走上了情感和理智的不归路，耽于欲望。被父亲当着族人的面在祠堂里惩罚后，不仅不思悔改，而且自甘堕落。他在堕落的路上越走越远，在田小娥的引诱下又吸上了大烟，只顾与田小娥快活，不顾媳妇死活。小说中写道：“两个孩子由白赵氏引去吃饭，孝文成天不沾家浪逛着摸不清影踪，只有她一个人在屋里忍饥挨饿，婆婆仙草时不时背过公公塞给她一碗半勺，她饥肠辘辘却难过得吃不下去。有一晚，她鼓足勇气向孝文抗争：‘地卖下的银元不论多少，不见你买一升一斗，你把钱弄了啥了？’白孝文眼睛一翻：‘你倒凶了？你倒管起我来了？’媳妇说：‘我凶啥哩我管你啥来？我眼看饿死了，还不能问你买不买粮？’白孝文冷着脸说：‘不买。你要死就快点死。你不知道死的路途我指给你：要跳井往马号院子去，要跳河跳崖出了村子往北走，要吊死绳子你知道在哪儿挂着……’”② 人性已经丧失殆尽。一夜媳妇去窑洞里找他，他更是把媳妇打了一顿，硬是把媳妇活活饿死了。当白孝文看到媳妇死在炕上那一刻，他只是猛然想到当初媳妇教他床笫上事情的情景，心里软了一下，再无其他反应。媳妇下葬后，白孝文又开始了与田小娥在窑洞里抽大烟的快活生活。他已经堕落到底、麻木不仁了。最后实在活不下去，就沿街讨饭，而且活到了一点脸面都不顾也不讲的地步，丧失了羞耻感。地主贺耀祖给了他一碗饭，接着对子女们说：“你们没见过败家子今日个就见上了，你们要学败家子他可是

---

① 陈忠实．白鹿原［M］．北京：人民文学出版社，1993：150.

② 陈忠实．白鹿原［M］．北京：人民文学出版社，1993：319.

个好师傅……”他还嬉皮笑脸地接话说，他愿意当这个师傅，只要能吃个饱肚就行。

孟子曰：“人不可以无耻，无耻之耻，无耻矣。”① 黑娃也堕落，当土匪，干坏事，但没有到此“无耻之耻”的地步，所以他最终能学为好人。白孝文不同，到了“无耻之耻”的境地，从人来说，就已经堕落到底了。黑娃历经人生种种酸甜苦辣，对人生有了深刻的体验，白孝文也经历了人生的种种滋味，对人生有了深刻的体验，但因为天性不同，黑娃是在人生的苦难中幡然悔悟，追寻着向善的目标，而白孝文是在人生的苦难中幡然醒悟，认为要自己活得好就不能顾及他人，谁挡自己的路都不行。因此，他在起义前，可以眼都不眨地枪杀一直提携他的保安团张团长，起义后，又反手把一起拜过把子、一同起义的黑娃置于死地。残酷无情，只为自己。

所以说，白孝文虽然也是一个回头的浪子，当了保安团营长以后也回原，也拜亲，但他的心变了。理性恢复，良心泯灭，这是一个浪子回头以后改弦易辙的典型。

（七）田小娥：荡妇妖女原型

田小娥是作为一个反叛者的角色出现的，反叛根深蒂固的封建礼教，反叛几千年来在封建礼教束缚下女性的生存方式。同时，田小娥也是一个弱者。在强大的封建社会礼教秩序面前，一般的女性，差不多都是弱者。所以，一个弱者的反叛，最终往往都是悲剧结局。

陈忠实在很多地方谈过田小娥这个人物的由来。他在和中国国际广播电台《国际在线》记者邱晓雨的对话中说，田小娥是他构思《白鹿原》时最早出现的人物之一。“我在蓝田县查阅县志，其中有三四卷，全部记载的是该县有史以来贞妇烈女的名字。某某村，某某氏，那时女人都没名字。丈夫的姓和她的姓结合在一块，最后加一个氏。第一册上头，对那些最典型贞妇烈女还有几百字的介绍，比如说 15 岁嫁人，16 岁生子，17 岁丧夫，然后就在这个家庭里头坚守一辈子抚养孩子，伺候公婆，最后村里的人给挂一个贞节匾。到第二本，大概连这个都没有

---

① 杨伯峻. 孟子译注［M］. 北京：中华书局，1960：302.

了，就全部记的是某某村，某某氏，就这么两句话。我突然有种感觉，这些女人，对于她个人而言，完全没有任何享受。这些人的生命和心理的承受力应该到了极限，可能是中国活得最痛苦的一种人，甚至不如一死了之。就在这一刹那，我说我要写一个反叛这些东西的人，田小娥就出现了。她没有任何思想启蒙，也没有任何人生理论……”“那个时代里进行过反叛的人，也不是三个五个，而是有相当的数量。在民间有很多所谓荡妇淫娃的传说，我都听过很多。那么民间的那些传说，和《县志》上所记载的东西，就形成了一个相当强烈的对比。我说我要写这样一个女性，写一个纯粹是出于自身生存本能进行了一定反抗的女性，以及其悲剧性的结局，因为在那个时代，她不可能有完美的结局。”① 也就是说，在《白鹿原》中，既有鹿兆鹏的妻子鹿冷氏这样的因为丈夫厌弃而一生堕入冷宫最终精神失常得了所谓“淫疯病”而死的女人，有白孝文的媳妇大姐儿被白孝文遗弃、打骂最后饿死的女人，也有田小娥这样的凭着生存本能反抗不公命运的女人。

田小娥外表美丽，内心也是善良的。但在女人经济上没有独立的时代，女人只能依从男人。这也就是未嫁从父、既嫁从夫、夫死从子的所谓“三从”的生存方式。所以，尽管田小娥美丽善良，但她在社会和生活中，首先是一个弱者。我们发现，在社会生活中，弱者因为弱，所以常常做错事；而因为错，又会变得更弱。田小娥原是田秀才家的女儿，被有钱有势力的郭举人看上，娶做小妾。郭举人的年纪都可以做田小娥的爷爷，但是在那个时代，女人处于弱势地位，没有自由选择对象的权利，只能听从父母之命，媒妁之言。嫁给郭举人，她第一是作为郭举人的泄欲机器和延年益寿的工具，郭举人以她的身体作为“泡枣”的工具，让身体强健；第二是仆役的角色，主要是做饭，包括给长工做饭、端饭，给郭举人和大女人端屎端尿，她自己则连正常合理的夫妻关系也不能享有，只能听从大女人的安排。田小娥虽为富家小妾，实际上地位低贱，处于一个被奴役的地位。一个正常的生命得不到合理正常的宣泄，她就只好以出轨的方式实现。而“出轨”的代价是惨重的，背

① 邱晓雨．陈忠实，站在白鹿原上眺望［EB/OL］．国际在线（北京）2010－09－10.

一个“坏女人”的名声，则意味着被整个社会排斥和拒绝。郭举人将她休出家门，回到娘家也得不到秀才父亲的理解和容纳。还好，黑娃有情，将她带回到白鹿原，但是却不能见容于家庭尤其是家族，只好屈居于村外破窑。黑娃因为搞暴动出逃后，独留小娥一人无助地留在破窑洞里。为了救黑娃，她去求算是叔叔的鹿子霖，鹿子霖见其美色，却顿生邪念，落井下石，又是利诱，又是威胁，孤苦无助的小娥，在反抗是死而屈就能活的两难选择下只好屈就，铸成大错。这就是因为弱，所以错。而且一错再错。受到鹿子霖的挑唆，她又去勾引白孝文。白孝文先堕落再破落，田小娥更是可怜无助，陷入无依无靠、饥寒交迫的境地。这就是因为错，而更弱。最后被公公鹿三当成“害人精”拿梭镖从背后戳死，结束了年轻的生命。

田小娥的悲剧命运，有其性格上软弱的原因，随波逐流，没有主见，更多的是社会的原因，封建礼教统治下的整个社会，只有对规范的要求和对不规范的扼杀，而没有自由宽容的生存环境和精神环境，所以，不遵从规范者，要么是此路不通，要么是死路一条，别无选择，别无出路。田小娥对于命运的反抗和追求，尽管一错再错，但无疑有其合理的地方，然而在当时的社会环境和在中国的文化环境中，她的所作所为，没有几个人理解，更没有几个人肯定，而往往会被视为“荡妇”“女妖”。田小娥悲惨地死后，没有人同情，也没有人掩埋，也没有人过问，在族长白嘉轩的命令下，只是从崖上放了些土把窑封住了事。后来村里和原上闹起了瘟疫，鹿三着魔，前者被看作是小娥兴妖作怪，后者被说成是小娥妖鬼附身，总之，田小娥生前是“害人精”，死后是“女妖精”，生前害人，死后还害人，只能建一座六棱塔镇压之，使之永世不得翻身。

一个美丽善良、因为软弱而做过错事或者迫不得已被逼着做了错事的女性，就成了“荡妇”和“女妖”。

美丽多情与荡妇，红颜祸水与女妖，在中国文化中，在民族的文化心理中，可谓根深蒂固，成为模式，成为原型。

荡妇女妖、红颜祸水原型不论中西方早有存在。妺喜，传说是夏朝最后一代天子桀的妃子。嫁给桀之后，纵情声色，恣意享受。由于桀专宠妺喜，不理朝政，很快他的夏朝就被商给灭掉了。据说，妺喜是创造了中国历史上诸多“第一”的女人：“千古第一狐狸精”“中国有历史记载以来的第一个亡国皇后”“中国第一位女间谍”“第一个献物”“第一个淫妇”“第一个无辜”。妹喜与妲己、褒姒、骊姬并称为中国古代四大妖姬。荡妇女妖原型在《聊斋志异》里就是狐狸精，而“狐狸精”之称呼，最为人熟知的，应该是《封神演义》里的妲己。苏妲己原是冀州侯苏护的女儿，因为其容貌美丽，温柔贤淑，被好色的殷纣王纳为妃。但在去朝歌的路上，被千年老狐狸摄取了魂魄，从此妲己就变成了一个美丽的狐狸精。她用色相迷惑了殷纣王，使他只知寻欢作乐，不理朝政，在朝中残害忠臣，并害死姜皇后篡夺了皇后的宝座。她还残害百姓，为了验证老人与少年为何老人不怕冷水，竟当场断其胫骨以验髓，剖开孕妇的肚子以验胎儿是男是女。妲己蛇蝎心肠，草菅人命，蛊惑殷纣王最终使商朝覆灭，最后被姜子牙请来仙人的宝剑砍下了她的头。以色相迷人，以狐媚手段惑弄人，是狐狸精的特点。不只是中国，在希腊神话中，集“美丽与邪恶”于一身的海伦，也被视为女妖，因为她是引起特洛伊战争的罪人。

荡妇女妖原型也体现在另外一个著名的文学形象中，这个人物就是潘金莲。在元末明初施耐庵的小说《水浒传》中，潘金莲的故事已经比较完整。潘金莲本是南门外潘裁缝的女儿，因为自幼生得有几分姿色，加上缠有一双好脚，所以叫金莲。她父亲去世早，9岁被卖到王招宣府里，学习弹唱和读书写字，她本性机变伶俐，十二三就会描眉画眼，傅粉施朱，品竹弹丝，女红针指，琴棋书画，样样精通。潘金莲十五岁时，王招宣死了，潘妈妈又将她转卖给张大户家当丫鬟，张大户有万贯家产，百间房屋，年约六旬之上，但没有孩子。金莲长到18岁时，已经美貌逼人，张大户想收她做妾，可惜他老婆厉害，不让他收。有次趁主家婆不在时，张大户收了金莲。后被老婆知道，于是将金莲嫁给了在张大户家借住的武大郎，张大户死后，被主家婆赶出。金莲嫁给武大以后，觉得武大和她并不般配，每天抱怨。在武大与武松遇见后，金莲又试图勾引武松但反被羞辱。武松被派往外地办事后，有日潘金莲无意与西门庆相识，西门庆在王婆的帮助下与潘金莲私会。坏事暴露后，武大被西门庆打成重伤，后又在王婆的唆使下将武大毒死。而潘金莲最后也被武松杀死。明代兰陵笑笑生的《金瓶梅》中的潘金莲，被塑造成一个既聪明伶俐、美丽风流，又心狠手辣、搬弄是非、淫欲无度的典型。潘金莲的故事经过施耐庵和兰陵笑笑生的两度描写、演绎，成为活在文学作品和戏剧舞台上的坏女人样板，千百年来作为一个荡妇的典型被人热议不休。

在中国文化或者说在中国人的集体意识里，美丽的女子亦即所谓的“红颜”命运堪忧，或者是红颜薄命，或者是红颜祸水，或者竟至二而一，既薄命，又祸水，害己又害人。在中国的历史传说中和文学故事中，无论是四大妖姬妹喜、妲己、褒姒、骊姬也好，还是四大美女西施、王昭君、貂蝉、杨玉环也罢，都是这样的命运。荡妇能够荡得起来，全凭美貌的吸引力，所以所谓的“荡妇”也需得是“红颜”。“红颜”一“荡”，即成祸水。

“红颜”指美丽的女子也指美貌，田小娥具有与所有女妖相同的特点，那就是“红颜”亦即美貌。“黑娃引着一个罕见的漂亮女人回到白鹿村，鹿三一下子惊呆了。”① 而女人长得美丽，就可能会不守妇道，就可能会给丈夫招来厄运。所以，白嘉轩见过田小娥之后也对黑娃说：“这个女人你不能要。这个女人不是居家过日子的女人。你拾掇下这号女人你要招祸。我看了一眼就看出她不是你黑娃能养得住的人。趁早丢开，免得后悔。人说前悔容易后悔难。”② 白嘉轩还以自己族长的地位和传统的思想对黑娃进行劝说，承诺只要黑娃离开田小娥，他出礼钱帮黑娃娶媳妇。而在黑娃的心里，小娥美丽的外表，让他喜欢，同时也是他的一个负担。杨排长带领着河南兵住进村子，进行了一场射击表演，黑娃没有让小娥出门，并把小娥反锁在窑里。因为黑娃比田小娥更担心。小娥的美丽在黑娃的心里留下了阴影。美丽，这个人人都期待拥有的东西，对于田小娥来说，是使她进入白鹿原的资本，也是她悲剧命运的前提。如果不是她的美丽，郭举人家的长工们就不会在夜里议论她，黑娃在看见田小娥时就不会觉得气堵胸憋，在和她手指触碰时就不会心猛烈地跳弹起来，最终与之私通，鹿三就不会从第一眼看见儿媳妇就惊呆了，满生疑虑，白嘉轩也不会让鹿三去把事情问清楚，鹿子霖也不会在田小娥哀求他救黑娃时心生邪念，更不会有后来她的勾引到老实巴交的白孝文，使其堕落。总之，这一切似乎都是因为田小娥美丽的外表惹

① 陈忠实. 白鹿原［M］. 北京：人民文学出版社，1993：125.
② 陈忠实. 白鹿原［M］. 北京：人民文学出版社，1993：149.

的祸。她死之后，“白鹿村乃至整个白鹿原上最淫荡的一个女人以这样的结局终结了一生，直至她的肉体在窑洞里腐烂散发出臭气，白孝武领着白鹿两姓的族人挖崖放土封死了窑洞，除了诅咒就是唾骂，整个村子的男人女人老人娃娃没有一个说一句这个女人的好话”①。

唐朝的杨玉环同样也被后人视为红颜祸水。杨玉环有着天仙般的美貌，她本来与寿王李瑁一见钟情，并结婚五年，但是唐玄宗见她倾国倾城，就想占为己有，于是以“做女道士”为名招入宫，经过一番暗度陈仓后，于天宝四载（745）封为贵妃。而由于她的美丽，就如白居易在《长恨歌》里写的，“春宵苦短日高起，从此君王不早朝”，不但如此，“后宫佳丽三千人，三千宠爱在一身”。在这样的情况下，唐玄宗显然会疏于朝政。在此同时，安史之乱爆发，大唐由盛转衰。于是，追究历史责任，在中国文化的环境里，杨贵妃就成了罪恶之源，是“红颜祸水”了。其实从杨玉环本人来说，她也是无奈的，作为一个女人，她不能独立，只有伴在君王左右，用自己的音乐和舞蹈来博取君主的开心。她只能随着君王的喜好而俯仰，只能听从别人的安排，不能做出自己的选择，也没有办法拒绝。最后在唐玄宗逃跑至马嵬驿时，随行之全体军官士兵发动事变，认为杨贵妃就是亡国的根源，逼唐玄宗杀死杨贵妃。唐玄宗无奈，命令高力士赐她自尽，最后杨贵妃被勒死在驿馆佛堂前的梨树下，死时 38 岁。

在中国文化里或者说在中国人的集体意识里，一个“荡妇”之所以成为“女妖”，是因为她不驯服，不屈从于命运，而敢有报复心理和反抗行为。

在田小娥一直屈辱的生命中，也一直伴随着反抗和复仇。开始在郭举人家她是“泡枣”的工具，用她自己的话形容：“姐在这屋里连只狗都不如！”② 虽然事实不能改变，她也没有能力反抗，但是她有自己报复的办法。“大女人每天晚上来看着监视着她把三只干枣塞进下身才走掉，她后来就想出了报复的办法，把干枣儿再掏出来扔到尿盆里去。”

---

① 陈忠实. 白鹿原［M］. 北京：人民文学出版社，1993：352.

② 陈忠实. 白鹿原［M］. 北京：人民文学出版社，1993：140.

"他吃的是用我的尿泡下的枣儿!"[①] 在与黑娃接触之前，她没有享受过真正的幸福，只是一个仆人的角色，从没有被别人尊重、重视过，但是黑娃的出现，让她对生命有了新的感触，不再像以前那样只是过着连狗都不如的日子，她被压抑和扭曲的情感与欲望，在与黑娃接触以后瞬间爆发了。黑娃的出现，拨动了她尘封已久的情感神经，她开始有了真正反抗的意识，想与黑娃私奔。这时的田小娥，已经不顾黑娃的身份，不计较钱财，更不顾自己的脸面，决心要与自己包办的不幸婚姻决战到底，冲破道德的屏障，去争取自己的希望与幸福。来到白鹿原后，她报复的工具就变成了自己的美貌与身体。在屈身于鹿子霖后，因为狗蛋对自己的骚扰并发现了自己与鹿子霖的奸情，田小娥在鹿子霖的唆使下，设圈套陷害狗蛋，没想到事情败露，白嘉轩当众在祠堂将自己与狗蛋都施行了刺刷的惩罚。这时田小娥意识到了鹿子霖害得自己没了脸，但是鹿子霖答应给她报仇，她的复仇念头随着鹿子霖的思想转嫁到了白孝文身上，最终让白嘉轩丢脸。田小娥不由自主地卷入到了白鹿两家的战争中，从而使自己走上了悲剧的道路。

如同妲己在发现自己的狐狸精子孙们被比干杀死之后，就开始了惨然无比的报复，在《白鹿原》中，田小娥复仇的极大化表现在被公公鹿三杀死之后，对白鹿原实施了一场毁灭性的瘟疫。第一个被瘟疫夺取性命的是鹿三的女人鹿惠氏，先是呕吐，拉稀，然后吃什么都吐、泄出来，到后来嘴里吐绿色的黏液，眼睛看不见，最后鹿惠氏说她看见了田小娥死时的模样就闭气了，死后脸上呈现出荧荧绿光。随后白鹿村上的百姓们陆陆续续、接连不断地出现同样的情况，直到最后白嘉轩的女人仙草也被瘟疫上身，同样痛苦地离去。鹿三被田小娥鬼附上身，田小娥经常借魂附到鹿三身上跟白嘉轩作对，让村民们给自己修庙塑身，将尸体入棺，并要求白嘉轩和鹿子霖给自己抬棺，否则让白鹿原的生灵死光。最后在白嘉轩与朱先生的商量之下，将田小娥的尸骨烧成灰，装入瓷缸，埋入窑中，即使如此，她还要变作万千蝴蝶，白嘉轩说那是"鬼蛾儿"，在雪后干枯的草丛里飞舞。白嘉轩指挥着在窑上建了一座六棱砖塔，意喻"日月正气"，最终才将田小娥这个"妖蛾子"镇

---

① 陈忠实. 白鹿原［M］. 北京：人民文学出版社，1993：140.

住了。

女妖原型在中国文化中也有变异。《白蛇传》中的白蛇实际上也是一个女妖，但是这个女妖却不是荡妇类型的，而是一个对于爱情极其执着、极其忠贞的女妖。《白蛇传》这个传说讲：白蛇成精，为报前世救命恩人书生许仙，化为美女，与许仙结婚。后被和尚法海收入钵内，镇压于雷峰塔下。《白蛇传》在中国广为流传，开始时是以口头传播，后来民间以评话、说书、弹词等多种形式出现，又逐渐演变成戏剧表演。后来又有了小说。民国之后，还有歌剧等方式演绎。到了现代，又有根据《白蛇传》拍成的电影和电视剧，编排成的现代舞，新编的小说等。艺术形式各异，但故事内容大体相同。比较白蛇的故事和田小娥的命运经历，两者间也有相似之处，由此可见原型的力量。

白娘子与许仙本是前世有缘，今世报恩，两人相亲相爱，却遭到百般阻挠与挫折。而美丽、妩媚的田小娥在郭举人家私情败露后，郭举人休了田小娥，黑娃带着田小娥回到白鹿村，黑娃与田小娥本是两情相悦，但宗法规定“入不得祠堂拜不得祖先，也见不得父老乡亲的面”①。《白蛇传》中，法海在许仙与白娘子成亲后，几次三番地找许仙劝说，说白娘子不是人类是蛇妖，劝许仙趁早醒悟以免祸害自身。端午节白娘子喝下雄黄酒后现出原形，许仙被吓死，被救醒后仍然觉得白娘子好，不听法海的劝说。《白鹿原》中作为族长的白嘉轩劝说黑娃放弃田小娥：“这个女人你不能要。这女人不是居家过日子的女人，你拾掇下这号女人你要招祸。我看了一眼就看出她不是你黑娃能养得住的人。趁早丢开，免得后悔。”② 鹿三、鹿三女人也都劝说黑娃放弃田小娥，但是黑娃都不听。黑娃坚持自己的意愿，跟田小娥住在村子东头破窑洞里。《白蛇传》中法海为了让白娘子犯天条，强行将许仙关押在金山寺里，白娘子为了救许仙，水漫金山，却为自己以后被压于塔下埋下了祸根。《白鹿原》中鹿子霖为了报复白嘉轩，蛊惑田小娥勾引白孝文，从而使白孝文走向了堕落。鹿三觉得田小娥是诱使黑娃与白孝文堕落的祸根，杀了田小娥。《白蛇传》中的法海，揪住白娘子不放，直到把她收服并

---

① 陈忠实．白鹿原［M］．北京：人民文学出版社，1993：148.

② 陈忠实．白鹿原［M］．北京：人民文学出版社，1993：149.

压在雷峰塔下，并下咒语“西湖水干，雷峰塔倒”。而田小娥死后还魂于鹿三身上，白嘉轩命人建了一座六棱砖塔，将她压于塔底，永世不得翻身。是“妖”就得镇压，这是中国人的集体意识和无意识。

陈忠实在谈田小娥这个人物时说道：“我写的小娥始终是反叛的，是反叛旧制的，不管她一开始以合理的形式争取合理的生存形态，寻找合理的爱情和婚姻，那当然是我们应该倡扬的，还是后来她与鹿子霖、与孝文的关系，那实际上是以一种恶的形式表现了她的反叛性。当然，造成她的悲惨命运的既有社会的因素，也有她主观的因素，但导致她最后死亡的不是她自己，而是整个社会的压力！而在朱先生和白嘉轩的眼里，小娥就是一个妖孽呀。这妖孽‘妖’在什么地方呢？‘孽’在什么地方呢？这就是对乡约族规，包括爱情婚姻价值观念的反叛。其实不光是朱先生和白嘉轩不能接受小娥，她的公公鹿三也不能接受她。而且在她与黑娃事发之后，那个郭举人就把她休了，休了后连她的父母也不能接受她，因为那个时代的文化心理平衡被她颠覆了，因为在那些人看来，她的行为是一个忤逆行为，是一个道德沦丧的行为嘛。”① 可见，陈忠实也意识到，“在朱先生和白嘉轩的眼里，小娥就是一个妖孽呀”。

三、意象原型分析

意象是指客观物象经过创作主休独特的情感活动而创造出来的一种艺术形象。换句话说，意象就是寓“意”之“象”，就是用来寄托主观情思的客观物象。千百年来，在人类的文化活动和艺术活动中，自然界和社会生活中的许多客观物象，都被“人化”了，被人赋予了一定的文化含义。比如，在中国，梅、兰、竹、菊，已经不是简单的自然界的物象了，而被中国文人和艺术家赋予了特定的文化含义，它们都是君子人格的象征，被人称为“花中四君子”，其品质分别是：傲、幽、坚、淡。它们共同的特点是自强不息，清华其外，淡泊其中，不作媚世之态。而这些特点，正是中国人所神往的审美人格境界。

---

① 陈忠实，李遇春．关于《白鹿原》中的人物形象塑造问题［J］．语文教学与研究（教研天地），2009（11）：8．

陈忠实是一位非常重视生活真实和历史真实的在文学创作中倾向于写实的作家，他的《白鹿原》是一部带有些许魔幻色彩但总体上还是现实主义的作品，但是在这一部作品里，较之陈忠实以往的创作，还是多了许多超越写实、超越具象的艺术描写和表现，我认为，这是陈忠实在创作中具体实践他所理解的“民族文化心理结构”这一理论的一个表现。换个角度看，这也是他重视描写和表现民族集体意识和集体无意识的一个表现。因此，在《白鹿原》中，我们可以看到许多意象描写，这些意象让人感到一种熟悉，又感到一种陌生，也就是说，作家在对意象原型的艺术表现中，赋予了作品所要求的新的内涵。

弗莱从文学艺术角度把原型定义为文学中典型的或反复出现的意象，他在《批评的解剖》中说：“这个阶段中的象征是可以交流的单位，我给它取名为‘原型’（archetype），也即是一种典型的或反复出现的形象。我所说的原型，是指将一首诗与另一首诗联系起来的象征，可用以把我们的文学经验统一并整合起来。而且鉴于原型是可供人们交流的象征，故原型批评所关心的，主要是要把文学视为一种社会现象、一种交流的模式。这种批评通过对程式和体裁的研究，力图把个别的诗篇纳入全部诗歌的整体中去。像大海或森林这类常见的自然界的形象在许许多多诗篇中反复出现，这种现象不能叫作‘巧合’，因为我们用这个词指一件无法为其找到用途的设计品。但是，这种反复出现确也说明诗歌所模仿的自然中和人类的交流活动中都存在着某种统一性，而诗歌正是这种交流活动的一部分。”①

小说《白鹿原》里，白鹿、脸面、祠堂正是这种“典型的或反复出现的意象”。而且这三个意象在小说《白鹿原》的艺术表现中，让人感觉其意蕴深广，回味无穷。

（一）白鹿原型

在中国传统文化中，鹿至少有三个象征和意义：

一是富裕，因为“鹿”与“禄”同音。中国古代绘画中，常把官

---

① ［加］诺思洛普·弗莱. 批评的解剖［M］. 陈惠、袁宪军、吴伟仁，译，吴持哲，校译. 天津：百花文艺出版社，2006：142.

与鹿画在一起，表示“加官受禄”的意思。

二是长寿。《太平御览》卷九〇六引《抱朴子·玉策篇》（今本无）云：“鹿寿千岁；满五百岁则其色白。”这说明，白鹿是瑞兽。在传统年画中，鹿、灵芝、寿星总是画在一起，表示长寿。白鹿又常与仙人为伍，《艺文类聚》卷九五引《濑乡记》云：“老子乘白鹿，下托于李母也。”

三是祥瑞。在小说《封神演义》中，鹿是主人公姜子牙的坐骑。

“白鹿原”作为地名，是一个实有其地也真有其名的地方，它就在古长安、今西安的东部，作者陈忠实的家乡就居于其北麓。《关中胜迹图志》上关于白鹿原有这样一段记述：“在咸宁县东，接蓝田县界。《长安志》：‘自蓝田县界至浐水川尽，东西一十五里。南接终南，北至霸川尽，南北四十里。’《三秦记》：‘周平王东迁，有白鹿游于此原，以是得名。’《雍录》：‘南山之麓，霸水行于原上，至于霸陵，皆此原也，亦谓之霸上。’‘霸’一作‘灞’。”① 也就是说，以“白鹿”命名的这个原不仅实有其地，而且历史上也确实实有其鹿。在今天，原上也还有人养白鹿。

以“白鹿”命名小说，“白”“鹿”又是小说中两个大家族的姓氏，又写了白鹿村、白鹿镇、白鹿原，“白鹿”的意义就不是一般的意义了，白鹿的意义已经超越了具体的形象，而上升为一种意象，蕴含深广。在《白鹿原》中，陈忠实赋予白鹿的，一是祥瑞之意，二是真善美的化身，代表着神圣或理想。在《白鹿原》里，白鹿正是以这种代表祥瑞和真善美的意象，草蛇灰线般地，或隐或现，若隐若现，不断地出现在故事情节和人物的命运转折之中，贯穿始终，让读者感到白鹿的精魂总是跃动在字里行间。《白鹿原》中的白鹿，代表着一种久远的历史，而这个历史，又与祥瑞和真善美密切相关。

白鹿以这种祥瑞的意象不断出现在文中。这只白鹿，给人们带来了幸福与希望，让白鹿原上的百姓在一种神话色彩下生活着：“很古很古的时候（传说似乎都不注重年代的准确性），这原上出现过一只白色的

---

① 毕沅. 关中胜迹图志［M］. 张沛，校点. 西安：三秦出版社，2004：36.

鹿，白毛白腿白蹄，那鹿角更是莹亮剔透的白。白鹿跳跳蹦蹦像跑着又像飘着从东原向西原跑去，倏忽之间就消失了。庄稼汉们猛然发现白鹿飘过以后麦苗忽然蹿高了，黄不拉儿的弱苗子变成黑油油的绿苗子，整个原上和河川里全是一色绿的麦苗。白鹿跑过以后，有人在田坎间发现了僵死的狼，奄奄一息的狐狸，阴沟湿地里死成一堆的癞蛤蟆，一切毒虫害兽全都悄然毙命了。更使人惊奇不已的是，有人突然发现瘫痪在炕的老娘正潇洒地捉着擀杖在案上擀面片，半世瞎眼的老汉睁着光亮亮的眼睛端着筛子拣取麦子里混杂的沙粒，秃子老二的瘌痢头上长出了黑乌乌的头发，歪嘴斜眼的丑女儿变得鲜若桃花……这就是白鹿原。"① "人们一代一代津津有味地重复咀嚼着这个白鹿，尤其在战乱灾荒瘟疫和饥馑带来不堪忍受的痛苦里渴盼白鹿能神奇地再次出现，而结果自然是永远也没有发生过，然而人们仍然继续兴味十足地咀嚼着。那确是一个耐得咀嚼的故事。"②

这个"白鹿意象原型"，因为它具有呈祥显瑞的功能，在历史文化积淀的关中平原上，尤其是在白鹿原这一方土地上，就有了神奇的功效，能带来上述小说中描写的诸多美妙的传说甚至信念。这个关于白鹿的美妙传说，与其说是传说，毋宁说这是这块土地上的人的一种对于祥瑞的期待，对于自然之神和土地之神的崇拜、向往和热爱，它是一种集体意识和无意识。"白鹿"已经不是一个一般的动物了，而是被赋予了特殊的情感内涵，它被看作是具有特殊功能的神物，禀赋了特别的灵性，它常常在关键的时刻，能够神出鬼没，显灵预示，或者逢凶化吉，遇难呈祥。而这样的白鹿出没的土地，也就是白鹿原，也就成为神奇的土地，成了风水宝地。

于是，宋朝年间，吕氏祖宗路过此地，偶见一只白鹿闪现，就把此地作为定居之地，葬身之地，后世果然发达，四个孙子俱中进士。这是历史事实被加工和神化的叙述。白嘉轩则在人生历经挫败后，雪后上原，撞见白鹿神迹，他在鹿子霖"人"字号的坡地上发现了怪异之草，朱先生据他画成的图形辨认出这是一只白鹿，白嘉轩认为这是百年白鹿

① 陈忠实. 白鹿原 [M]. 北京：人民文学出版社，1993：28.

② 陈忠实. 白鹿原 [M]. 北京：人民文学出版社，1993：29.

的精灵显灵了，就以水地换旱地，取得了风水宝地，最终生活平稳下来，并节节上升。

在《白鹿原》中，白鹿意象还隐含在人物身上。体现在人物身上的白鹿意象，表现的主要是真善美的精神。朱先生和白灵就是白鹿精魂的化身，他们死后都化身成为白鹿。他们是善良仁爱的象征，或体现了传统美德，或体现了先进文化，并将其白鹿精神传于后人。

朱先生是儒家思想的体现者，是仁爱善良的象征，也是大智者，并被白鹿原上的人视为“圣人”。“‘白鹿’作为隐喻了的朱先生的神话原型而存在，而朱先生作为提升了的或者具体化了的‘白鹿’精神而体现。”① 白嘉轩是这样认识自己的姐夫朱先生的：“他敬重姐夫不是把他看作神，也不再看作是一个‘不咋样’的凡夫俗子，而是断定那是一位圣人，而他自己不过是个凡人。圣人能看透凡人的隐情隐秘，凡人却看不透圣人的行为；凡人与圣人之间有一层永远无法沟通的天然界隔。圣人不屑于理会凡人争多嫌少的七事八事，凡人也难以遵从圣人的至理名言来过自己的日子。圣人的好多广为流传的口语化的生活哲理，实际上只有圣人自己可以做得到，凡人是根本无法做到的。”② 朱先生实际上是白鹿原人的精神导师，他以自身的知识和行为影响着白鹿原上百姓的生活。他考中举人却拒绝晋升，创建白鹿书院教育子弟，亲自带头犁毁罂粟宣布禁烟，独身前往乾州劝退清兵为民解难，亲自修订《乡约》劝人向善，主持放粮赈灾，编纂县志为后世留史，最后接收土匪黑娃为学生，他的身上无处不体现着民本思想，仁义至上，忧国忧民，实为儒家精神的集大成者。他见黑娃最后一面时说：“读书原为修身，正己才能正人正世；不修身不正己而去正人正世者，无一不是欺名盗世。”③ 这其实是朱先生对自己一生的概括。朱先生在去世之前让朱白氏给其剃头，最后剃到“只剩下半根黑的啦！上半截变白了，下半截还是黑的

---

① 赵善华．“白鹿意象”与神话意识——论《白鹿原》［A］，冯希哲，赵润民，主编．说不尽的《白鹿原》——《白鹿原》评论选［C］．西安：陕西人民出版社，2006：572.

② 陈忠实．白鹿原［M］．北京：人民文学出版社，1993：25.

③ 陈忠实．白鹿原［M］．北京：人民文学出版社，1993：623—624.

——你成了一只白毛鹿了……”[①]朱先生死时化为一只白鹿：“朱白氏正打算让儿媳把孩子抱进屋子坐到火炕上去，忽然看见前院里腾起一只白鹿，掠上房檐飘过屋脊便在原坡上消失了。”[②]“白鹿原最好的一个先生谢世了……世上再也出不了这样好的先生了。”[③]白嘉轩的这句意味深长的话，既是一种赞誉，又是一种惋惜，同时又似乎是一个面对现实的历史性预言。

在白灵这里，“白鹿”则意味着神圣和理想。白灵这个名字似乎就是“白鹿精灵”的缩写，白灵这个人物代表了当时最先进的文化革命思想，是新时代的革命青年。跟白鹿原上传统的女青年在家纺线、织布、结婚生子的生活方式完全相反，她是白鹿原上第一个在私塾读书的女孩子，后来不顾父亲白嘉轩的反对，自己一人又偷偷地跑到西安去上学，当白嘉轩找她让她回去时，她竟以死相逼。白嘉轩给她说了亲事，她被关在家里也不妥协，竟不顾与白嘉轩断绝父女关系逃跑了，后来还给婆家写了一封信说：“你们难道非要娶我革你们的命。”[④] 白灵是家族里的叛逆者，她接受了新的革命思想，与传统的文化完全相悖，摒弃了传统的封建家族制度和思想，踏上了革命的新道路。在小说里，作者常常将白灵与白鹿联系在一起来写。白灵出生时就预示着她是纯洁与善良的白鹿精灵的化身：“一只百灵子正在庭院的梧桐树上叫着。”[⑤] 除夕之日，白嘉轩让孝文孝武白灵同写春联，而白灵写得最好，白嘉轩看着白灵写下的春联，“看着品着，不由得心里一悸，忽然想到了慢坡地里父亲坟头下发现的那只形似白鹿的东西”。[⑥] 在白灵的思想里，白鹿象征着神圣与理想，并且在她的生活中，白鹿形象一直长时间影响着她。白灵与革命同志黄先生第二次接头时，她说：“我用丝绸剪一只白鹿缝到衬衫上，你将来也好辨出我……”[⑦] 起初，“她在进入教会女子学校第

---

① 陈忠实. 白鹿原［M］. 北京：人民文学出版社，1993：630.
② 陈忠实. 白鹿原［M］. 北京：人民文学出版社，1993：630.
③ 陈忠实. 白鹿原［M］. 北京：人民文学出版社，1993：635.
④ 陈忠实. 白鹿原［M］. 北京：人民文学出版社，1993：206.
⑤ 陈忠实. 白鹿原［M］. 北京：人民文学出版社，1993：76—77.
⑥ 陈忠实. 白鹿原［M］. 北京：人民文学出版社，1993：120.
⑦ 陈忠实. 白鹿原［M］. 北京：人民文学出版社，1993：412.

一次听到一个陌生的名字——上帝时，就同时想起了白鹿，上帝其实就是白鹿，奶奶的白鹿”①。在这里，白鹿是神圣的象征。后来，当同为共产党革命同志的鹿兆鹏问她“这会儿在想什么”的时候，她说：“我想起奶奶讲下的白鹿，咱们原上的那只白鹿。我想共产主义就是那只白鹿了。”② 此时，在白灵的心目中，白鹿已变成了理想的象征。白灵冤死的时候化成为一只白鹿托梦给白嘉轩：“刚睡着，就看见咱原上飘过来一只白鹿，白毛白蹄，连茸角都是白的，端直直从远方朝我飘过来，待飘到我眼前时，我清清楚楚看见白鹿眼窝里流水水哩，哭着哩，委屈地流眼泪哩！在我眼前没停一下下，又掉头朝西飘走了。刚掉头那阵子，我看见那白鹿的脸变成灵灵的脸蛋，还委屈地哭着叫了一声‘爸’。”③ 与黑娃最终皈依传统文化不同，白灵最终是魂归白鹿原，在家族生息的乡土找到归宿。

（二） 脸面原型

民谚云：人活脸，树活皮。

脸面，是实指，也是虚指。实指是指人身体中的一个具体部位；虚指，则是人之为人的证明，它代表着人的身份、地位特别是尊严。人有尊严而一般动物没有，所以说，脸面是人之为人的根本。换一个角度看，所谓脸面实际上也是中国人的一种羞耻意识。有脸就好活人，没脸就难活人；有脸就可以走到人面前，没脸就走不到人面前；有脸就能说起话，没脸就说不起话；有脸去办事别人也会给脸，亦即可能办成，没脸找人办事别人可能就不给脸，亦即可能办不成。这是中国人的文化，是集体意识。所以，在中国人的集体意识里，脸面是特别重要的。脸面文化是一个非常重要的文化。

脸面，既是个人在社会上所获得的某种权威和声誉，也是社会群体对德行高尚的人的一种尊敬或认可。从儒家文化看，脸面与“礼”大有关系，礼是待人的正确态度和方式。中国人有句古训：“有礼走遍天

① 陈忠实．白鹿原［M］．北京：人民文学出版社，1993：412.
② 陈忠实．白鹿原［M］．北京：人民文学出版社，1993：419.
③ 陈忠实．白鹿原［M］．北京：人民文学出版社，1993：536.

下，无礼寸步难行。”每个人在社会中都有其一定的身份，有身份的人要按照礼法行事。如果做了不符合身份的事，说了不符合身份的话，就会丢脸。

脸面所标示的，是一个人心理的两面镜，正面是荣誉感，反面是羞耻感。脸面是中国人关于荣誉和羞耻的原型。

《白鹿原》中，白嘉轩是一个把脸面看得极其重要的人。他生命中有一个重要特征，那就是把腰杆挺得很直，腰杆挺得直，在中国文化里，表明为人行事光明磊落，没有见不得人的事。腰能挺得直，那是因为有脸面。而他的子女，一个白孝文，一个白灵，却让他感到丢了脸。而他面对丢脸揭皮的事，首先想到的，是要给自己和家族拾脸，不惜和子女断绝关系。白孝文做出让他丢脸的事后，他思前想后，认为“一切既已无法补救，必须采取最果断最斩劲的手段，洗刷孝文给他和祖宗以及整个家族所涂抹的耻辱”①。他在祠堂当着全村人的面对白孝文重重地进行了惩罚，又断然与白孝文脱离父子关系，将其赶出家门分了家。他要以身作则，不能因为白孝文是自己的儿子就姑息其胡作非为，他要活人，就得顾及脸面。对于白灵自作主张私自退婚，他忍受着男方的烂骂，第二天还带着厚礼去赔礼。他对族人致歉说，“我给本族白鹿两姓的人丢了脸了”。宣布：“白姓里没有白灵这个人了。死了。”② 白灵姑妈朱白氏对白灵有一句话，说得十分中肯：“你爸苦就苦在一张脸上。孝文揭了他脸上一层皮，你接着再揭一层。”③

鹿子霖也看重脸面，他经历了先“没脸”再被“抠脸”的丢脸过程，但他始终想着要保住脸，他明白，人没脸了，就难活人，也办不成事了。鹿兆鹏结婚后不与妻子同房，时间一久，“这个家庭隐患再也包裹不住了，村里也由悄悄传说变成公开议论。鹿子霖觉得没脸再从中医堂门口走过”④。小娥和狗蛋被村人用刺刷暴打之后，鹿子霖当天晚上来看她，小娥用手抓抠他的脸，小说中写道：“‘甭抠甭抓。’鹿子霖抓住她的手腕说，‘留下大这一张脸还有用场。’小娥挣脱手，还要抓要

---

① 陈忠实．白鹿原［M］．北京：人民文学出版社，1993：296.

② 陈忠实．白鹿原［M］．北京：人民文学出版社，1993：407.

③ 陈忠实．白鹿原［M］．北京：人民文学出版社，1993：407.

④ 陈忠实．白鹿原［M］．北京：人民文学出版社，1993：162.

抠：‘我给你害得没脸了，你还想要脸？’鹿子霖镇定地说：‘你没脸了大知道。大这张脸再抓破了咱们就没有一张脸了，也就没人给你报仇了。’”①

白孝文的堕落过程，也是先“伤脸”后到“不要脸”。白孝文被父亲从家里分出去以后，又遇年馑，没有吃的，实在过不下去了，向父亲提出借粮，结果遭到拒绝。小说写道，“孝文向父亲借粮伤脸以后就把两亩水地卖掉了。”② 白孝文原来顾及脸面，结果和小娥弄事回回都不成。私情暴露被族人用刺刷惩罚教训之后，知道已经没脸了，也就毫无顾忌，过去是偷偷摸摸寻小娥，如今大白天来，居然行了。小娥不解，问他原因，小说写道：“孝文嘲笑说：‘过去要脸就是那个怪样子，而今不要脸了就是这个样子，不要脸了就像个男人的样子了！’”③

“揭脸皮”，还是一种报复和打击人的方法。鹿子霖总想让白嘉轩丢脸，揭他的脸皮，借以打击白嘉轩的威信和声望，从而抬高自己。白孝文把房子卖给鹿子霖，鹿子霖叫人扒房，白氏族人对白嘉轩说，“鹿子霖不是买房是揭族长的脸皮！”白嘉轩是明白这一点的。他后来对自家人说：“揭我脸皮我还不知道疼不觉得羞吗？”④ 他知道除了拦挡除了打架再无好办法，只好听之任之。鹿子霖在背后策划拉白孝文下水，就是为了揭白嘉轩的脸皮，让他颜面扫地，挺不起腰，做不成人。

白鹿原上活得堂堂正正的人，差不多也都是有脸面而且顾及脸面的人。鹿子霖和儿媳妇之间有一些传言，白嘉轩认定鹿子霖在男女之事上就是畜生，但对这个丑闻不能议论，“这件丑闻之所以不能说，关键是背后有个冷先生。骂鹿子霖一句，等于骂冷先生半句；吐鹿子霖一口唾沫有一半就落到冷先生脸上。”⑤ 白嘉轩是给冷先生顾脸的。

可以看到，《白鹿原》中凡是特别看重脸面的人，都是祖一辈和父一辈的人物，他们是在中国传统文化熏陶、影响下的两代人，而到了子

---

① 陈忠实. 白鹿原［M］. 北京：人民文学出版社，1993：263.

② 陈忠实. 白鹿原［M］. 北京：人民文学出版社，1993：313.

③ 陈忠实. 白鹿原［M］. 北京：人民文学出版社，1993：315.

④ 陈忠实. 白鹿原［M］. 北京：人民文学出版社，1993：322.

⑤ 陈忠实. 白鹿原［M］. 北京：人民文学出版社，1993：534—535.

一辈，如鹿兆鹏、白孝文、黑娃等，他们是年轻的闹腾的一代人，他们有他们的价值观和人生追求，对所谓的“脸面”倒没有太多的注意。而当他们真正意识到脸面的重要并开始顾及脸面的时候，则是他们性格趋于稳定、思想趋于成熟的时候，当然，对于浪子们来说，也正是他们回头的时候。

（三）祠堂原型

祠堂，是中国封建宗法社会的象征，也是最高权威。祖先比后人更有权威，死人比活人更重要，因为后人出自祖先，不敬重祖先就是不孝，就是忘本。

中国人有祖宗崇拜的传统，而祠堂，就是族人祭祀祖先或先贤的场所。在中国传统社会里，家族观念极为深刻，往往一个村落，就只生活着一个姓一个家族或者几个家族，有条件的地方，他们都要建立自己的家庙祭祀祖先。“祠堂”这个名称最早出现于汉代，当时的祠堂都建在墓所，叫墓祠；到了南宋，朱熹在《家礼》中立祠堂之制，称家庙为祠堂。当时修建祠堂，有着严格的等级限制，民间是不得立祠的。到了明代，嘉靖“许民间皆联宗立庙”，民间可以立祠了，但名称发生了变化，做过皇帝或封侯过的姓氏才可以称为“家庙”，其余的则称宗祠。祠堂除了“崇宗祀祖”之用外，各房子孙平时办理婚、丧、寿、喜等事时，可以利用这些宽广的祠堂作为活动之用。另外，族亲们有时为了商议族内的重要事务，也利用祠堂作为会聚场所。

祠堂在中国传统社会，是一个非常重要的场所。祠堂有分为敬奉祖宗的宗祠，也有敬奉先贤和有功德之人的祠庙，如陕西汉中就有崇祀诸葛亮的“武侯祠”，总之，祠堂既是神圣之地，也反映着一个时代或一方地域的精神敬尚。胡适就曾经说：“一时代的精神，只有一时代的祠祀，可以代表。因某时之所尊奉者，列为祠祀，即可觇某时代民意的趋向。”[①]在祠堂里的祭祀活动和其他婚、丧、寿、喜等活动，都属于礼仪活动，这种礼仪活动，往往反映着远古时代人们的神圣事件和精神信

---

① 胡适．书院制史略［A］．卞孝萱，徐雁平，主编．书院与文化传承［C］．北京：中华书局，2009：3．

仰，体现了一种悠远而又深厚的集体意识。叶舒宪指出："神话学研究表明，社会的礼仪活动同神话往往是一而二、二而一的。神话是用语言符号记述远古曾发生的神圣事件；仪式则用象征性动作重演远古曾发生的神圣事件。""艾利亚德曾特别指出，原始部落社会的新年礼仪几乎没有例外都是对创世神话的象征性表演，一年一度的庆典活动具有促进宇宙的周期性自我更新的作用。"①

新中国成立后以及后来的"文革"，对祠堂破坏严重，导致今天的许多人没有见过祠堂，对祠堂也不甚了解。《白鹿原》中，对祠堂和祠堂的功用有多方面的描写，礼失求诸野，从中我们可以详细地形象地了解祠堂的功用及其文化特点。

在一个村子，祠堂就是礼制中心，受祖先崇拜、宗法伦理观念的影响，它是供奉祖宗和先人牌位的地方，是宗族共同祭祀、子孙后代认祖归宗的圣地。《白鹿原》在叙述白、鹿两家历史渊源时写道，"这个村庄后来出了一位很有思想的族长，他提议把原来的侯家村（有胡家村一说）改为白鹿村，同时决定换姓。……白鹿两姓合祭一个祠堂的规矩，一直把同根同种的血缘维系到现在。"② 祠堂里记载着一个家族的历史，有时也是一个村庄的历史。小说中写道："祠堂和村庄的历史一样悠久，却没有任何竹册片纸的典籍保存下来。搞不清这里从何年起始有人迹，说不清第一位来到这原坡挖凿头一孔窑洞或搭置第一座茅屋的始祖是谁。……祠堂里那幅记载着列祖列宗显考显妣的宽大的神轴和椽子檩条，一齐被洪水冲得无影无踪，村庄的历史便形成断裂。传说又一年三伏天降流火……祠堂里的神轴和椽子檩条又一齐化为灰烬，村庄的历史又一次成为空白。"③ 白嘉轩把祠堂修好后，里边"五间正厅供奉着白鹿两姓列祖列宗显考显妣的神位，每个死掉的男人和女人都占了指头宽的一格，整个神位占满了五间大厅的正面墙壁"，这整整一墙的神位，实际上就是家族的历史。④

祠堂也是家族子弟接受教育的地方，接受真正意义上的传统教育的

---

① 叶舒宪．老子与神话［M］．西安：陕西人民出版社，2005：155.

② 陈忠实．白鹿原［M］．北京：人民文学出版社，1993：62.

③ 陈忠实．白鹿原［M］．北京：人民文学出版社，1993：61—62.

④ 陈忠实．白鹿原［M］．北京：人民文学出版社，1993：66.

地方，所以，祠堂常常又是家族或村子里的学堂。白鹿村白、鹿两姓族长白嘉轩就在祠堂里设学堂。“学堂就设在祠堂里。那座祠堂年久失修，虽是祭祀祖宗的神圣的地方，却毕竟又是公众的官物没有谁操心，……白嘉轩想出面把苍老的祠堂彻底翻修一新，然后在这里创办起本村的学堂来。他的名字将与祠堂和学堂一样不朽。”① 白嘉轩把祠堂翻修好之后，学堂也就在这里开学了。白嘉轩和鹿子霖请朱先生为他们请一个教书先生，朱先生对二人打躬作揖甚至跪倒在地，热泪盈眶地称赞他们“做下了功德无量的事”，“你们翻修祠堂是善事，可那仅仅是个小小的善事；你们兴办学堂才是大善事，无量功德的大善事。祖宗该敬该祭，不敬不祭是为不孝；敬了祭了也仅只尽了一份孝心，兴办学堂才是万代子孙的大事；往后的世事靠活人不靠死人呀！靠那些还在吃奶的学步的穿烂裆裤的娃儿，得教他们识字念书晓以礼义，不定那里头有治国安邦的栋梁之材呢。你们为白鹿原的子孙办了这大的善事，我替那些有机会念书的子弟向你们一拜”。②

祠堂既然是家族的圣地，执行族规家法、惩罚不孝子弟等，都在祠堂进行，以此维护家族的秩序。《白鹿原》里写过三次重要的执行族规家法、惩罚不孝子弟的活动。第一次是惩罚赌徒。在闹“交农”事件的前后一年多时间里，《乡约》废弛，白鹿村有人赌博，有人吸鸦片，有些倾家荡产的女人只好带着孩子到处去乞讨。白嘉轩敲响了大锣，把所有男人都集中到祠堂里来，先让徐先生念《乡约》的条文和戒律，然后把八个赌徒捆绑在槐树上，用干枣刺抽打。第二次和第三次都是惩罚乱淫男女，一次是惩罚白狗蛋和田小娥，一次是惩罚白孝文和田小娥。

祠堂充分体现了家族式村社的社会特点，它是本族人议事、通知事宜和结婚拜祖的地方。关于议事，小说写道，白嘉轩拿回朱先生写的《乡约》，请了徐先生，然后“又约请鹿子霖到祠堂议事”③，三人一起商量实施《乡约》的方案。闹瘟疫的时候，村里人喧嚷着并找到白嘉

---

① 陈忠实. 白鹿原［M］. 北京：人民文学出版社，1993：61.

② 陈忠实. 白鹿原［M］. 北京：人民文学出版社，1993：66.

③ 陈忠实. 白鹿原［M］. 北京：人民文学出版社，1993：93.

轩要给小娥修庙，白嘉轩扬起脸说“咱们不要在我屋里说”，“这是本族本村的大事，该当搁到祠堂去议，跟本族本村的男女一块儿议。孝武，你去把祠堂的灯点亮，把人都召集到祠堂去”。[①] 关于通知事宜，小说中写，为防白狼要修村子围墙，“白嘉轩提着大锣，从白鹿村自东至西由南到北敲过去，喊过去，宣告修补村庄围墙的事。人们丢下活计，扔下饭碗就集中到祠堂院子里”。关于结婚拜祖，小说写白孝文结婚，“白嘉轩以族长的名义主持了儿子和儿媳进祠堂叩拜祖宗的仪式”。[②] 而鹿兆鹏勉强结婚后，“第三天进祠堂拜祖宗，兆鹏又不愿意去，还是鹿子霖的耳光把他搧到祠堂里去了”[③]。

白嘉轩虽然是族长，但他修复祠堂不能独断，还得与同族长辈商量，这也是礼。翻修祠堂之前，白嘉轩就找鹿泰恒商量请示，鹿泰恒说：“‘早都该翻修了。’白嘉轩听了当即就品出了三种味道：应该翻修祠堂；祠堂早应该翻修而没有翻修是老族长白秉德的失职；新族长忙着娶媳妇埋死人现在才腾出手来翻修祠堂咧！”[④] 翻修祠堂的过程和建成以后的礼仪活动小说中也有详细叙述。翻修祠堂的工程是在一个漫长的春天里展开的。白嘉轩和鹿子霖商定，凡是在祠堂里敬香火的白姓或鹿姓的人家，凭自己的家当随意捐赠，从而充分体现县令亲置在祠堂院子里那个石碑上的“仁义白鹿村”的精神，其余不足部分，全由他和鹿子霖包下。白嘉轩每天把收支明细公布于墙，账务公开透明。工程竣工，请来南原上麻子红的戏班子，唱了三天三夜。

祠堂的最大作用，其实还是凝聚族人并让子孙后代认祖归宗、精神回归的地方。黑娃回原认祖归宗之后离开白鹿村的当天晚上，白嘉轩就很有感慨地“在上房对孝武说：‘凡是生在白鹿村炕脚地上的任何人，只要是人，迟早都要跪倒到祠堂里头的。’”[⑤]

---

① 陈忠实．白鹿原［M］．北京：人民文学出版社，1993：471.
② 陈忠实．白鹿原［M］．北京：人民文学出版社，1993：148.
③ 陈忠实．白鹿原［M］．北京：人民文学出版社，1993：148.
④ 陈忠实．白鹿原［M］．北京：人民文学出版社，1993：64.
⑤ 陈忠实．白鹿原［M］．北京：人民文学出版社，1993：590.

四、情节原型分析

在弗莱眼中，作家不必有独创性，只要能发现神话或宗教信仰的结构模式就行。“弗莱指出，文学是移用的神话。近现代文学的结构是神话和宗教信仰的移用，小说中大量的情节，如诞生、成长、遇难、胜利或死亡，都是对神话中某位神的诞生、成长、遇难、胜利或死亡的移用。”① 其实，在文学创作中，独创性还是有的并且应该具有，但人类从古至今，其生活方式虽然多有变化而且在不断变化，但其人生历程中的某些必然的结构模式也许是永恒不变的。这也就构成了人物行动的情节模式，这种典型的永恒不变的模式也就是情节原型。

综观《白鹿原》，仔细分析其中所描写的各个人物，在我看来，最具社会内容同时又最能体现时代特点的，是两个人物，一是黑娃鹿兆谦，一是白孝文。而这两个人物的故事，从走向上来看，正好相反，一个是坏人变好，一个是好人变坏。坏人变好体现了一个情节原型，好人变坏也表现了一个情节原型，前者是“回归原型”，后者是“叛离原型”。

黑娃和白孝文，是两个成长中的人物，是变化中的人物，而且变得很彻底，分别从一个极端走到另一个极端，性格内涵极为丰富，也极为复杂，可谓典型。

（一）坏人变好：回归原型

黑娃是一个坏人变好的典型形象，他的人生故事，可以用回归原型来分析。

坏人变好的回归式情节原型，情节模式都是坏人或恶人经历种种坏事或恶事，为人不齿，有一天终于幡然悔悟，改邪归正。《水浒传》中的一些梁山好汉，经历了种种落草为寇的快活与痛苦之后，有一些人，以宋江为代表，就想着日后的归宿，心向招安，就是这一情节原型也是心理原型的表现。

---

① 段建军. 西方文论选读［M］. 西安：西北大学出版社，2003：240.

白孝文是要离开白鹿原，这种离开包括身体的和精神的，他认为“谁走不出这原谁一辈子都没出息”；而黑娃早年一直企图离开白鹿原，想着闯荡天下，用他的话说，“闯荡半生，混账半生，糊涂半生”之后，他最后回到了原上，特别是心回到了原上。当年，黑娃是人在原上，魂在外，如今是人在外，魂却回到了原上。这是一个根本的变化。目光深沉的白嘉轩看到了这个变化，他在黑娃回原认祖归宗之后离开白鹿村的当天晚上，“在上房对孝武说：‘凡是生在白鹿村炕脚地上的任何人，只要是人，迟早都要跪倒到祠堂里头的。’”① 这是一句意味深长的话。它重在表明了一个人的精神回归。

孔子说：“朝闻道，夕死可矣。”② 这句话说的是追求真理的必要性和迫切性，同时也说的是人生的最终价值追求目标和人生的意义。明代关学大儒冯从吾在对书院读书的学子的教谕中说：“千讲万讲不过要大家做好人，存好心，行好事，三句尽之矣。”③ 黑娃从小不学好，性情顽劣，后来别妻抛父，落草为匪，越货杀人，几经生死，可以说是坏到底了。但他正是因为有了堕落到底的黑暗体验，天良未泯，才开始寻思人生真正的出路，迷途知返，改邪归正非常彻底，终于回归天良，成为学做好人的榜样。

（二）好人变坏：叛离原型

白孝文是一个好人变坏的典型形象，他的人生故事，可以用叛离原型来分析。

这种好人变坏的“叛离原型”，如果仅从社会道德的角度来考察，那么，《水浒传》中那些上了梁山落草为寇的人物当中，有相当一些都是这种类型的人物，如宋江、卢俊义、林冲、鲁智深等人。所以，同是梁山人物，清代俞万春所著《荡寇志》，在描写人物时的评价角度就与《水浒传》不同，认为这些人物都是“寇”。从情节上分析，这类好人变坏的故事，情节模式大同小异，都是先为好人，而且许多都是大好

---

① 陈忠实．白鹿原［M］．北京：人民文学出版社，1993：590.

② 杨伯峻．论语译注［M］．北京：中华书局，1980：37.

③ 冯从吾．谕俗［A］．吕效祖，主编．陕西教育史志资料录［C］．西安：陕西人民出版社，1990：429.

人，后来经历种种人生曲折，心地发生变化，最后变成了坏人，或者说，叛离了原来的正轨和正道，步入歧路，甚至心地变黑。

白孝文本来是一个好人，一个众皆认可的传统意义也是一般意义上的好人。他幼承家教和家学，遵循儒家规范，循规蹈矩，非礼勿视，非礼勿听，非礼勿言，非礼勿动，这从他新婚之夜的蒙昧无知可以看出来。后来，他被人陷害，他自己也自甘堕落，自暴自弃，走到鬼门关，又起死回生。从此改过自新，他的改过自新，不同于黑娃，黑娃是回归于人，也回归于仁，他的改过自新，是改掉生命的堕落状态，自我更新，追求上进，无论是当国民党的保安团营长，还是当共产党的县长，他的眼里，只有自己的前途，而无视其他。所以他能毫无顾忌地杀掉亲如兄弟的黑娃，父亲为救黑娃对他的劝说，对他来说，不仅毫无作用而且显得非常幼稚。

白孝文是那种置之死地而后生的人。有了这样的生命体验，对人生的认识自然有他独到而深刻的地方。他重新回到白鹿原上，反思自己的生命历程之后，对人生有了这样的醒悟："好好活着！活着就要记住，人生最痛苦最绝望的那一刻是最难熬的一刻，但不是生命结束的最后一刻；熬过去挣过去就会开始一个重要的转折，开始一个新的辉煌历程；心软一下熬不过去就死了，死了一切就都完了。"① 在他经历了痛苦的人生蜕变之后，他说过一句意味深长的话："谁走不出这原谁一辈子都没出息。"② 这是他离开白鹿原之后重新回原以后说的一句话，非常点题，充分反映了白孝文对于世界和人生的新的认识，也充分反映了这个人物的内心世界和性格。这是一个飞走了再也飞不回来的鸟。他太太并不理解这一点，"太太温存地一笑：'可你还是想回来。'白孝文说：'那是另外一码事！'"白孝文人是回来了，也回乡，一见父亲叫了一声"爸"就跪伏到父亲膝下，接着祭拜祖宗，再上坟祭拜母亲，在母亲坟前痛哭，甚至还要再盖房，但心是永远地走了，而且走得很远。

这是一个从精神上完全走出白鹿原的男人。小说中有一段精彩而深

---

① 陈忠实. 白鹿原［M］. 北京：人民文学出版社，1993：506—507.

② 陈忠实. 白鹿原［M］. 北京：人民文学出版社，1993：506.

沉的描写："白孝文依然坚持步行走出村庄很远了，才和送行的弟弟们分手上马。他默默地走了一阵又回过头去，眺见村庄东头崖坡上竖着的一柱高塔，耳边便有蛾子扇动翅膀的声音，那个窑洞里的记忆跟拆房卖地的记忆一样已经沉寂，也有点公鸡面对蛋壳一样的感觉。"① 是的，白孝文之于故乡，就是一种"公鸡面对蛋壳"的感觉，蛋壳还在，公鸡已经成鸡。成了公鸡以后的白孝文对生命最深刻的认识，就是他对太太说的："好好活着！活着就有希望！"②

参考文献

著作类：

[1]陈忠实. 白鹿原[M]. 北京:人民文学出版社,1993.

[2]荣格. 心理学与文学[M]. 冯川,苏克,译. 北京:生活·读书·新知三联书店,1987.

[3][加]诺思洛普·弗莱. 批评的解剖[M]. 陈惠,袁宪军,吴伟仁,译,吴持哲,校译. 天津:百花文艺出版社,2006.

[4]陈忠实. 寻找属于自己的句子——《白鹿原》创作手记[M]. 上海:上海文艺出版社,2009.

[5]段建军. 西方文论选读[M]. 西安:西北大学出版社,2003.

[6]叶舒宪. 神话——原型批评[M],西安:陕西师范大学出版社,1987.

[7]叶舒宪. 老子与神话[M]. 西安:陕西人民出版社,2005.

[8]朱立元. 当代西方文艺理论[M]. 上海:华东师大出版社,1997.

[9]畅广元. 陈忠实论——从文化角度考察[M]. 北京:人民文学出版社,2003.

[10]郑万鹏.《白鹿原》研究[M]. 长春:时代文艺出版社,1998.

[11]李建军. 宁静的丰收——陈忠实论[M]. 北京:华夏出版

① 陈忠实. 白鹿原［M］. 北京：人民文学出版社，1993：506.

② 陈忠实. 白鹿原［M］. 北京：人民文学出版社，1993：507.

社,2000.

[12]段建军.《白鹿原》的文化阐释[M].西安:西北大学出版社,2001.

[13]王玉林.《白鹿原》论稿[M].北京:韩国新星出版社,2001.

[14]公炎冰.踏过泥泞五十秋——陈忠实论[M].西安:陕西人民出版社,2002.

[15]卞寿堂.走进《白鹿原》——考证与揭秘[M].西安:太白文艺出版社,2005.

[16]赵录旺.《白鹿原》写作中的文化叙事研究[M].西安:陕西人民出版社,2009.

[17]梁颖.三个人的文学风景——多维视镜下的路遥、陈忠实、贾平凹比较论[M].北京:人民出版社,2009.

[18]冯望岳,李兆虹,马千里,等.陈忠实小说——在东西方文学坐标上[M].北京:中国社会科学出版社,2009.

[19]李泽厚.美学三书[M].天津:天津社会科学院出版社,2003.

[20]冯友兰.中国哲学简史[M].北京:新世界出版社,2004.

[21]王丽道,甘大祥,沈来清,等编.中外文学人物荟萃[M].重庆:重庆出版社,1983.

[22]郑云波,吴汝煜,主编.中国古代通俗小说阅读提示[M].南京:江苏人民出版社,1983.

[23]王国维.王国维文集:宋元戏曲史:第十二章元剧之文章[M].北京:北京燕山出版社,1997.

[24]方克强.文学人类学批评[M].上海:上海社会科学院出版社,1992.

[25]杨伯峻.论语译注[M].北京:中华书局,1980.

[26]杨伯峻.孟子译注[M].北京:中华书局,1960.

[27]王学典编译.山海经[M].哈尔滨:哈尔滨出版社,2007.

[28]张万起,刘尚慈.世说新语译注[M].北京:中华书局,1998.

[29]袁珂.中国古代神话[M].北京:华夏出版社,2006.

[30]毕沅.关中胜迹图志[M].张沛,校点.西安:三秦出版社,2004.

[31]冯希哲,赵润民,主编.说不尽的《白鹿原》——《白鹿原》评论选[C].西安:陕西人民出版社,2006.

[32]人民文学出版社编辑部,编.《白鹿原》评论集[C].北京:人民文学出版社,2000.

[33]雷达,主编,李清霞编选.陈忠实研究资料(中国新时期文学研究资料汇编)[C].山东:山东文艺出版社 ,2006.

[34]赵一凡,张中载,李德恩,主编.西方文论关键词[C].北京:外语教学与研究出版社,2006 .

[35]吴持哲,编.诺思洛普·弗莱文论选集[C].北京:中国社会科学出版社,1997.

[36]卞孝萱,徐雁平,主编.书院与文化传承[C].北京:中华书局,2009.

[37]吕效祖,主编.陕西教育史志资料录[C].西安:陕西人民出版社,1990.

论文、期刊类:

[38]刘怀欣.《白鹿原》中白鹿意象的原型解读 [D].济南:山东师范大学,2008.

[39]高源.从社会与人到文化与人 [D].哈尔滨:黑龙江大学,2006.

[40]张雪.弗莱的神话——原型批评理论[D].四川:四川大学,2004.

[41]谢美英,谢长青.《白鹿原》的原型意象——对白鹿象征意义的初探[J].黔东南民族师范高等专科学校学报,2004,22(2).

[42]杨敏,赖翅萍.仁义之德无可挽回的衰落——《白鹿原》中的白鹿意象及其原型分析[J].小说评论,2004(2).

[43]方克强.文学人类学批评的内容与前景[J].上海文学.1992(1).

[44]张恒学.白鹿,中国传统农耕文化理想的象征——再论陈忠实的《白鹿原》[J].当代文坛,2001.

[45]刘斌.《白鹿原》中"白鹿"意象的显与隐[J].考试周刊,2010.8.

[46]李俊美.《白鹿原》中的"白鹿精魂"信仰[J].河西学院学报,2008.6.

[47]陈思广.谁是《白鹿原》中的关捩——黑娃形象的叙述学研究

[J]. 小说评论,1993

[48]叶舒宪. 原型与汉字[J]. 北京大学学报,1995.

[49]李星,陈忠实. 关于《白鹿原》与李星的对话[J],小说评论,1993(3).

[50]陈忠实,李遇春. 关于《白鹿原》中的人物形象塑造问题[J]. 语文教学与研究(教研天地),2009(11).